Esquisses pour une pensée musicale

Les métamorphoses d'Orphée

Série Musiques et Champ Social
Collection ***Logiques Sociales***
dirigée par Anne-Marie Green

Les transformations technologiques depuis cinquante ans ont bouleversé la place de la musique dans la vie quotidienne. Celle-ci est actuellement omniprésente tant dans l'espace que dans les temps sociaux, et ses implications sociales ou culturelles sont si fortes qu'elles exigent d'être observées et analysées. Cette série se propose de permettre aux lecteurs de comprendre les faits musicaux en tant que symptômes de la société.

Déjà parus

Françoise ESCAL, Michel IMBERTY(sous la direction de), *La musique au regard des sciences humaines et des sciences sociales*, 2 tomes, 1997.
Anne-Marie GREEN, *Des jeunes et des musiques*, 1997.
Anne VEITL, *Politiques de la musique contemporaine. Le compositeur, la "recherche musicale" et l'État en France de 1968 à 1991*, 1997.
Yves GUILLARD, *Danse et sociabilité. Les danses de caractères*, 1997.
Aymeric PICHEVIN, *Le disque à l'heure d'Internet*, 1997.

Remerciements à Boris Doval pour les premiers calculs de concordance harmonique, à Michel Imberty et au groupe de recherche *Musique et Sciences Humaines* de Nanterre (Jean-Pierre Mialaret et Anne-Marie Green) pour leur soutien matériel et intellectuel, à Costin Miereanu qui a accepté de diriger cette recherche à l'Université Paris I, à Joëlle Caullier et Ricardo Mandolini, qui par leurs critiques ont permis de faire évoluer certains aspects du texte, et enfin à Michèle Desbazeille et à Yves Ruggeri pour leur relecture attentive.

ISBN : 2-7384-6529-3

Jean-Marc CHOUVEL

Esquisses pour une pensée musicale

Les métamorphoses d'Orphée

L'Harmattan
5-7, rue de l'École-Polytechnique
75005 Paris - FRANCE

L'Harmattan Inc
55, rue Saint-Jacques
Montréal (Qc) - CANADA H2Y 1K9

Orphée, dessin au crayon sur papier, J.-M. Chouvel, 1986

Car Orphée est cela. C'est sa métamorphose.

Rainer Maria Rilke

Introduction

L'injonction de Pierre Boulez : « penser la musique aujourd'hui », n'en a jamais fini d'être réactualisée. Chaque génération, qu'elle le veuille ou non, renouvelle des interrogations millénaires. Depuis Marsyas et Apollon, depuis le combat mythique entre l'humaine mélodie et la divine harmonie, le compositeur voit resurgir, dans son travail quotidien, et en dépit parfois de sa volonté de les contourner ou de les taires, les questions qui hantent son art : pourquoi un son après un autre son, pourquoi un son avec un autre son, pourquoi ce son ? Dans la musique qu'il donne au monde, l'être humain inscrit sans toujours le savoir une conception qu'il se fait de la vie et de l'univers. Verticale et éternelle, établie dans les numériques rapports des espaces qu'elle se décrète, l'harmonie, « universelle » par un décret immémorial de l'esprit, donne à penser l'unité et la profusion de l'être. Horizontale et variable, plongée dans les méandres du destin, la mélodie s'en tient à ce qu'elle a : le plaisir et la douleur du vivant.

L'époque du malaise existentiel ne pouvait que chercher à nier tout à la fois l'harmonie et la mélodie. Car ni l'être, ni le vivant n'étaient plus en mesure de proposer une image d'eux-mêmes conforme aux plus minimes espérances d'un humanisme serein. Combien de compositeurs du milieu de ce siècle ont été marqués par un traumatisme réel, lisible dans leur vie et dans leurs œuvres ? Pulvérisée, renvoyée aux espaces infinis, sommée de se soumettre au totalitarisme des systèmes, priée d'exclure les perversions de la volonté, installée sous les projecteurs de sa vanité, disséquée par les sonagrammes des laboratoires, renvoyée à l'inanité de son silence intérieur, poursuivie par les fantômes de son ancienne réussite, perdue dans ses labyrinthes, conspuée, crispée, bannie, désinvolte, adulée... la musique a traîné pendant un bon demi siècle son sobriquet de « contemporaine » sans jamais parvenir à rejoindre sa vocation à modeler un espace mental où l'homme et l'univers autour de lui se retrouvent et se reconnaissent.

Au début des années quatre-vingt, l'I.R.C.A.M. avait fait placarder dans tout Paris des affiches portant cette mention : « Écoutez votre siècle ». Sans vouloir revenir à une conception romantique énoncée par Victor Hugo, qui voyait le poète en « écho de son temps », l'institution avait pourtant choisi d'argumenter sur le décalage présumé entre la réalité industrielle et urbaine, et notre incapacité à en assumer les conséquences musicales. L'apprenti compositeur qui passait dans le brouhaha infernal de la place St Michel pouvait concevoir en lisant le slogan de cette affiche quelques incertitudes, et quelque chose en lui s'insurgeait férocement contre une telle réduction de l'ambition artistique, contre une inféodation à tout un système de valeurs dans lequel il ne pouvait guère se reconnaître. Les réticences de Varèse à reconnaître dans *Amériques*, que certains critiques avaient entendu comme une musique descriptive, autre chose que « l'interprétation d'un état d'âme, une musique pure, absolument dissociée des bruits de la vie moderne »[1] sont symptomatiques d'un malentendu manifestement perpétué. Penser la musique *aujourd'hui* ne signifie certainement pas penser la musique *d'*aujourd'hui. Les circonstances imposent suffisamment leur emprise sur nos vies pour ne pas avoir à leur laisser encore nos

[1] cité dans Odile Vivier, *Varèse*, Seuil, 1973, p. 35.

œuvres en pature. Dans un siècle où tout doit être donné à voir, elles rôdent comme des vautours aux yeux méticuleux. La musique, pour être entendue, doit sans doute d'abord se dissocier du bruit de fond universel.

« L'interprétation d'un état d'âme » : est-ce là ce que la musique demande à celui qui prend la peine de l'écouter ? Interprétation, car la position de l'auditeur est celle de la relativité, une relativité qui est la seule réalité possible du musical, la seule qui lui confère un espace où exister, un espace éminemment personnel dont le sujet est à la fois le centre et la périphérie. Quant à l'état d'âme, c'est précisément dans la contradiction de ces deux mots symbolisant l'immuable et le mouvement, l'être et le passage, que toute musique constitue ce qu'elle a de plus essentiel. Car c'est bien de l'essentiel du phénomène musical qu'il est grand temps, *aujourd'hui*, de parler. L'objet sonore contemporain n'est pas réductible à cette enveloppe dans lequel on a voulu l'enfermer, pas plus qu'il n'est décrit par cette surface musicale qu'on se plaît parfois à segmenter, comme si le film, ou la bande magnétique, de simple support, étaient devenus symboliques d'une matérialité constitutive, alors que le seul véritable support de la musique, c'est l'esprit qui la conçoit et qui la reçoit, le corps qui lui communique ses rythmes et ses vibrations, bref, autant d'éléments qui ne sont, à la surface de l'audible, qu'un résidu pouvant passer inaperçu.

Tout l'enjeu de notre sensibilité, c'est de survivre à ce « passage à la surface ». Et l'enjeu du musical, plus peut-être que de toute autre forme artistique, c'est de surmonter sa réduction à l'écriture, d'y trouver même des ressources insoupçonnées, de garder, comme ces spores capables d'affronter intactes des milliers d'années, la capacité de retrouver, au contact de la liquidité du vivant, l'énergie d'un cycle nouveau d'existence et d'émotion.

S'il sera ici question d'analyse, c'est dans l'esprit de cette résurrection du texte musical, c'est dans l'idée qu'il n'est pas sans intérêt d'interroger ce témoignage en nous d'une vitalité si profondément mystérieuse. Car ce n'est pas ce qu'il a de directement évident qui nous intéresse, ce n'est pas l'effet de surface, de contact ponctuel, d'effleurement, de fausse perspective. C'est au contraire l'accès authentique à un espace propre, à une respiration personnelle, encore contenus, débordants, dans l'œuvre. La démarche, pour cela, sera d'une très grande allégeance au propos que l'œuvre seule est en droit de tenir. La *production* du sens, par la force opératoire de concepts extérieurs, *n'a pas de sens* pour l'art. On ne peut pas se contenter de prendre des outils quelconques pour *faire* une analyse. Disons que l'art n'a que faire de ce plaquage, aussi dévastateur que l'indifférenciation du « coupé-collé » post-moderne. Ce que démontre sans cesse l'œuvre d'art, c'est la force de son caractère particulier ; là où elle est réussie, les interminables filiations historiques, les déterminations sociales, les conditionnements psychologiques ne nous parleront que de ce qu'ils sont, eux... La voix de l'œuvre est d'une autre nature. Les outils, s'il en faut, c'est la musique elle même qui les donne, dès lors que l'on s'efforce de pénétrer son univers, tout à fait particulier, et d'en décoder les éléments essentiels. Non, la musique n'est pas un langage. Non, l'espace musical n'a rien à voir avec l'espace pictural... Cela n'exclue en rien la grande fraternité des rythmes, des gestes, des matériaux et des couleurs. Toutefois le pouvoir de l'analogie s'arrête là où commence ce territoire réservé et spécifique dont le musicien met une vie à s'approprier les éléments, de par leur nature si complexes, si subtils, si difficiles, parfois, à exprimer. Bien sûr, l'histoire, collective ou individuelle, la société, l'apprentissage, tout cela est un préalable considérable. Une œuvre qui se réduirait à n'être que l'expression de ces contingences serait pourtant bien peu de chose. L'historien informe souvent le musicien, par le détail qu'il donne des circonstances. Le musicien, pourtant, aurait beaucoup à apprendre à l'historien, dans ce que la musique lui révèle d'un état d'esprit, d'un état d'âme, d'un état de conscience, de quelque chose d'extraordinairement précis pourtant, et dont l'œuvre est néanmoins, à condition de lui rendre la parole, le seul témoin.

Il n'y a pas pourtant d'un côté la technique et de l'autre l'inspiration. Quand Schœnberg faisait la distinction entre composition *dodécaphonique* et *composition* dodécaphonique[2], il ne faisait pas qu'établir la trop banale hiérarchie entre une finalité et les moyens qu'elle se donne. Il insistait aussi sur la prééminence de la démarche personnelle sur le slogan. Un des élèves les plus illustres de Schœnberg, John Cage, allait illustrer le rapport complexe entre technique et inspiration de manière tout à fait radicale. Sous couvert du *mu* de la philosophie Zen propagée en Amérique par le grand maître Suzuki, le refus de l'intellection menait sournoisement à l'intellectualité la plus épurée. Ainsi, chez Cage, le rapport à l'objet a-t-il pu se réduire à sa plus pure numéralité, et le choix, ailleurs volontaire et décisif, s'est vu confié aux procédures les plus diverses du hasard. Cage écrit à Boulez, à propos d'une pièce électroacoustique pour laquelle il reprend « la même méthode que dans la Music of Changes » : « Je ne précise pas comment un son doit être interprété (de cette manière) et je préfère laisser ceci aux ingénieurs »[3]. En fait, ce décalage de plus en plus grand entre la réalité sonore effective et la « volonté du compositeur » réduite, du moins en apparence, au fameux coup de dés, mène directement aux apories de l'œuvre ouverte. Deux mondes cohabitent alors, dans les vertiges de la combinatoire ou le dépouillement le plus sublime : un, incarné, livré à ses errances dénoncées mais reproduites ; l'autre, idéal, constitutif, mais plus que jamais utopique. Le sourire de Cage s'ouvre d'un air entendu sur cet abîme. « Permettre l'action » en « laissant une totale liberté »[4] c'est sans doute la meilleure manière de choisir la *composition* contre le *dodécaphonisme*. Cependant, vouloir ne pas maîtriser, au delà de ce que cette formule peut suggérer de contradiction, c'est entrer dans un certain cycle d'autocensure, c'est s'imposer un totalitarisme de l'être contre l'existence, c'est aussi prendre le chemin de l'indifférence. Lors d'un récent concert où il devait jouer une pièce de Stockhausen faisant intervenir un poste de radio, un

[2] Arnold Schœnberg, *Correspondance*, J.-C. Lattès, Paris, 1983, p. 165. cité dans Jean-Louis Leleu : *Le quoi et le comment*, Entretemps n°2, nov. 1986, pp. 19 à 35.
[3] Pierre Boulez/John Cage, *correspondance*, Christian Bourgois, Paris, 1991, pp. 206-207.
[4] ibid.

ami pianiste me faisait part de sa difficulté à retrouver, même sur les ondes courtes, la tonalité bien spécifique qu'avaient les diffusions des années cinquante. Et il ne s'agissait pas de sa part d'une nostalgie déplacée mais bien de la recherche, propre à l'interprête, d'une qualité et d'une authenticité *musicale*. Jusqu'à quel point l'actualisation reste-elle digne du projet initial ? Faut-il abandonner une complicité avec le réel au nom d'une fidélité aux idées ? On le comprend aisément : dès lors que s'engage un conflit de cette nature, le seul résultat tangible ressemble à un très vieux et très profond malaise.

Composer, c'est malgré tout comprendre, avec son cerveau ou avec ses tripes, fût-ce pour un instant, fût-ce par les vertus d'une illusion, pourquoi ce son, pourquoi ce son après cet autre son et pourquoi ces deux sons ensemble. Composer, c'est, dans les termes de ce qui précède, savoir pourquoi le dodécaphonisme ; c'est en avoir éprouvé l'impérieuse nécessité. Toute une génération de compositeurs, grandis entre la série (blanche et noire) et le spectre (étincelant et macabre), doit tenter de survivre aux avant-gardes en se donnant de nouveaux points de repère. Le fantôme du *néo* s'est doublé d'un académisme moderne largement aussi redoutable que son vénérable ancêtre. Dans une telle crise généralisée de la pensée, le confort d'un artisanat douillet peut paraître le meilleur refuge. C'est ignorer son ignorance. Dans toute crise, il y a des urgences, des nœuds de réflexion dont la résolution devient prioritaire. Ces questions, plus manifestes, plus impératives, sont aussi plus constructives. Elles cherchent non pas à annuler, mais à dépasser les oppositions. Par exemple, la carence d'une véritable réflexion sur l'harmonie m'est toujours apparue comme une pierre d'achoppement de toutes les théories musicales du vingtième siècle. Pour ce qui est du sérialisme et du spectralisme, les deux derniers -ismes encore chauds, nous aurons l'occasion de comprendre en quoi leur antinomie remonte à des oppositions aussi vieilles que Pythagore, et d'en proposer un dépassement conceptuel tout à fait irréversible. Nulle tentation, cependant, de prendre la suite de cette longue série d'-ismes qui n'en finissent pas de séparer les mers sous prétexte de continuer la terre ferme des connaissances et des dogmes. Avoir à conclure à la fois un siècle et deux millénaires impose certaines précautions qui ne sont pas qu'oratoires. Entre le monde ancien des mots et des idées et les nouvelles conceptions qui apparaissent, il ne s'agit pas seulement de dresser un pont pour assurer la continuité du savoir ; il s'agit de poursuivre un voyage qui mène d'un inconnu à un autre inconnu.

Sept ans se sont écoulés depuis les premiers jalons de la réflexion qui a rendu ce livre nécessaire. D'une idée imprécise est née une série de propositions suffisamment fermes pour ne pas décevoir leur interrogation initiale. Reste la sensation d'avoir été soi-même considérablement bouleversé par l'avancée de conceptions qui ne se sont pas démenties avant d'avoir achevé ces pages. Quel est le noyau de cette interrogation infatigable ? Il transparaîtra sans doute quelque part entre ces lignes, pour ceux ou celles qui auront l'intelligence, au sens étymologique, de l'y reconnaître. Celui qui écrit est condamné à rester à lui-même une perpétuelle énigme. L'homme n'a pas des ressources aussi infinies que ses rêves le lui promettent. Il lui faut poser un fardeau pour se charger d'un autre.

Comme pour la femme de Lot, ou pour Orphée, celui qui fuit l'enfer est tenté de retourner le regard sur ses pas. Après le chant et les promesses, il trouvera à ses côtés, au lieu de cette présence dont il ne doutait pas, une image irréversiblement corrompue, un bloc de sel raviné par le temps. Entre la théorie et la composition, il y a un peu du conflit éternel entre la construction scientifique, toute d'extériorité, et l'expression artistique, remplie — voire imbue – de son intériorité. La première risque bien vite de se retrouver au musée des techniques oubliées, sous les becs de gaz d'une nostalgie goguenarde ; la seconde de se retrancher derrière son inexprimable spiritualité. Kandinsky a sans doute été l'artiste du vingtième siècle qui a le plus été confronté à un tel dilemme. « Kandinsky », écrit Michel Henry dans l'ouvrage qu'il lui a consacré sous le titre de *voir l'invisible*, « réfute le principe selon lequel l'analyse prise pour une décomposition visant à « disséquer l'art » serait synonyme de mort. Qu'elle signifie au contraire la vie, cela résulte de ce qu'elle est, au sens phénoménologique donné par Husserl à ce terme, une analyse essentielle qui nous conduit à l'essence de la chose »[5]. La théorie ne sera pas opposée à la composition, même s'il y a une distance évidente entre les idées générales qu'elle propose et les particularismes dont l'œuvre personnelle dispose. L'essence de la chose, ou pour reprendre les termes de Kandinsky en les transposant en musique, l'essence de l'élément musical, « c'est son contenu abstrait, la vie invisible que cet élément veut exprimer »[6]. Ce serait faire un bien grand contresens sur l'art que de lui imposer un choix entre la technique et l'expression. L'une et l'autre, et c'est la condition même de l'œuvre d'art, pour autant qu'elle revendique une minimale réussite, se rendent mutuellement imperceptibles. La technique veille à la fluidité de l'expression, l'expression n'est possible que dans l'insouciance de la technique.

Vivre dans l'art musical l'aventure picturale de Kandinsky, est encore une aventure possible à la fin du vingtième siècle. Pierre Schaeffer avait toujours rêvé lui-même de prolonger son traité des « objets sonores » par un traité des organisations musicales. Ma réflexion a commencé tout naturellement par une question d'ordre plastique, certainement liée à la fréquentation de l'œuvre de Xenakis. Comment peut-on parler de forme en musique ? Comment construire une géométrie descriptive minimale qui autorise ce concept au sein d'un art du temps ? Je fus vite amené à comprendre que l'espace de la musique ne correspondait pas à celui d'une plasticité ordinaire, mais à un espace « mental » où les possibilités de la perception et de la mémoire devaient être considérées comme déterminantes. La musicologie devait, pour répondre sérieusement à de telles questions, déborder ses frontières épistémologiques. Aussi, il ne faudra pas s'étonner de trouver convoquées ici des disciplines aussi différentes que la philosophie, la psychologie, la théorie de l'information, les mathématiques, l'acoustique... Ce que nous vivons, nous le vivons comme un tout, même si nous avons besoin de le dissocier pour le comprendre, pour accéder à une part de l'essentiel.

---

[5] Michel Henry, *Voir l'invisible*, François Bourin, Paris, 1988, p. 61.
[6] ibid.

LES METAMORPHOSES D'ORPHEE

Etre la métamorphose. L'enjeu de la musique est résumé dans cette formule en même temps que se déclare son mimétisme avec notre vie intime. Je n'ai pas cherché à cacher dans ce livre les étapes d'une réflexion par leurs résultats. Ce qui est rassemblé ici aborde des problèmes de natures profondément différentes, mais le sens de la recherche est toujours dans la transcription de cette pensée en acte qu'est la recherche même. Ecarter toute confusion sans omettre de désigner la cohérence, voilà un projet qui n'est pas sans risque. Métamorphose de la pensée sur le temps, de Saint Augustin à Bergson ou à Proust : elle ouvrait le chemin d'une investigation méticuleuse des rouages de la pensée musicale. Métamorphose des considérations phénoménologiques en cette tentative pratique des sciences cognitives pour représenter le par essence non-représentable, ces conduites de l'esprit aux abords des signes sonores qui le sollicitent. Métamorphose d'une méthode d'analyse, soucieuse de ses axiomes jusqu'à la rigueur de l'algorithme, en une métaphore de la conscience des phénomènes temporels, en sachant bien que les vérités de l'esprit ne peuvent retrouver que des traces de ce qu'elles sont dans les objets que nous construisons. Métamorphoses progressives des propositions qui se sont énoncées au fil des siècles pour comprendre le mystère profond de l'harmonie, métamorphoses épistémologiques, dans la béance cosmique et microcosmique de nos sphères inconnues, jusqu'aux retrouvailles avec les notions essentielles de la physique, avec en retour la métamorphose d'une solution mathématique en ces multiples conséquences scientifiques et en quelques autres péripéties compositionnelles, sorte de métamorphose inverse de la simplicité de l'équation dans la complexité du réel. Métamorphoses enfin de toutes ces quêtes, de toutes ces bribes de théories, en œuvre, et puis au sein de l'œuvre, métamorphoses quotidiennes ou inouïes d'une forme à une autre forme, d'un mythe à un autre mythe.

C'est peut-être là le premier devoir et la plus impérieuse nécessité pour l'artiste et pour l'homme que de changer, changer les choses en « autre chose », changer le monde en « autre monde », modifier le caractère du vécu, prendre un autre point de vue, une autre distance, et retrouver ainsi qui il est, dans cette vocation fondamentale qui l'anime. Maître de l'Univers, vainqueur des éléments, franchisseur des barrières de la mort, Orphée, à qui fut donné à la fois la lyre d'Apollon et le chant des sirènes, est aussi condamné à n'être que lui-même, dans le temps qui lui est imparti, il est aussi la proie de ses angoisses et de ses doutes, la proie des déchirements et de la furie de ses congénères, il est ce corps disséminé dans les étoiles laissant derrière lui un témoin inanimé et magique...

I. Musique et conscience du temps

Penser le temps

Parallèlement aux révolutions musicales que l'on sait, le début du vingtième siècle a été marqué par une recrudescence du thème du temps dans nombre d'écrits philosophiques ou littéraires. Il n'était peut-être pas inutile de revenir en guise d'entrée en matière, et afin d'ouvrir le champ de notre perspective, à quelques-uns des éléments les plus importants de cette réflexion, réflexion dont on peut dire que par beaucoup d'aspects elle préparait un renouvellement de la conception du phénomène musical. C'est d'autant plus important que bien souvent la musique sert de référence, comme si elle était un point d'encrage fondamental, comme si la perception et la connaissance de la temporalité trouvait en elle non seulement une illustration exemplaire, mais encore un symbole qui condense tous les aspects de notre vie touchant à la conscience du temps.

Quand, en 1888, Bergson publie son *essai sur les données immédiates de la conscience*, il pose comme résolument indissociables le problème de la liberté, le débat sur le déterminisme, et la confusion de la durée avec l'étendue, liée principalement à la nature spatiale de notre pensée[7]. Dès le début de son essai, Bergson montre combien tous les arts ont besoin du temps pour réaliser cet « intensité des états psychologiques » dont la psychologie ou la psychophysique naissante de la fin du dix-neuvième siècle devait donner une image sans doute assez sommaire.

> Ainsi, en musique, le rythme et la mesure suspendent le cours normal de nos sensations et de nos idées en faisant osciller notre attention entre des points fixes, et s'emparent de nous avec une telle force que l'imitation, même infiniment discrète, d'une voix qui gémit suffira à nous remplir d'une tristesse extrême. Si les sons musicaux agissent plus puissamment que ceux de la nature, c'est que la nature se borne à exprimer des sentiments, au lieu que la musique nous les suggère.[8]

On se rend compte aisément à quel point Bergson reprend à son compte certains éléments fondateurs de l'esthétique romantique, issus elle-même des débats du XVIIIème siècle. Le passage suivant est de ce point de vue on ne peut plus révélateur :

> Pourtant l'artiste vise à nous introduire dans cette émotion si riche, si personnelle, si nouvelle, et à nous faire éprouver ce qu'il ne saurait nous faire comprendre. Il fixera donc, parmi les manifestations extérieures de son sentiment, celles que notre corps imitera machinalement, quoique légèrement, en les apercevant, de manière à nous replacer tout d'un coup dans l'indéfinissable état psychologique qui les provoqua. Ainsi tombera la barrière que le temps et l'espace interposaient entre sa conscience et la nôtre ; et plus sera riche d'idées, gros de sensations et d'émotions le sentiment dans le

---

[7] Bergson, *Essai sur les données immédiates de la conscience*, PUF, Paris, 1927, (édition 1988), avant-propos.
[8] ibid. p. 11.

> cadre duquel il nous aura fait entrer, plus la beauté exprimée aura de profondeur ou d'élévation.[9]

Le temps et l'espace apparaissent ici non pas tant comme un médium, mais comme une sorte de frontière entre deux êtres. L'œuvre, dont le projet semble être nécessairement pour Bergson la transmission d'une émotion, s'impose un fonctionnement mimétique dont le but, la recherche d'une communion de conscience entre l'artiste et son public, est très précisément ce que fustige Lukács en reprochant à de telles conceptions d'« abaisser l'art jusqu'au rang de processus de communication entre le créateur et celui qui jouit de son œuvre »[10]. Nous reviendrons plus loin sur le procès que fait Lukács à cette conception de l'œuvre comme véhicule d'une expression, conception qui, à la suite des idées de Kant sur le goût, tendrait à réduire l'expérience esthétique à un processus de connaissance. Ce qui nous intéresse ici, dans la pensée de Bergson, c'est l'effort qu'il fait pour construire à partir d'une interrogation sur la conscience, depuis ses fondements psychophysiologiques, une dimension de la pensée, le temps, souvent donnée, et notamment par Kant, comme première. Bergson montre tout d'abord comment la pensée musicale se structure par analogie anthropomorphe et il établit en premier lieu un lien entre les idées de tension et de hauteur.

> Quand nous parlons de l'intensité d'un son de force moyenne comme d'une grandeur, nous faisons donc surtout allusion au plus ou moins grand effort que nous aurions à fournir pour nous procurer à nouveau la même sensation auditive. Mais à côté de l'intensité, nous distinguons une autre propriété caractéristique du son, la hauteur. Les différences de hauteur, telles que notre oreille les perçoit, sont-elles des différences quantitatives ? Nous accordons qu'une acuité supérieure de son évoque l'image d'une situation plus élevée dans l'espace. Mais suit-il de là que les notes de la gamme, en tant que sensations auditives, diffèrent autrement que par la qualité ? Oubliez ce que la physique vous a appris, examinez

[9] ibid. pp. 13-14.
[10] Georg Lukács, *Philosophie de l'art*, Klincksieck, Paris, 1981, p. 23.

> avec soin l'idée que vous avez d'une note plus ou moins haute, et dites si vous ne pensez pas tout simplement au plus ou moins grand effort que le muscle tenseur de vos cordes vocales aurait à fournir pour donner la note à son tour ? Comme l'effort par lequel votre voix passe d'une note à la suivante est discontinu, vous vous représentez ces notes successives comme des points de l'espace qu'on atteindrait l'un après l'autre par des sauts brusques, en franchissant chaque fois un intervalle vide qui les sépare : et c'est pourquoi vous établissez des intervalles entre les notes de la gamme. Reste à savoir, il est vrai, pourquoi la ligne sur laquelle nous les échelonnons est verticale plutôt qu'horizontale, et pourquoi nous disons que le son monte dans certains cas, descend dans d'autres. Il est incontestable que les notes aiguës nous paraissent produire des effets de résonance dans la tête, et les notes graves dans la cage thoracique : cette perception, réelle ou illusoire, a contribué sans doute à nous faire compter verticalement les intervalles.[11]

Ce que met en évidence Bergson, en reliant l'image mentale du son aux données de notre perception corporelle, c'est l'idée déjà défendue par Kant d'une séparation de l'espace, comme notion, d'avec son contenu[12]. Or le contenu effectif est celui de notre pensée. Au delà d'un anthropomorphisme originel, il faut comprendre cet effort pour revenir à l'origine des états de conscience comme une tentative de se départir des séductions pythagoriciennes de la réduction du réel au nombre. C'est ce qu'énonce Bergson en parlant du problème de l'unité :

> L'unité est irréductible pendant qu'on la pense, et le nombre est discontinu pendant qu'on le construit : mais dès que l'on considère le nombre à l'état d'achèvement, on l'objective : et c'est précisément pourquoi il apparaît alors indéfiniment divisible.[13]

[11] Bergson, op. cit. pp. 33-34.
[12] cf. ibid. pp. 69-70.
[13] Bergson, op. cit. p.62.

On le constate assez aisément : la réalité n'est pas de même nature si on la considère dans l'acte de la pensée ou si au contraire, dans l'effort de l'abstraction, on l'en dissocie. Et cette différence de nature, elle naît principalement de l'introduction du temps, de la nécessité d'une pensée comme action. C'est alors qu'intervient la séparation qu'opère Bergson entre le temps, substrat abstrait, et la durée.

> [...] remarquons que, lorsque nous parlons du temps, nous pensons le plus souvent à un milieu homogène où nos faits de conscience s'alignent, se juxtaposent comme dans l'espace, et réussissent à former une multiplicité distincte. Le temps ainsi compris ne serait-il pas à la multiplicité de nos états psychiques ce que l'intensité est à certains d'entre eux, un signe, un symbole, absolument distinct de la vraie durée.[14]

Si Bergson parle de « vraie durée », c'est qu'il établit une distinction entre deux conceptions de la durée qui sont pour nous d'une extrême importance. Nous citerons donc intégralement le passage où il établit, en l'illustrant, cette séparation.

> Il y a en effet [...] deux conceptions de la durée, l'une pure de tout mélange, l'autre où intervient subrepticement l'idée d'espace. La durée toute pure est la forme que prend la succession de nos états de conscience quand notre moi se laisse vivre, quand il s'abstient d'établir une séparation entre l'état présent et les états antérieurs. Il n'a pas besoin, pour cela, de s'absorber tout entier dans la sensation ou l'idée qui passe, car alors, au contraire, il cesserait de durer. Il n'a pas besoin non plus d'oublier les états antérieurs : il suffit qu'en se rappelant ces états il ne les juxtapose pas à l'état actuel comme un point à un autre point, mais les organise avec lui, comme il arrive quand nous rappelons, fondues pour ainsi dire ensemble, les notes d'une mélodie. Ne pourrait-on pas dire que, si ces notes se succèdent, nous les apercevons néanmoins les unes dans les autres, et que leur ensemble est comparable à un être vivant, dont les parties, quoique distinctes, se pénètrent par l'effet

[14] Bergson, op. cit. p. 67.

> même de leur solidarité ? La preuve en est que si nous rompons la mesure en insistant plus que de raison sur une note de la mélodie, ce n'est pas sa longueur exagérée, en tant que longueur, qui nous avertira de notre faute, mais le changement qualitatif apporté par là à l'ensemble de la phrase musicale. On peut donc concevoir la succession sans la distinction, et comme une pénétration mutuelle, une solidarité, une organisation intime d'éléments, dont chacun, représentatif du tout, ne s'en distingue et ne s'en isole que pour une pensée capable d'abstraire. Telle est sans aucun doute la représentation que se ferait de la durée un être à la fois identique et changeant, qui n'aurait aucune idée de l'espace. Mais familiarisés avec cette dernière idée, obsédés même par elle, nous l'introduisons à notre insu dans notre représentation de la succession pure ; nous juxtaposons nos états de conscience de manière à les apercevoir simultanément, non plus l'un dans l'autre, mais l'un à côté de l'autre ; bref, nous projetons le temps dans l'espace, nous exprimons la durée en étendue, et la succession prend pour nous la forme d'une ligne discontinue ou d'une chaîne, dont les parties se touchent sans se pénétrer.[15]

Bergson, à la fin du dix-neuvième siècle, s'attache à des problèmes qui sont finalement extrêmement proches de ceux qui occupent le cognitivisme musical de la fin du vingtième, en particulier l'idée du réductionnisme et de la structure profonde. La séparation qu'il fait entre une perception organique et une conception géométrique mérite toutefois d'être affinée, et c'est l'un des objets de cette étude. Mais notons dès à présent qu'il prend pour exemple de « pure » durée une mélodie, c'est-à-dire cette entité thématique fondamentale de la musique de son temps, entité dont tous les compositeurs ont reconnu le caractère organique, c'est-à-dire à la fois organisé et organisateur. En fait, par le seul choix de cet exemple, Bergson induit la limite de la durée « pure » et il nous engage malgré lui à laisser cohabiter les deux termes antinomiques de sa discussion. Car ce « moi qui se laisse vivre », qui « s'abstient d'établir une séparation entre l'état présent et les états antérieurs », est un moi utopique, digne de

[15] Bergson, op. cit. pp. 74-75.

celui que Cage voulait mettre en avant dans la *Music of changes*. L'opposition entre une continuité qui s'établit et une rupture qui s'impose est le jeu musical par excellence. La musique que connaissait Bergson induisait une sorte de double articulation entre cette homogénéité du thème, de la phrase musicale, qui est vécue comme totalité organique, et les cassures que suppose son déploiement, surtout après l'école de Mannheim, Haydn ou Beethoven, fragmentation qui ne peut sans doute être vécue comme totalité que par l'intermédiaire d'une certaine géométrisation que l'on a appelée « forme ». Cette conception historique n'est évidemment pas sans rapport avec les données esthétiques que nous livrent les œuvres de ces époques. Quoi qu'il en soit, la pensée de Bergson dépasse largement le cadre historique de sa conception. La « durée pure » se propose d'être un présent sans mémoire parce que la mémoire est sensée s'organiser comme un espace. Les psychoacousticiens ont bien senti, d'ailleurs, la nécessité d'un présent de la conscience en introduisant ce qu'ils ont appelé la « mémoire immédiate ». C'est cette première intégration qui autorise à penser le mouvement, le geste, la phrase.... Mais la force, et l'actualité, de la démarche Bergsonienne, c'est surtout de refuser ce qui, et cela vaut pour l'écriture musicale, ne serait pas conforme aux données premières de la temporalité.

> L'idée d'une série réversible dans la durée, ou même simplement d'un certain ordre de succession dans le temps, implique donc elle-même la représentation de l'espace [...].[16]

Cette spatialisation de la musique, certainement initiée avec le premier contrepoint et la notation musicale, parvenue à une apogée revendiquée avec le sérialisme de la deuxième école de Vienne, a sans doute trouvé son illustration la plus métaphorique avec le calque des constellations de l'*Atlas Eclipticalis* de Cage. L'Espace comme négation du temps, comme éternité, reste une aporie fertile.

---

[16] Bergson, op. cit. p. 76.

Il y a, dans la difficulté à penser le temps, un certain nombre de paradoxes historiques dont le plus célèbre est sans doute celui de Zénon d'Élée. Bergson a lui même longuement commenté ce sophisme[17]. La confusion des Éléates est caractéristique, selon lui, d'une confusion entre les propriétés du temps et celles de l'espace. L'espace peut effectivement être divisé et recomposé suivant une loi quelconque, mais pas le mouvement d'Achille et celui de la tortue. La notion de mouvement, et le concept physique de vitesse, lient l'espace et le temps dans une *ratio* qui dépasse les contraintes arbitraires de simultanéité imposées par Zénon. Le temps préexiste à la conscience que l'on s'en donne. Et une artificielle dichotomie n'a jamais empêché une flèche d'atteindre son but. Seule sa trajectoire est disponible à nos jeux arithmétiques, pas son mouvement. Toute la réflexion de Bergson est un superbe prélude à la théorie de la relativité d'Einstein.

> Quand je suis des yeux, sur le cadran d'une horloge, le mouvement de l'aiguille qui correspond aux oscillations du pendule, je ne mesure pas de la durée, comme on paraît le croire ; je me borne à compter des simultanéités, ce qui est bien différent. En dehors de moi, dans l'espace, il n'y a jamais qu'une position unique de l'aiguille et du pendule, car des positions passées il ne reste rien.

En liant cette même observation à l'idée d'une vitesse de la lumière et à un déplacement de l'observateur, Einstein aura tous les outils pour construire un espace-temps d'une nature tout à fait différente de celui hérité par Bergson à travers Kant, de la mécanique classique de Galilée et de Newton, un espace-temps qui est construit sur la notion d'événement, rendant inséparable la position et le repérage temporel. Cette notion d'événement n'est pas seulement du « temps amalgamé à de l'espace », « n'ayant d'existence que dans l'intervalle entre la position du problème et sa solution »[18], comme l'affirme Bergson dans un livre ultérieur. « Il est », écrit-il, « de l'essence même de l'Espace-temps de ne pas

---

[17] Bergson, op. cit. pp. 84-85.
[18] Henri Bergson, *La pensée et le mouvant* , Skira, Genève, 1946, p. 44.

être perçu ». La physique moderne ne pouvait plus se limiter au monde perçu immédiatement par nos sens, et elle se devait de construire des prothèses de plus en plus efficaces, expérimentales ou théoriques, pour accéder aux parties subliminales de la réalité. Bergson, dans sa recherche pour donner un statut autonome à la durée, associe ce problème, à travers la perception, à celui de l'antinomie entre monde intérieur et monde extérieur. Autrement dit, il retrouve le vieux problème philosophique de la substance.

> L'erreur de Kant a été de prendre le temps pour un milieu homogène. Il ne paraît pas avoir remarqué que la durée réelle se compose de moments intérieurs les uns aux autres, et que lorsqu'elle revêt la forme d'un tout homogène, c'est qu'elle s'exprime en espace. Ainsi la distinction même qu'il établit entre le temps et l'espace revient, au fond, à confondre le temps avec l'espace, et la représentation symbolique du moi avec le moi lui-même. [...] La vérité est que si nous vivons et agissons le plus souvent extérieurement à notre propre personne, dans l'espace plutôt que dans la durée, et si, par là, nous donnons prise à la loi de causalité qui enchaîne les mêmes effets aux mêmes causes, nous pouvons cependant toujours nous replacer dans la pure durée, dont les moments sont intérieurs et hétérogènes les uns aux autres, et où une cause ne saurait reproduire son effet, puisqu'elle ne se reproduira jamais elle-même.[19]

Les propos de Bergson rejoignent étrangement l'objection que Stuart Mill faisait lui-même au phénoménisme psychologique :

> Si nous regardons l'esprit comme une série de sentiments, nous sommes obligés de compléter la proposition en l'appelant une série de sentiments qui se connaît elle même comme passé et avenir ; et nous sommes réduits à l'alternative de croire que l'esprit ou moi est autre chose que les séries de sentiments ou de possibilités de sentiments, ou bien d'admettre

[19] Bergson, *Essai sur les données immédiates de la conscience,* op. cit. pp. 174-175.

> le paradoxe que quelque chose qui, *ex hypothesi*, n'est qu'une série de sentiments peut se connaître soi-même en tant que série.[20]

On retrouve au passage le vieux dualisme métaphysique de la matière et de l'esprit, dualisme qui est spontanément reproduit dans celui de la physique et de la psychologie. L'« erreur » de Bergson est peut-être de prendre l'espace pour un milieu homogène, et de confondre l'espace comme substrat mathématique, homogène par principe, avec sa matérialité, dont la physique moderne, et en particulier la physique quantique et la physique nucléaire, ont montré qu'elle était tissée par un réseau d'équivalences dont la physique classique ne pouvait pas même concevoir la possibilité. Einstein ($E=mc^2$) et Planck ($E=hc/\lambda$) ont établi des équivalences entre énergie, matière, distance et temps difficiles à penser avec les outils de notre perception et les raisonnements de notre sens commun. La notion d'espace-temps, qui établit formellement la confusion du temps et de l'espace dans un même substrat symbolique, permet en fait d'opérer ce passage d'un système de matérialité figée à un système de relations. Comme la physique quantique nous apprend que tout phénomène naît de la transition entre deux états déterminés, transition éminemment discontinue et instantanée, l'idée même de continuité peut n'être qu'une vue de l'esprit. C'est ce qu'illustre à merveille la pièce de Ligeti *Continuum*. C'est par l'intégration purement perceptive et mentale que nous opérons de chacune des notes pincées du clavecin, instrument au son ponctuel s'il en est, que naît le mouvement d'ensemble de la pièce. Pas plus pour l'espace que pour le temps, la continuité n'est une donnée du monde. C'est le résultat d'une opération mentale dont le projet est très certainement de nous faire accéder directement au mouvement, sans passer par sa décomposition.

> Les anciens avaient imaginé une Ame du Monde qui assurerait la continuité d'existence de l'univers matériel. Dépouillant cette conception de ce qu'elle a de mythique, je

---

[20] Stuart Mill, *Philosophie de Hamilton*, cité par Paulin Malapert, in *Morale, Logique, Métaphysique*, Hatier, Paris, 1936, p.463.

> dirais que le monde inorganique est une série de répétitions ou de quasi-répétitions infiniment rapides qui se somment en changements visibles et prévisibles. Je les comparerais aux oscillations du balancier de l'horloge : celles-ci sont accolées à la détente continue d'un ressort qui les relie entre elles et dont elles scandent le progrès ; celles-là rythment la vie des êtres conscients et mesurent leur durée. Ainsi, l'être vivant dure essentiellement ; il dure, justement parce qu'il élabore sans cesse du nouveau et parce qu'il n'y a pas d'élaboration sans recherche, pas de recherche sans tâtonnement. Le temps est cette hésitation même, ou il n'est rien du tout.[21]

Dès lors, pour Bergson, il convient de séparer, dans notre activité, ce qui est du domaine de la répétition, de la technique, et ce qui est du ressort de la création.

> Il n'y aura de nouveauté dans nos actes que grâce à ce que nous aurons trouvé de répétition dans les choses. Notre faculté normale de connaître est donc essentiellement une puissance d'extraire ce qu'il y a de stabilité et de régularité dans le flux du réel.[22]

Ce très parménidien flux du réel est donc le résultat d'une subsomption. Mais c'est une subsomption orientée. Cette orientation est bien évidemment contraire à l'image de l'Être que se faisaient les anciens, à l'immuable système des idées. C'est une corruption, une dégradation, un vieillissement. Le Temps, pour les grecs, aurait tout gâté. Cette conception du temps a d'ailleurs été relayée par la thermodynamique de la fin du dix-neuvième siècle à travers la notion d'entropie. L'évolution thermodynamique se fait de l'ordre vers le désordre. Les penseurs du début du vingtième siècle n'ont pas manqué de remarquer que cette vérité thermodynamique était contraire aux théories de l'évolution, et que les systèmes biologiques, par exemple, pouvaient au contraire créer de l'ordre à partir du désordre. C'est ce que l'on a appelé la négentropie, avec cette malheureuse

[21] Bergson, *La pensée et le mouvant,* op. cit.pp. 102-103.
[22] Bergson, ibid. p. 105.

dialectique de l'histoire qui oblige à la valeur positive de porter la négation. Bergson réagit très fortement d'une part à l'idée d'un temps perturbateur de l'éternité, d'autre part à un temps réduit à une simple apparence.

> Tenons-nous-en aux faits. Le Temps est immédiatement donné. Cela nous suffit, et, en attendant qu'on nous démontre son inexistence ou sa perversité, nous constatons simplement qu'il y a jaillissement effectif de nouveauté imprévisible. La philosophie y gagnera de trouver quelque absolu dans le monde mouvant des phénomènes. Mais nous y gagnerons aussi de nous sentir plus joyeux et plus forts.[23]

A la notion aristotélicienne d'antériorité et de postériorité, Bergson veut substituer celle d'évolution créatrice. Aristote fait de manière explicite, dans *La Métaphysique*, une équivalence, par les notions d'ordre et de distance, entre l'espace, le temps, le rang social et le rang logique. Il entraîne donc la notion d'antériorité sur les chemins de la causalité et du déterminisme. La portée d'une telle équivalence sur la notion de liberté est majeure. Aristote précise :

> Par nature et substantiellement, les Antérieurs sont les choses qui peuvent exister indépendamment d'autres choses, tandis que ces autres choses ne peuvent pas exister sans elles.[24]

N'est-ce pas cette *dépendance* même qui génère l'idée de déterminisme ? Dans une telle perspective, le futur dépend du présent qui lui-même dépend du passé. Tout remonte ainsi à une cause première, sorte de moi génétique de l'univers. En introduisant dans ce carcan les notions de hasard, d'imprévisible, de catastrophe, la pensée du vingtième siècle a très nettement tranché en faveur du « surgissement » bergsonien. L'être humain a toutefois introduit quelques intercesseurs entre l'absolue dictature de la logique causale et celle, non moins absolue, d'un surgissement arbitraire et brutal. Entre le destin machine et le

---

[23] Bergson, ibid. p. 116.

[24] Aristote, *La Métaphysique*, Pocket, Paris, 1991, livre Δ, chap. XI.

destin furieux, tout le travail de l'esprit humain sera de ménager les voies du probable, du prévisible, du possible... « Le possible », écrit Bergson, « est le mirage du présent dans le passé » ; c'est « l'effet combiné de la réalité une fois apparue et d'un dispositif qui la rejette en arrière »[25] ; c'est, en somme, une illusion pour cacher le déterminisme. En fait, même si le possible est toujours, selon l'expression de Bergson, créé par le réel, il est aussi la trace de l'effort de l'esprit pour se projeter dans l'avenir. Il devient donc, par là même, dans ce qu'il résume de conscience du monde, l'acte de l'intelligence qui permet d'intégrer le présent dans une durée, de réaliser l'instant dans la continuité du monde. Il n'est pas seulement le prévu, qui est un choix limité, il est le résumé des champs de la connaissance qui assurent la liberté de ce choix. Il est, d'une certaine manière, le *potentiel* de l'action, sans préjugé de l'acte. Accéder au possible, c'est aussi pour la conscience, accéder à une connivence entre sa propre structure et la structure du monde. En cela, il permet de se détacher de la réalité pure du temps, pour accéder peut-être à la temporalité pure du réel, à l'essence de ce qui le dynamise. Avec le possible commence à se construire une réalité psychique autonome, capable de traverser les aléas de l'existence mais également consciente des limites de son pouvoir. Car en effet, et l'étude des systèmes chaotiques a permis de le formaliser d'une manière tout à fait intéressante[26], il y a, en fonction de la nature du réel considéré, un rapport entre la précision instantanée que nous pouvons atteindre dans notre connaissance de ce réel, et le temps pour lequel nous pouvons espérer connaître son évolution. Cette sphère, avec à la fois son horizon descriptif et son horizon temporel, est celle dans laquelle la conscience peut espérer se développer.

Avec l'irréversibilité, le temps apparaît essentiellement dissymétrique. En ce sens, il est le contraire de ce que l'espace propose de plus remarquable. On sait aujourd'hui que la dissymétrie, même dans sa forme spatiale, est à l'origine de la vie. Autrement dit, le Temps a un *sens*, et il convient de restituer

[25] Bergson, ibid. p. 112.
[26] Cf. : Ilya Prigogine, Isabelle Stengers, *Entre le temps et l'éternité*, Flammarion, Paris, 1992, p. 77.

intégralement ce sens dans toute notre démarche analytique, dans l'effort de notre réflexion sur la réflexion même.

D'avoir admis le sens du temps n'est pas sans incidence sur la conception du moi, de la personne psychique que nous constituons. Les formules les plus marquantes de l'histoire moderne de la philosophie sont prises dans cette orientation, dans le double sens d'antériorité-postériorité temporelle et logique. On pense par exemple au *cogito ergo sum* de Descartes, à la phénoménologie de Heidegger ou à l'existentialisme de Sartre, mais nous y reviendrons. Ce qui nous intéresse ici, c'est de comprendre les incidences du sens du Temps sur la constitution du moi. Il n'est pas question de réécrire une phénoménologie du temps, pas plus, d'ailleurs, que des prolégomènes à une psychologie. Il convient donc, tout en restant en compagnie des philosophes et des psychologues, de cerner plus précisément ce qui est ici notre objet : l'homme auditeur de musique, l'homme musicien. L'écoute sera donc pour nous le prototype de la pensée, avec cette prérogative de ne pas être reliée *a priori* au fil rhéteur du langage. Suivons encore Bergson dans la description qu'il donne de l'audition, et essayons de comprendre comment il passe d'une audition subie et innocente, celle à qui semble aller sa préférence parce qu'elle est plus proche de la « pure » durée, à une audition comme perception active.

> Ecoutons une mélodie en nous laissant bercer par elle : n'avons-nous pas la perception nette d'un mouvement qui n'est pas attaché à un mobile, d'un changement sans rien qui change ? Ce changement se suffit, il est la chose même. Et il a beau prendre du temps, il est indivisible : si la mélodie s'arrêtait plus tôt, ce ne serait plus la même masse sonore ; c'en serait une autre, également indivisible. Sans doute nous avons une tendance à la diviser et à nous représenter, au lieu de la continuité ininterrompue de la mélodie, une juxtaposition de notes distinctes. Mais pourquoi ? Parce que nous pensons à la série discontinue d'efforts que nous ferions pour recomposer approximativement le son entendu en chantant nous-mêmes, et aussi parce que notre perception auditive a pris l'habitude de s'imprégner d'images visuelles. Nous écoutons alors la

> mélodie à travers la vision qu'en aurait un chef d'orchestre regardant sa partition. Nous nous représentons des notes juxtaposées à des notes sur une feuille de papier imaginaire. Nous pensons à un clavier sur lequel on joue, à l'archet qui va et qui vient, au musicien dont chacun a sa partie à côté des autres. Faisons abstraction de ces images spatiales : il reste le changement pur, se suffisant à lui-même, nullement divisé, nullement attaché à une « chose » qui change. [...]
>
> C'est justement cette continuité indivisible de changement qui constitue la durée vraie. [...] Quand nous écoutons une mélodie, nous avons la plus pure impression de succession que nous puissions avoir, - une impression aussi éloignée que possible de celle de simultanéité, - et pourtant c'est la continuité même de la mélodie et l'impossibilité de la décomposer qui font sur nous cette impression. Si nous la découpons en notes distinctes, en autant d'avant et d'après qu'il nous plaît, c'est que nous y mêlons des images spatiales et que nous imprégnons la succession de simultanéité : dans l'espace, et dans l'espace seulement, il y a distinction nette de parties extérieures les unes aux autres. Je reconnais d'ailleurs que c'est dans le temps spatialisé que nous nous plaçons d'ordinaire. Nous n'avons aucun intérêt à écouter le bourdonnement ininterrompu de la vie profonde. Et pourtant la durée réelle est là. C'est grâce à elle que prennent place dans un seul et même temps les changements plus ou moins longs auxquels nous assistons en nous et dans le monde extérieur.[27]

Bergson analyse bien, d'ailleurs, la contradiction : parler de continuité et de changement, c'est autoriser une comparaison entre deux termes diversement *situés* dans le temps. Cet acte préalable de la conscience n'est pas conforme à l'intuition de la durée « vraie », mais il est nécessaire à l'intelligence. Malgré toute sa répugnance à l'envisager, Bergson entrevoit l'indispensable spatialisation du temps à laquelle se livre notre esprit.

---

[27] Bergson, *La pensée et le mouvant*, op. cit. pp. 160-162.

> Nous inclinons à nous représenter notre passé comme de l'inexistant, et les philosophes encouragent chez nous cette tendance naturelle. Pour eux et pour nous, le présent seul existe par lui-même : si quelque chose survit au passé, ce ne peut être que par un secours que le présent lui prête, par une charité que le présent lui fait, enfin, pour sortir des métaphores, par l'intervention d'une certaine fonction particulière qui s'appelle la mémoire et dont le rôle serait de conserver exceptionnellement telles ou telles parties du passé en les emmagasinant dans une espèce de boîte. - Erreur profonde! erreur utile, je le veux bien, nécessaire peut-être à l'action, mais mortelle à la spéculation.[28][...]
>
> Notre conscience nous dit que lorsque nous parlons de notre présent, c'est à un certain intervalle de durée que nous pensons. Quelle durée ? Impossible de la fixer exactement ; c'est quelque chose d'assez flottant. Mon présent, en ce moment, est la phrase que je suis occupé à prononcer. Mais il en est ainsi parce qu'il me plaît de limiter à ma phrase le champ de mon attention. Cette attention est chose qui peut s'allonger et se raccourcir, comme l'intervalle entre les deux pointes d'un compas. [...] La distinction que nous faisons entre notre présent et notre passé est donc sinon arbitraire, du moins relative à l'étendue du champ que peut embrasser notre attention à la vie. Le « présent » occupe juste autant de place que cet effort.[29]

La durée demande, pour se percevoir, l'intervention de la mémoire, et la mémoire, pour être utile, exige l'attention. Nous sommes là en présence d'une gradation tout à fait fondamentale entre une perception comme présence au monde, comme recueil de l'existant, et comme acte d'appropriation. Il est tout à fait remarquable que d'un exemple musical nous soyons passés à un exemple dans le langage articulé. Mais n'en déduisons rien sur le musical lui-même. Ce que nous voyons ici se constituer, c'est l'esprit musicien. C'est aussi, d'une manière plus générale, le

[28] Bergson, ibid. p. 163.
[29] Bergson, ibid. p. 164.

cogito sans finalité d'être, ou plutôt, c'est l'être pensant, le *sum cogitatum*. Nous retrouvons à nouveau cette idée d'une subsomption du flux temporel, et il convient d'y ajouter la particularité irréversible du temps : *je suis pensant dans le sens du temps*. C'est beaucoup d'effort pour dégager une évidence. Il nous appartient désormais de donner forme à la nature de cette évidence, autrement dit d'en donner un modèle, une représentation qui nous éclaire en retour à la fois sur la pensée elle-même et sur l'objet de cette pensée, sur nous en tant qu'auditeurs, et sur la musique.

Un tel travail méthodologique ne peut pas faire l'économie des rapports qui s'établissent entre temps et mémoire. Bachelard conclut la critique qu'il adresse à la pensée de Bergson dans son ouvrage *La dialectique de la durée* avec l'idée que l'essence de la durée Bergsonnienne est d'ordre métaphorique. Cette mélodie « comparable à un être vivant »[30], selon l'expression même de Bergson reprise par Bachelard, on doit en « *apprendre* la continuité [...] On ne l'*entend* pas de prime abord ; et c'est souvent la reconnaissance d'un thème qui apporte la conscience de la continuité mélodique »[31] :

> Si le lecteur nous a suivi dans notre thèse qui veut que les liaisons des instants vraiment actifs soient toujours effectuées sur un plan qui diffère du plan où s'exécute l'action, il ne sera pas éloigné de conclure avec nous que la durée est, strictement parlant, une *métaphore*. [...] En tant que vie, la durée est solidarité et organisation d'une succession de fonctions - dans sa prise de conscience continue, la vie est rêverie - la rêverie elle-même est une mélodie spirituelle, aux incidents paradoxalement libres et fondus. [...] A tout cela, il n'y a qu'un malheur : c'est qu'aucune expérience ne se suffit à elle même ; c'est qu'aucune expérience temporelle n'est vraiment pure. On n'a qu'à examiner de près n'importe laquelle des images de la continuité, on y verra toujours les hachures du discontinu. Ces hachures ne font une ombre continue que par

[30] Bergson, op. cit. p. 76.
[31] Gaston Bachelard : *La dialectique de la durée*, PUF, Paris, 1950, p. 114.

> l'intermédiaire des hétérogénéités estompées. [...] Sur le plan musical, par exemple, il nous faudra montrer que ce qui fait la continuité, c'est toujours une dialectique obscure qui appelle des sentiments à propos d'impressions, des souvenirs à propos de sensations. Autrement dit, il faudra prouver que le continu de la mélodie, que le continu de la poésie, sont des reconstructions sentimentales qui s'agglomèrent par delà la sensation réelle, grâce au flou et à la torpeur de l'émotion, grâce au mélange confus des souvenirs et des espérances, par conséquent sur des plans bien différents du plan où nous cantonnerait une étude scientifique des contextures purement sonores.[32]

Un rapport entre différents plans, voilà probablement ce qu'organise la conscience. Bachelard insiste sur l'établissement, de différents types de relation. « Métaphore », « reconstruction », « agglomération » sont des termes qui désignent entre des objets de nature différente une certaine connivence, une certaine intimité. Toutefois, cet idéal d'errance qu'exprimerait la « durée pure » n'est-il pas éternellement affronté à un idéal de clarté que symbolisent les systèmes d'objets et les systèmes de relations ? Une conciliation doit encore une fois s'opérer, entre la rigueur et la liberté. Ce qu'il faut retenir ici, au delà d'un machiavélisme tenace entre le « don » immédiat de la sensation et le recours aux manipulations de la science, c'est l'extraordinaire versatilité de notre sensibilité, mais une versatilité qui n'excue en rien une cohésion absolue avec ce qui est à l'œuvre dans la source de la sensation. Toute poésie, et la poésie musicale ne saurait être exclue, trace les contours d'un état de conscience unique, sur lequel viendront se relire ou se découvrir, avec les aspérités qui leur sont particulières, les consciences individuelles, dans le temps qui leur est propre, et avec les couleurs qui leurs sont personnelles. La mémoire n'est plus alors seulement le résidu univoque d'une convention, ou la mise à disposition des multiples analogie. C'est avant tout ce qui rend possible le possible. Autrement dit, il n'est question ni de l'enfermer dans les

[32] Gaston Bachelard : *La dialectique de la durée*, PUF, Paris, 1950, pp. 112-113.

méandres caverneux d'une bibliothèque de Babel, ni de la piéger dans la matérialité du présent, en rapport avec ce que les psychoacousticiens ont appelé « mémoire immédiate »[33]. La mémoire, au sens large, rejoint toute l'activité psychique, car aucune des deux ne pourrait se passer de l'autre dans sa réalisation. Dès lors, ce qui doit être décrit et analysé, ce sont les interactions, au sein de la conscience, entre le mécanisme intellectuel temporel et la trace consciente, entre l'acte conscient et l'objet. Une des plus belles tentatives pour décrire cette opération se trouve sans doute dans notre littérature, *du côté de chez Swann...*

> Peut-être est-ce parce qu'il ne savait pas la musique qu'il avait pu éprouver une impression aussi confuse, une de ces impressions qui sont peut-être les seules purement musicales, inétendues, entièrement originales, irréductibles à tout autre ordre d'impressions. Une impression de ce genre, pendant un instant, est pour ainsi dire *sine materia*. Sans doute les notes que nous entendons alors, tendent déjà, selon leur hauteur et leur quantité, à couvrir devant nos yeux des surfaces de dimension variées, à tracer des arabesques, à nous donner des sensations de largeur, de ténuité, de stabilité, de caprice. Mais les notes sont évanouies avant que ces sensations se soient formées en nous pour ne pas être submergées par celles qu'éveillent déjà les notes suivantes ou même simultanées. Et cette impression continuerait à envelopper de sa liquidité et de son « fondu » les motifs qui par instant en émergent, à peine discernables, pour plonger aussitôt et disparaître, connus seulement par le plaisir particulier qu'ils donnent, impossibles à décrire, à se rappeler, à nommer, ineffables - si la mémoire, comme un ouvrier qui travaille à établir des fondations durables au milieu des flots, en fabriquant pour nous des fac-similés de ces phrases fugitives, ne nous permettaient de les comparer à celles qui leur succèdent et de les différencier. Ainsi, à peine la sensation délicieuse que Swann avait ressentie était-elle expirée, que sa mémoire lui en avait fourni séance tenante une transcription sommaire et provisoire, mais sur laquelle il avait

[33] Cf. Emile Leipp : *La machine à écouter*, Masson, Paris, 1977, chap. VII.

> jeté les yeux tandis que le morceau continuait, si bien que, quand la même impression était tout d'un coup revenue, elle n'était déjà plus insaisissable. Il s'en représentait l'étendue, les groupements symétriques, la graphie, la valeur expressive ; il avait devant lui cette chose qui n'est plus de la musique pure, qui est du dessin, de l'architecture, de la pensée, et qui permet de se rappeler la musique. Cette fois il avait distingué nettement une phrase s'élevant pendant quelques instants au dessus des ondes sonores. Elle lui avait proposé aussitôt des voluptés particulières, dont il n'avait jamais eu l'idée avant de l'entendre, dont il sentait que rien autre qu'elle ne pourrait les lui faire connaître, et il avait éprouvé pour elle comme un amour inconnu.[34]

Il était impossible de ne pas reprendre ici ce fragment de *La recherche du temps perdu* de Marcel Proust. Tous les éléments de la nécessaire prise de conscience, au début du vingtième siècle, de la nature profonde du musical, sont réunis dans ces quelques lignes. On s'est souvent contenté de faire de « la petite phrase de Vinteuil », l'emblème de l'impressionnisme musical. Et on voit en effet s'opérer ici ce décentrement, si manifestement revendiqué en peinture, du sujet de l'œuvre, depuis sa propre matérialité extérieure, figurative, à une réalité intérieure combien plus riche et plus mystérieuse. Ce décentrement est bien sûr essentiel, mais ainsi présenté, il pourrait n'apparaître que comme une conséquence de l'hypertrophie du sentiment individuel dans le prolongement de l'inspiration romantique. Or il s'agit de bien plus que cela. Ce que décrit Proust ici n'est certainement pas un recueil d'impressions vagues, mais constitue déjà une très fine analyse de leur origine et de leur nature. L'interrogation de l'auteur de *la recherche* porte sur notre conscience de la musique, et plus précisément sur le fonctionnement de cette conscience, sur la nature des phénomènes mentaux qui la rendent possible et qui sont à la fois inhérents aux mouvements que donne la musique et pourtant indépendants de son déroulement. Proust, dans son style éblouissant, a tout dit. Et si nous soulignons encore

[34] Marcel Proust, *La recherche du temps perdu*, Gallimard, Paris, ed. *La Pléiade* pp. 209-210.

quelques passages de ce texte, c'est pour mieux montrer à quel point il est, au même titre que ceux de Bergson et de Bachelard, pour notre propre recherche, prémonitoire. Car « cette impression » dont parle Proust, si proche dans sa « liquidité » et son « fondu », dans le plaisir insaisissable qu'elle propose, de la jouissance de la durée pure, la mémoire, en fabriquant ce que Proust appelle des « fac-similés », permet « de la comparer à celles qui lui succèdent et de les différencier ». L'acte même de la conscience temporelle est donc compris tout entier dans cette capacité à appréhender et à mettre en rapport. Composer n'est rien d'autre que proposer des chemins à la conscience. En restituant à notre compréhension des œuvres sa véritable dimension temporelle, nous aurons également une métaphore de ce que la conscience attend d'elle-même.

Analyser le temps

Bergson établit une distinction très claire entre l'absolu, qui n'est accessible qu'à l'aide de l'intuition, et la représentation symbolique des sciences positives, qui fait l'objet d'une analyse. « *La métaphysique* », écrit-il, « *est la science qui prétend se passer de symboles* ». La psychologie est une des sciences les plus exposées au malentendu épistémologique, en ce qu'elle tente d'aborder par les outils de l'analyse les faits de l'intuition. Tout le problème sera toujours de savoir si son impuissance à cerner la personnalité par exemple, est due à une insuffisance de l'analyse ou à un décalage conceptuel.

> Nous appelons ici intuition la *sympathie* par laquelle on se transporte à l'intérieur d'un objet pour coïncider avec ce qu'il a d'unique et par conséquent d'inexprimable. Au contraire, l'analyse est l'opération qui ramène l'objet à des éléments déjà connus, c'est-à-dire communs à cet objet et à d'autres. Analyser consiste donc à exprimer une chose en fonction de ce qui n'est pas elle. Toute analyse est ainsi une traduction, un développement en symboles, une représentation prise de points

> de vue successifs où on note autant de contacts entre l'objet nouveau, qu'on étudie, et d'autres, que l'on croit déjà connaître. Dans son désir éternellement inassouvi d'embrasser l'objet autour duquel elle est condamnée à tourner, l'analyse multiplie les points de vue pour compléter la représentation toujours incomplète, varie sans relâche les symboles pour parfaire la traduction toujours imparfaite. Elle se constitue donc à l'infini. Mais l'intuition, si elle est possible, est un acte simple.[35]

L'analyse peut-elle dépasser cette contradiction dans laquelle l'enferme Bergson, d'être une complexité qui pour être réelle devient irréaliste ? Notons que l'analyse de Bergson porte sur des objets constitués. C'est une analyse *projective*, au sens où elle projette une réalité sur une autre réalité (symbolique) qui lui est hétérogène. Elle est *extérieure* à son objet. Nous venons cependant, dans tout le chapitre précédent, de comprendre qu'il n'y avait pas d'un côté les problèmes de l'espace et du temps et d'un autre ceux de la conscience. L'analyse qui nous intéresse ici est *introspective*. C'est en fait une analyse de ce qu'est l'analyse, non pas au sens d'une méta-analyse, mais au sens d'une analyse qui ne serait pas différente de son objet, qui ferait de la constitution de l'objet, l'objet de l'analyse. Ce projet, difficile, on l'imagine, à tenir absolument, doit rester présent à notre esprit à travers chacune des étapes de notre démarche. C'est sa réussite qui garantit cette « neutralité » à laquelle toute analyse, au sens pratique, doit tendre. Cette neutralité est pourtant à la fois une subjectivité profonde et essentielle. N'oublions pas que nous traitons ici d'un art.

> Celui qui s'engage dans la voie de l'art ne va donc jamais vers une vérité qui lui serait extérieure, à laquelle il puisse s'en remettre comme à un être stable et indépendant de lui. Qu'il le sache ou non, il a fait un choix, celui de constituer lui-même le lieu de la venue de cette vérité, de lui offrir sa propre chair pour être sa chair à elle — à elle qui est la Vie, qui ne peut être rien d'autre que la propre vie de l'individu et le degré le plus haut de son accomplissement. Parce que la

[35] Bergson, *La pensée et le mouvant*, op. cit. pp. 174-175.

> vérité de l'art n'est qu'une transformation de la vie de l'individu, l'expérience esthétique contracte avec l'éthique un lien indissoluble, elle est elle-même une éthique, une « pratique », un mode de réalisation de la vie. Cette connexion intérieure de la vie esthétique invisible et de la vie éthique, c'est ce que Kandinsky appelle le « spirituel ».[36]

Il n'est pas indifférent que ce soit par la question du temps que l'analyse, en dépassant, dans le cadre de la musique, son ancrage dans la spatialité, atteigne sa propre synthèse. Il faudra tenter d'en tirer toutes les conséquences. Essayons dans un premier temps, d'en cerner quelques éléments déterminants.

Pour Bergson, « la vraie durée, celle que la conscience perçoit, devrait être rangée parmi les grandeurs dites intensives »[37]. Il opère par là une différence fondamentale entre le temps absolu et le temps vécu, le temps objectif et le temps subjectif. Nous savons tous que les circonstances peuvent nous amener à « trouver le temps long » ou au contraire à « trouver le temps court ». Cette subjectivité est souvent liée d'une part à l'occupation, à la densité de la durée, mais également à une potentialisation du présent par rapport à un futur ou à un passé déterminé.

L'analyse de la durée est donc conditionnée par une polarisation entre temps physique et temps psychologique, entre repère externe, absolu et référentiel, et subjectivité interne, flexible et variable. On pourrait penser qu'il n'y a quoi qu'il en soit pas de temps absolu, que le temps est mesuré dans la relativité de l'observateur, que l'interne et l'externe se renvoient l'un à l'autre des signaux qui font de cette séparation un pur artifice, que l'environnement influe sur la subjectivité au moins autant que la subjectivité influe sur l'analyse. De cette disjonction pourrait naître l'idée que notre connaissance du temps sera toujours soumise à une dialectique indépassable entre le concret

---

[36] Michel Henry, *Voir l'invisible*, François Bourin, Paris, 1988, pp. 38-39.
[37] Bergson, *Essai sur les données immédiates de la conscience*, op. cit. p. 79.

et le vécu. Or l'enjeu même de cette connaissance n'est pas de nier l'un par l'autre mais au contraire de saisir comment temps concret et temps vécu s'articulent.

L'exemple le plus flagrant de contradiction entre temps concret et temps vécu a peut-être été analysé par Stockhausen au sujet de la durée d'exécution d'une œuvre musicale.

> La *réaction des auditeurs face à la durée d'exécution* de certaines œuvres composées récemment provoque - entre autres - de grandes difficultés. A la suite de l'exécution de ma composition *Kontakte* - dont la durée est de 34 minutes 1/2 -, un auditeur m'a écrit que la pièce était trop longue : avec une durée de 8 minutes environ, dit-il, la pièce aurait été bonne. (Il ne disait pas que les dernières ou les premières 26 minutes, ou qu'une partie ou l'autre, étaient plus mal composées, mais qu'un extrait de 8 minutes, n'importe lequel, l'aurait satisfait). Un autre auditeur pensait que les charmes sonores s'épuisaient trop rapidement vu la difficulté à percevoir la quintessence des forces formelles, et que, pour cette raison, la capacité de concentration se trouvait trop vite épuisée : c'est pourquoi l'œuvre était nettement trop longue. Un troisième écrivait que je me serais aliéné la bonne volonté des auditeurs en les agaçant ; alors qu'il est relativement aisé d'agencer et de percevoir globalement une symphonie de Bruckner qui dure une heure et demi, l'audition d'une composition électronique d'une demi-heure se transforme en martyre. Évoquons une opinion contraire : un jeune professeur de musique suédois me demandait pourquoi l'œuvre s'achevait déjà après 34 minutes 1/2 ; il aurait pu continuer à l'écouter longtemps encore.[38]

Cet exemple donne à réfléchir sur la difficulté d'une analyse « universelle » du temps et tend très nettement à montrer à quel point il ne peut y avoir que des écoutes singulières. Aucune position normative, préconisant une « bonne écoute », ou

[38] Karlheinz Stockhausen, *Momentform Nouvelles corrélations entre durée d'exécution durée de l'œuvre et moment.* (article original de 1963), in *Karleinz Stockhausen*, Contrechamps n°9, L'âge d'homme, Paris, 1988, p. 101.

définissant une « écoute idéale », ne peut s'imposer comme modèle. Et il nous appartient de comprendre ce phénomène, sans sacrifier la cohérence et la simplicité des axiomes, et en acceptant un tel degré de versatilité. Non seulement l'objet lui-même de notre étude, la musique, est un objet mouvant, mais il faut aussi rendre compte de la mouvance de son appréhension.

Parmi toutes les disciplines de l'esprit qui ont tenté d'aborder le problème du temps, il en est une, la phénoménologie, dont l'approche mérite d'être évoquée ici. Nous tenterons de mettre en évidence l'actualité de la démarche phénoménologique dans la réflexion sur la musique qui nous occupe. Husserl commence ses *Leçons pour une phénoménologie de la conscience intime du temps*[39] par un hommage appuyé au Saint Augustin des *Confessions*.

> Car en ces matières l'époque moderne, si orgueilleuse de son savoir, n'a rien donné qui ait beaucoup d'ampleur ni qui aille sensiblement plus loin que ce grand penseur, qui s'est débattu avec sérieux dans la difficulté.[40]

C'est à partir du dixième livre de ses *Confessions* que Saint Augustin nous confie, après le cheminement de sa vie terrestre, le cheminement de son questionnement spirituel, questionnement dont il ne faut pas oublier que le terme central est « Qu'est-ce que Dieu ? ». Si le temps apparaît, c'est d'abord par rapport à cette question essentielle. Et, dans ce passage final très impressionnant, où le Saint parle véritablement comme un prophète, on aperçoit à quel point l'abîme creusé entre l'humain et le divin prend sa source dans le problème du temps.

> Faisant violence à ma surdité, vous me criez : « O homme, ce que mon Ecriture dit, c'est moi qui le dis. Mais elle parle dans le temps, alors que ma Parole est en dehors du temps, car elle demeure avec moi, éternelle comme moi. Ainsi, ce que vous voyez par mon Esprit, c'est moi qui le vois ; ce

[39] Edmund Husserl, *Leçons pour une phénoménologie de la conscience intime du temps*, PUF, Paris, 1964.
[40]ibid. p.3.

> que vous dites par mon Esprit, c'est moi qui le dis. Mais tandis que vous voyez ces choses dans le temps, moi, je ne les vois pas dans le temps ; de même vous les dites dans le temps, et moi, je ne les dis pas dans le temps. »[41]

L'homme, condamné à la temporalité, n'a d'autre ressource que de la transcender en cheminement spirituel. Et il n'est pas sans intérêt de retranscrire celui que propose Saint Augustin. Il correspond à une progression dans l'ordre de la conscience de soi dont la gradation mérite toute notre attention.

> Je dépasserai cette force qui m'attache à mon corps et emplit de vie mon organisme. [...] Il existe une autre force, qui ne donne pas seulement la vie, mais la sensibilité à ma chair [...]. Je dépasserai aussi cette force là ; le cheval et le mulet la possèdent aussi : ils sentent comme moi par leur corps. [...] Je dépasserai donc cette faculté de ma nature, et me hausserai par degré jusqu'à Celui qui m'a créé. Et j'arrive aux plaines, aux vastes palais de la mémoire, là où se trouvent les trésors des images innombrables véhiculées par les perceptions de toutes sortes. [...] C'est là que se conservent, rangées distinctement par espèces, les sensations qui y ont pénétré, chacune par son accès propre. [...] Du même dépôt je tire des analogies formées d'après mes expériences personnelles ou d'après les croyances que m'ont fait admettre ces expériences ; je rattache les unes et les autres au passé et, à la lumière de ces connaissances, je médite l'avenir, actions, événements, espoirs ; et tout cela m'est comme présent. [...] Cependant ce n'est qu'un pouvoir de mon esprit, qui tient à ma nature : mais je ne puis comprendre entièrement ce que je suis. L'esprit est donc trop étroit pour s'étreindre lui-même ? [...] quand j'entends dire qu'il y a trois genres de questions : si une chose existe ? quelle en est la nature ? quelle en est la qualité ? je retiens l'image des sons qui composent ces mots, je sais que ces sons ont traversé l'air en vibrant, et qu'ils ont déjà cessé d'être. Mais les réalités elles-mêmes, signifiées par ces sons, je ne les ai atteintes par aucun sens et je ne les ai vues nulle part que dans mon esprit.

[41] Saint Augustin, *Les confessions*, Garnier, Paris, 1964, p. 345.

> Ce que j'ai mis en réserve dans ma mémoire, ce ne sont pas leurs images, mais elles-mêmes. [...] Si je reste un peu de temps sans les évoquer, elles se replongent et se dispersent dans leurs mystérieuses retraites ; force est alors pour la pensée d'aller les y chercher — elles n'ont pas d'autre habitacle — comme si elles étaient nouvelles et de les réunir une seconde fois *(cogenda)* pour qu'elles puissent faire l'objet d'un savoir ; c'est-à-dire qu'il faut les tirer de leur état de dispersion et les rassembler. De là l'expression *cogitare*, car *cogo* et *cogito* sont entre eux comme *ago* et *agito*, *facio* et *factito*. Cependant l'intelligence a revendiqué ce mot *(cogito)* en propre ; si bien que cette opération de *rassembler*, de *réunir* dans l'esprit et non point ailleurs, c'est proprement ce que l'on nomme penser *(cogitare)*.[42]

Ce n'est qu'après avoir décrit les facultés des sens, de la mémoire et de l'esprit que Saint Augustin se penche sur les problèmes plus métaphysiques du temps et de l'éternité. Cette gradation de l'expérience sensible à l'essence en fait sans doute un penseur éminemment important pour notre réflexion contemporaine, et bien des débats de ce siècle trouvent chez lui une expression prémonitoire[43].

Les fondements épistémologiques de la psychologie de la musique ne peuvent manquer de faire allusion aux problèmes de définition de la conscience, et en particulier de cette « conscience intime du temps » dont Husserl a fait un des centres de ses préoccupations. Là encore, nous allons nous contenter de souligner quelques passages pour pouvoir ensuite les mettre en résonance avec nos propres réflexions. Toute la problématique de Husserl consiste en quelque sorte à démarquer le physique, le psychique et l'ontologique. Commençons par le rapport établi par Husserl entre la perception et ce qu'il nomme la « conscience ».

---

[42] Saint Augustin, op. cit. extraits du livre dixième, pp. 209 à 214.

[43] Notre propos n'est pas ici de savoir si c'est Dieu qui implique le monde ou le monde qui implique Dieu. Ni de savoir, pour reprendre les termes de Sartre ou de Heidegger avant lui, si l'existence précède l'essence ou l'essence l'existence. Néanmoins, la pertinence de la critique phénoménologique de la connaissance mérite d'être prise en compte.

> *La perception n'est pas une possession vide de choses perçues*, mais un flux vivant d'apparitions subjectives qui s'unifient synthétiquement dans la conscience du même objet, de tel ou tel objet.[44]

Dans cette formulation, la vision de Husserl n'est pas très différente de celle développée par la psychologie de la forme. La conscience serait ce qui réalise l'unité du perçu, soumis à la pluralité vécue des « modes d'apparition », dans cet « objet conscient » qui est la forme effective de notre appréhension du monde. L'exemple le plus souvent donné est celui du cube dont nous ne percevons au mieux que neuf arrêtes et trois faces, mais dont notre conscience restitue, au delà de la perspective, l'intégralité de la forme, quitte évidemment à être la dupe d'un de ces nombreux paradoxes que l'on appelle des anamorphoses. Pour ce qui est de la musique, Husserl prend l'exemple de la mélodie :

> La chose semble tout d'abord fort simple : nous entendons la mélodie, c'est-à-dire nous la percevons, car entendre c'est percevoir. Pendant que résonne le premier son, le second arrive, puis le troisième, etc. Ne devons-nous pas dire quand le second résonne, alors je l'entends *lui*, mais je n'entends plus le premier, etc. ? En vérité je n'entends donc pas la mélodie, mais seulement le son individuel présent. Que le fragment écoulé de la mélodie soit pour moi objectif, j'en suis redevable - ainsi sera-t-on porté à dire - au souvenir ; et que je ne suppose pas, à chaque fois qu'un son se produit, que ce soit là *tout*, j'en suis redevable à l'attente pré-voyante. Mais nous ne pouvons nous reposer sur cette explication, car tout ce que nous venons de dire se reporte sur le son individuel. Quand on le fait résonner, je l'entends comme présent, mais pendant qu'il continue à résonner, il y a un présent toujours nouveau, et le présent chaque fois précédent se change en un passé. Je n'entends donc à chaque fois que la phase actuelle du son, et l'objectivité de l'ensemble du son qui dure se constitue dans le

[44] Edmund Husserl, *La phénoménologie*, article pour l'Encyclopaedia Britannica *(première version)* publié dans : *Notes sur Heidegger*, Les éditions de minuit, Paris, 1993, p. 76.

> *continuum* d'un acte qui, pour une part, est souvenir, pour une part, très petite, ponctuelle, perception, et pour une part plus large, attente. Ceci semble ramener à la théorie de Brentano. Ici, il faut maintenant entreprendre une analyse plus profonde.[45]

Au delà du problème crucial du rapport de l'*instant* avec la *durée*, rapport qui ne peut être établi qu'en fonction d'une conscience, l'interrogation phénoménologique de Husserl prend ses distances avec la psychologie, en niant en particulier la dialectique objectif/subjectif :

> Il se peut même que ce soit une recherche intéressante que d'essayer d'établir les rapports entre le temps qui, pour une conscience, vaut comme temps objectif, et le temps objectif réel, d'essayer de savoir si les appréciations des intervalles de temps correspondent aux intervalles de temps réels, ou bien s'ils s'en écartent. Mais ce ne sont pas là les tâches de la phénoménologie.[46]

Néanmoins, Husserl donne une représentation du phénomène qui, en séparant clairement l'écoulement temporel, vécu dans la perception, c'est-à-dire le présent[47], et la rétention, qui est le produit d'une mutation[48], mais qui permet d'accéder à l'objectivation et à la forme temporelle[49], est évidemment du plus grand intérêt dans le cadre d'une interrogation globale sur la conscience du temps musical. C'est cette représentation qui est reproduite ci-dessous, avec les légendes de Husserl.

---

[45] Edmund Husserl, *Leçons pour une phénoménologie de la conscience intime du temps*, PUF, Paris, 1964, pp. 36-37.
[46] ibid. p. 6.
[47] cf. ibid. pp. 39-40.
[48] cf. ibid. pp. 41-44.
[49] cf. ibid. pp. 36.

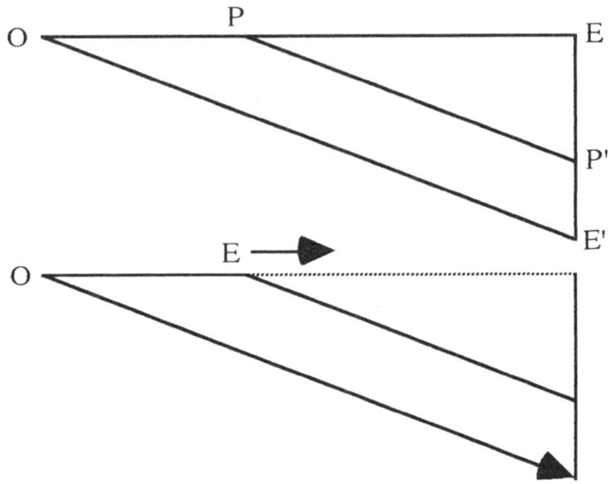

OE. Suite des instants présents;
OE'. Descente dans la profondeur;
EE'. Continuum des phases (instant présent avec horizon de passé);
E->. Ligne des présents éventuellement remplis par d'autres objets.

Fig. 1 : Représentation de la double continuité des modes d'écoulement selon Husserl.[50]

En fait, cette représentation, de type cartésien, sépare deux axes essentiels : un axe d'écoulement des « impressions originaires », et un axe, lui aussi plongé dans une temporalité de la conscience, de « rétention ». Le deuxième diagramme illustre assez commodément la terminologie de Saint Augustin en condensant sur l'axe vertical (sorte d'« horizon de la conscience »), pour un événement présent E, quel en serait le « présent du passé » et le « présent du futur »[51].

La représentation de Husserl peut paraître, d'une certaine manière, très proche des « diagrammes matériau/temps » que nous avions proposés comme outil essentiel de l'analyse

[50] ibid. p. 43.
[51] c f. le chapitre XX du livre XI des *confessions*, op. cit. p. 269.

musicale[52]. Ces diagrammes tentaient de rendre compte du déploiement d'un matériau musical dans le temps. On pourrait en donner l'illustration succincte suivante :

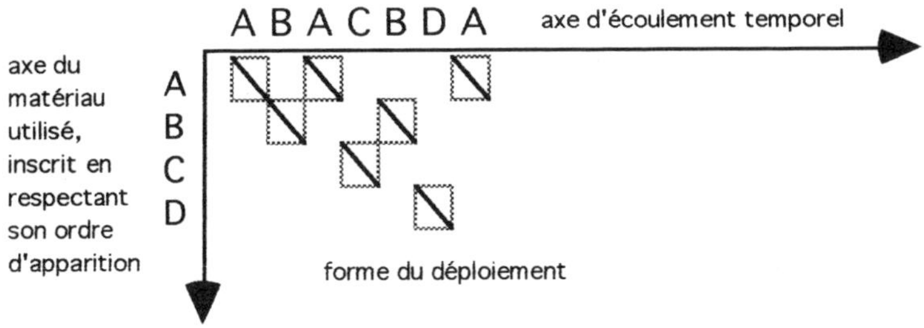

Fig. 2 : Disposition schématique d'un diagramme formel.

L'axe du « matériau » désigne l'ensemble des éléments faisant l'objet d'une rétention mémorielle. L'axe d'écoulement temporel, dans le cadre de l'analyse musicale, est liée à un temps que Husserl aurait qualifié d'objectif. La distanciation phénoménologique ne voudrait considérer que les événements auxquels la conscience accède, alors que l'analyse musicale tente de se départir du filtre de la subjectivité en traitant l'ensemble des éléments de manière systématique. A un niveau instantanné, cela n'a pas tant d'incidence sur la représentation elle-même que sur la nature de son contenu. Une telle tension s'exprime aussi en musique entre la potentialité expressive d'une partition (au sens large d'une représentation du musical) et son vécu effectif. Certaines notions essentielles à l'interprétation, par exemple celle de tempo, permettent de « mettre en phase » temps objectif et temps conscient, et d'opérer ainsi le passage de la représentation à l'acte lui-même. Il y a toutefois, entre la représentation analytique et celle proposée par Husserl, des différences qui méritent d'être commentées. Le premier des deux diagrammes suivants (en conservant les points

[52]cf. Jean-Marc Chouvel, *Sur la théorie de la forme et ses implications dans la création musicale contemporaine*. Thèse de doctorat 90/PA 08/0499, ANRT 1054-10508 Université de Lille III, 1990 ; *Musical Form,* revue Interface, Amsterdam, Vol. 22, 1993, pp. 99-117 ; « Analyse musicale et temporalité, » in *Analyse musicale et perception*, Danièle Pistone et Jean-Pierre Mialaret éd., O.M.F., Presses de la Sorbonne, Paris, 1994.

de repères (O, P, P', E, E') donnés précédemment par Husserl) illustre, sur un court laps de temps, ce que nous avons appelé un « diagramme formel ». La ligne médiane indique les correspondances (bijectives ici) entre temporalité et mémoire (matériau). Mais la disposition des axes tendrait plus à en faire la trace d'un acte compositionnel pour lequel ledit matériau serait préalable à son déploiement. Le second des deux diagrammes retrouve le schéma donné par Husserl, au prix, d'une part, d'un changement de sens au niveau de l'axe rétentionnel (chez Husserl, le présent est vers le haut et le passé « tombe dans la profondeur » dans le diagramme initial), et d'autre part, d'un changement d'origine des axes. L'essence de la temporalité ne paraît pas modifiée, pas plus que la pertinence de la représentation. Cependant, la phénoménologie « axe » sa représentation sur le présent de la conscience, qui totalise la temporalité effectuée. L'analyse, telle que nous avons tenté de la pratiquer, cherche à suivre le parcours de la conscience dans le réseau sémiotique mis en place par l'énoncé progressif des éléments. De plus, le présent s'y constitue dans une construction où la redondance, la quantité et la qualité de l'information provoquent une distorsion de la linéarité supposée de la conscience du temps, distorsion à mettre en regard avec la nature des émotions véhiculées.

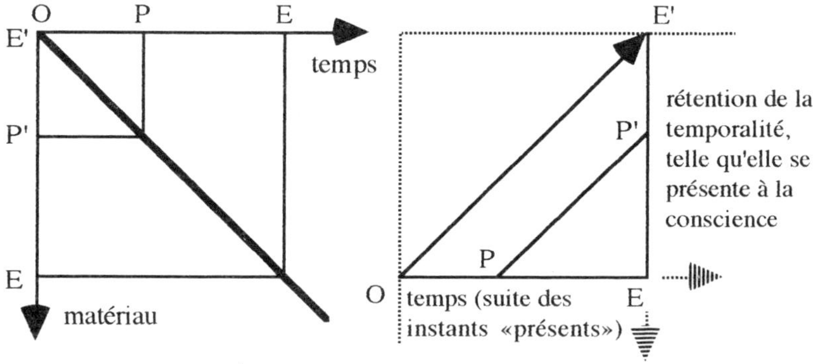

Fig. 3 : Relations entre diagramme « matériau-temps » et représentation phénoménologique.

On le voit, la divergence porte moins sur la représentation elle-même que sur sa lecture. Reste le problème de l'homothétie supposée entre les deux axes. Il faut distinguer deux problèmes : l'un est celui de ce qu'on a appelé la mémoire immédiate, ce qui constitue notre faculté à appréhender le présent au delà de l'instant comme *continuum* ; l'autre est celui de la « re-présentation ».

> Il faut remarquer que lorsque nous suivons dans leur durée la constitution de contenus qui ne sont pas impressionnels, mais qui sont, par exemple, des contenus de souvenir, nous ne pouvons pas parler d'impressions originaires qui correspondent à l'instant présent de ces derniers. A la tête se trouvent ici des souvenirs originaires (comme phases absolues), non quelque chose d'introduit « du dehors », d'« étranger à la conscience », d'issu d'une production originaire, mais au contraire quelque chose qui fait surface en elle, qui re-monte à la surface pourrions-nous dire aussi (du moins à propos du souvenir). [...]
>
> Tout vécu constitué est, soit impression, soit reproduction, et quand il s'agit d'une reproduction, il est re-présentation ou bien il ne l'est pas. Dans tous les cas, il est lui-même quelque chose de présent (dans l'immanence). Mais à toute conscience présente, et qui présente, correspond la possibilité idéale d'une re-présentation *de* cette conscience qui lui corresponde exactement. [...] Car c'est en deux classes fondamentales que se rapportent les vécus : les uns sont actes, sont « conscience de », sont des vécus « qui se rapportent à quelque chose » ; les autres non.[53]

On saisit à quel point la construction du temps et son vécu conscient peuvent alors devenir un écheveau bien plus complexe que cette sorte de bande magnétique que laisseraient envisager la simplicité des représentations précédentes. Les diagrammes formels, lus dans la perspective phénoménologique d'une conscience plongée dans la temporalité, rendent compte de la

---

[53] ibid. pp.115-116.

complexité de ce « tressage » du temps auquel nous soumet l'écoute d'un morceau de musique.

Malgré tout, on sait l'opposition nette de Husserl avec ce qui pouvait organiser une confusion du projet épistémologique de la phénoménologie avec celui des sciences humaines, confusion que la notion Heideggerienne de *Dasein* lui semblait propice à réintroduire.

> Alors que la phénoménologie originaire, mûrie en phénoménologie transcendantale, refuse à la science de l'homme, quelle qu'elle soit, toute participation à la fondation de la philosophie et combat à titre d'anthropologisme ou de psychologisme toutes les tentatives qui s'y emploient, il faudrait maintenant que vaille le strict contraire : la philosophie phénoménologique doit être entièrement reconstruite à partir du *Dasein* humain.[54]

En fait, ce problème de prééminence ou de précédence n'a pas beaucoup d'intérêt, car les questions posées, si elles prennent des chemins linguistiques différents, n'en recouvrent pas moins pour autant les mêmes interrogations fondamentales. C'est ce dont convient Husserl à la fin du même article :

> De fait, le développement de la psychologie dans les Temps modernes n'a pas lieu comme le simple développement d'une science positive spéciale mais, jusqu'au XIX° siècle, avec le sens d'une fondation transcendantale de la philosophie en général. [...] Un tel entrelacement constant de la psychologie et de la philosophie à l'époque de la motivation transcendantale serait impossible sans un fondement dans les choses mêmes. [...] Nous pourrions dire encore : si l'idée d'une connaissance rationnelle, positive et exhaustive du monde est pensée, si ses ultimes fondements le sont également, alors la science positive du monde vire d'elle même en science transcendantale. La

[54] Edmund Husserl, ibid. p. 57.

> science positive se distingue de la philosophie seulement tant que celui qui connaît reste enlisé dans des choses finies.[55]

Autrement dit, c'est parce que la question du temps touche toutes les dimensions de notre humanité et questionne au plus profond notre rapport au monde, que la seule démarche valide consiste à faire la part entre le dévoilement des concepts premiers et la recherche d'une compréhension de leur déploiement dans la polyphonie du monde. En ce sens, si nous pouvons envisager un rapprochement de notre démarche avec la phénoménologie, c'est plutôt avec celle de Jan Patocka.

> Le champ théorique de la phénoménologie de Patocka est le monde de la vie qu'il ne comprend pas comme une simple structure reconstruite dans la conscience transcendantale, mais bien plutôt comme la réalité historique au sein de laquelle l'homme vit en se saisissant de ses possibilités. L'être de l'homme au monde, l'enchaînement qui réunit l'homme, le monde et le sens, est ainsi au centre de sa pensée qui, loin d'en faire une spéculation universelle, prend ce complexe en vue dans la figure concrète et historiquement déterminable de la praxis humaine.[56]

C'est ainsi que dans son ouvrage sur *L'art et le temps*, Patocka distingue un « monde temporel », siège des lois physiques, et une conscience de l'altérité absolue qui rejoint par bien des aspects l'éternité divine telle que nous l'avons déjà rencontrée chez Saint Augustin. Il critique ainsi la conception Husserlienne de la conscience du temps :

> Est-ce là réellement une image de la conscience pleinement développée du temps, telle que nous la connaissons dans l'expérience humaine, telle qu'elle se présente à nous dans quelques-uns des phénomènes les plus importants et les plus lourds de conséquence de notre vie ? La vie humaine est caractérisée par une conscience continue du temps, d'une espèce

---

[55] ibid. pp. 72-74.

[56] Ilja Srubar, *La place de l'art dans la philosophie de Patocka*, in Jan Patocka, *L'art et le temps*, Presses Pocket, Paris, 1990, pp. 7-8.

> particulière. [...] C'est pourquoi la prise de conscience du temps en ce qu'elle a de proprement humain est impossible sans l'attouchement, ou plutôt l'appel de quelque chose qui se situe en dehors du contenu de l'expérience actuelle, c'est-à-dire en dehors de la succession temporelle que toute réalité traverse. Sans craindre le paradoxe, on peut dire qu'à la conscience humaine du temps appartient essentiellement un rapport à quelque chose qui est extérieur au monde temporel en totalité, ainsi qu'au flux du temps. Le contact, le lien avec cette altérité absolue sont caractéristiques du temps humain. Cela explique certains traits typiques du temps historique, du temps de notre vie humainement sociale, notamment son hétérogénéité.[57]

Dès lors, il ne s'agit plus de focaliser la recherche sur une définition universelle de la conscience du temps, mais au contraire de traquer les états socio-historiques de cette conscience. On saisit alors quel rôle peut s'assigner une véritable esthétique des arts du temps en permettant, à travers l'établissement de repères axiomatiques et d'outils analytiques précis, la lecture au sein même des œuvres de cet « état de conscience ».

Nous ne détaillerons pas tous les travaux antérieurs qui se sont consacrés à ce problème. Trois directions principales méritent d'être soulignées : l'analyse anthropologique et littéraire, et en particulier celle de la pensée mythique telle qu'on peut la lire chez Mircea Eliade[58] ou Jan Patocka[59] ; l'analyse sociologique,

---

[57] Jan Patocka, *L'art et le temps*, Presses Pocket, Paris, 1990, pp. 28-32.
[58] Mircea Eliade, *Le mythe de l'éternel retour*, Galimard, Paris, 1969.
[59] Patocka écrit dans *L'art et le temps* (op. cit. pp. 37-39) : « Le mythe prend sa source dans une conception du temps où prime le passé. [...] Dans le mythe, tout est une réalité, un extérieur, une représentation à laquelle on se heurte; rien n'est une construction de la pensée. [...] Précisément parce qu'il ne distingue pas entre le passé et le présent, entre l'imaginaire et le réel, parce qu'il ne met pas assez de distance entre l'objet et le sujet, parce qu'il se place encore sur le sol originairement indifférencié d'un plus ancien qui résorbe toute déterminité, le mythe se prête éminemment à effectuer une projection fantasmatique des désirs humains. [...] Cette fonction du mythe implique, d'autre part, un profond pessimisme à l'égard de l'humanité... »

telle que l'a tentée par exemple Edward T. Hall[60] en particulier dans sa distinction entre comportement polychrone et comportement monochrone, et les études psychologiques dans la lignée expérimentaliste (Paul Fraysse[61], Robert Francès[62], Michel Imberty[63]...). Il n'est pas question de dresser ici quoi qu'il en soit un panorama exhaustif de toutes ces recherches. Nous voudrions citer tout de même le tableau synthétique qu'a tenté Edward T. Hall dans son ouvrage *La danse de la vie*[64]. Ce tableau dresse en effet une sorte de carte des appréhensions humaines du temps qui permet de clarifier le champ anthropologique. Ce tableau se fonde sur une double dichotomie entre groupe et individu d'une part et entre culturel et physique d'autre part.

> Ainsi, chaque division du mandala correspond à un type d'horloge radicalement différent des autres. Dans cette perspective, et en prenant en considération les différentes catégories de temps, il est important de noter qu'on ne peut appliquer les règles de compréhension propres à l'une d'elles (à un type d'horloge) à une autre catégorie. Il est inutile d'essayer de comprendre le temps physique (scientifique) dans les mêmes termes que son contraire, le temps métaphysique et vice versa, ou d'appliquer les règles du temps sacré au temps profane.[65]

---

[60] Edward T. Hall, *La danse de la vie, Temps culturel, temps vécu.*, Seuil, Paris, 1984.
[61] Paul Fraisse, *Psychologie du temps*, P.U.F., Paris, 1957.
Paul Fraisse, *Pour la psychologie scientifique*, Pierre Mardaga, Liège, 1988.
cf. également pour une revue générale l'ouvrage de Françoise Macar, *Le temps, perspectives psychophysiologiques*, Pierre Mardaga, Liège, 1980.
[62] Robert Francès, *La perception de la musique*, Vrin, Paris, 1958.
[63] Michel Imberty, *Les écritures du temps. Sémantique psychologique de la musique*, Dunod, Paris, 1981.
cf. également l'ouvrage colectif dirigé par Arlette Zenatti (ed.), *Psychologie de la musique*, P.U.F., Paris, 1994.
[64] op. cit. p. 27.
[65] ibid. p. 26.

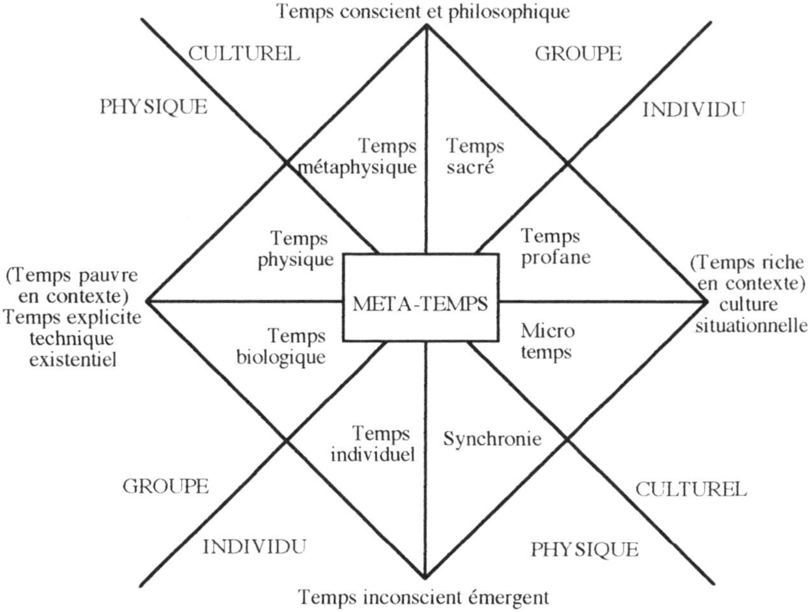

Fig. 4 : La « carte du temps » dressée par Edward T. Hall.

Pour contrer cette impossibilité, Hall imagine la possibilité d'un « méta-temps », « niveau auquel se situent les concepts intégrant toutes ces dimensions de temps ». Même si cette représentation a au moins l'intérêt de clarifier un peu le problème d'une conception anthropologique globale de la temporalité, les frontières conceptuelles qu'elle met en place méritent une analyse critique. Si la séparation entre groupe et individu semble assez évidente, encore qu'elle ne recouvre pas, loin de là, celle entre sociologie et psychologie, la scission entre le culturel et le physique — on aurait envie de dire le « naturel » — doit faire l'objet d'un examen plus approfondi. Quoi qu'il en soit, le projet de compréhension d'une méta-temporalité demande un dépassement de toutes les dialectiques constitutives pour en restituer — ou non — la pertinence d'un point de vue qui ne soit pas un *a priori*.

Car on n'obtient pas de la réalité une intuition, c'est à dire une sympathie spirituelle avec ce qu'elle a de plus intérieur, si l'on n'a pas gagné sa confiance par une longue camaraderie avec ses manifestations superficielles.[66]

Henri Bergson

II. Structuralisme et Cognitivisme

Penser la pensée

Malgré d'incessantes réactualisations, la phénoménologie ne suffisait plus, dès la deuxième moitié du vingtième siècle, à décrire ce que l'homme attendait d'une connaissance de soi. D'une part, comme nous venons de le voir, l'idée d'une conscience immanente ne suffit pas à comprendre le phénomène de la conscience dans son intégralité : notre perception ne réalise qu'une *projection* du monde sur les sens, alors qu'il y a dans la conscience une capacité à restituer la profondeur du réel, suivant des axes extrêmement variés. Le préalable philosophique ne dispensait pas d'une investigation plus pragmatique. D'une certaine manière, le *gestaltisme* a repris, sous différents angles, l'expérience « phénoménologique » du cube. Les paradoxes auxquels aboutit la « théorie de la forme », même s'ils semblent conclure sur la même constatation que « nos sens nous trompent », sont d'une portée bien différente de ceux que Descartes avait mis en évidence. Si nous voyons la barre plongée

[66] Henri Bergson, *La pensée et le mouvant,* op. cit. p.215.

dans l'eau se scinder en deux, ce sont bien nos sens qui ont raison et notre entendement naïf du monde qui commet une erreur en n'intégrant pas le phénomène de diffraction. Si nous voyons deux lignes effectivement parallèles se rapprocher sous le simple prétexte de la présence de raies contradictoires sur leur côté, ce n'est pas notre entendement du monde qui est en cause, mais bien le système de notre perception. Les paradoxes de Descartes avaient pour propos de nous faire accéder à la connaissance du monde physique en dehors du pouvoir des sens. Les paradoxes de la « théorie de la forme » permirent de poser les questions relatives au fonctionnement de notre appréhension du réel. Ce retournement du questionnement vers une introspection est caractéristique de la pensée du vingtième siècle. Nous avions souligné à quel point on ne pouvait pas faire de la conscience immédiate un simple enregistreur ; mais il faut maintenant voir dans les facultés mémorielles plus qu'un simple préalable ou une simple attente. Ce qui pose désormais question, c'est toute l'articulation entre saisie de l'information et organisation des données. Sachant qu'il y a encore un pas de l'organisation des données à leur synthèse et à leur analyse.

Structuralisme et Cognitivisme sont nés sur un terrain que Husserl aurait qualifié péjorativement d'anthropologique. Ils portent le stigmate de l'-isme qui marque cette compulsion du renouvellement propre au vingtième siècle. On a beaucoup commenté le fait que ces options idéologiques, comme a priori sur le domaine de la connaissance, étaient surtout des enjeux de pouvoir, en particulier dans les couloirs de l'Université[67]. Aussi, la lecture que nous allons en donner ici n'a-t-elle volontairement pas grand chose à voir avec une quelconque orthodoxie. Le propos est plus de planter un décor intellectuel et de mettre en scène dans un projet global de la connaissance les travaux qui vont être exposés plus loin, que de se livrer à une analyse critique qui n'est ni de notre compétence, ni de notre démarche.

---

[67] Cf. e.g. l'ouvrage de François Dosse, *Histoire du structuralisme*, La Découverte, Paris, 1992.

L'opposition nature/culture, que nous avons déjà relevée dans la distinction établie par Hall entre temps physique et temps culturel, domine la réflexion structuraliste. Si l'on veut donner un schéma de ses prolongements plus ou moins conscients, on s'aperçoit que la nature — qui renvoie non seulement à la *physis* des philosophes grecs mais aussi, dans la pensée occidentale depuis Rousseau, à l'homme originel — est justiciable d'une structure intrinsèque dont le paradigme est régi par la toute-puissante mathématique. De l'autre côté de l'opposition, la culture renvoie à l'histoire, c'est-à-dire non pas à cette analyse du *possible* débouchant sur la notion de « modèle », avec le déterminisme qui lui est inhérent, mais une analyse du *réel* qui tendrait à mieux se reconnaître dans l'idée de chaos que dans celle de rationalité. Ces lignes directrices sous-jacentes posent un certain nombre de questions. D'abord, peut-on prétendre que la temporalité soit sans structure, à l'image de cette « durée vraie » décrite par Bergson ? Une réflexion approfondie s'impose à ce sujet. Ensuite, on peut se demander s'il y a une mathématique du temps, la mathématique visant précisément le maniement « hors temps » d'objets symboliques. En fait, toute la pensée de la fin du vingtième siècle est probablement engagée dans une tentative pour vaincre ou pour dépasser ce dilemme fondateur. Cela exige d'insuffler la problématique de la temporalité dans les présupposés spatiaux de notre pensée à la fois scientifique et philosophique. Une des manifestations les plus caractéristiques de cette tentative nous est sans doute donnée par la théorie du chaos qui renouvelle notre conception des frontières entre déterminisme et indéterminisme. En d'autres termes, si le chaos lui-même est justiciable d'un modèle, cela signifie que l'histoire n'est pas sans pouvoir être appréhendée sous forme de structure et que l'opposition nature/culture doit être repensée à partir de ce qui en est la source, c'est-à-dire la capacité humaine d'accéder au monde. Cette capacité fait l'objet d'une deuxième dichotomie dont il convient de mesurer l'ampleur et la pertinence : ce que nous appellerons l'opposition « connaissance /conscience ».

Si nous prolongeons, là encore, les linéaments sous-jacents à cette opposition, nous trouvons immédiatement du côté de la connaissance la science, et du côté de la conscience la philosophie, en particulier sa branche phénoménologique. C'est là une évolution dans l'histoire des idées relativement récente, une telle séparation entre la représentation savante du monde et l'élaboration de sa perception intime n'étant pas présente de manière aussi tranchée dans l'esprit antique ou médiéval. Elle s'accompagne d'une sorte d'exclusion mutuelle tacite, depuis le « science sans conscience n'est que ruine de l'âme » de Montaigne et la *Krisis* de Husserl d'une part jusqu'à ce refoulement de toute subjectivité dans le discours scientifique, refoulement que l'on a abondamment démontré n'être qu'une illusion, un aveuglement. La connaissance et la conscience posent en fait le problème de la médiation entre le monde et le sujet. Simplement elles ne posent pas le problème au même niveau. La nécessité de penser une « interface » entre le monde et le sujet prend alors toute son ampleur. La connaissance, à l'image de ce que propose la théorie de l'information, suppose un sujet qui est « de plein pied » avec la réalité du monde, l'information étant d'une identique nature pour celui qui l'émet et celui qui la reçoit. La conscience, elle, serait à même de percevoir le décalage profond entre les deux termes de la médiatisation. Ce schéma radicalise une conception de la médiatisation en plusieurs étapes, dont l'objet médian irait du signal au sens et dont tenteraient de rendre compte la théorie de l'information, la sémiologie, la linguistique, et l'esthétique. Ce serait alors dans la construction de la médiation que le terme de structure pourrait prendre finalement tout son sens.

Une interprétation du projet cognitiviste

Le projet sous-jacent du cognitivisme s'inscrit dans le cadre que nous venons rapidement de brosser pour en faire exploser de l'intérieur les dichotomies. Tout tient en fait aux objectifs mêmes du cognitivisme. En fait, dès le départ, il n'est pas question de cognitivisme mais de « sciences cognitives ». La réunion de neurobiologistes, de mathématiciens, de chercheurs en télécommunication, de psychologues... était le signe d'une convergence d'intérêts qui n'avait pas seulement pour objet la réalisation d'un modèle mécaniste du monde.

> La Physique du XIX° siècle ne pouvait pas résoudre le problème de "savoir comment nous savons" parce qu'elle raisonnait en termes de matière et d'énergie. Le XX° siècle a appris à penser dans le langage de l'information, c'est-à-dire celui de la structure des événements.[68]

« Savoir comment nous savons », cette question commune à toutes les sciences précitées, prend avec le cognitivisme une tournure très précise qui a à voir avec ce que l'on pourrait appeler une « conscience de la connaissance », avec son éventuelle visée instrumentale dans la réalisation pratique de machines à penser, à défaut de la « connaissance de la conscience » que visait la phénoménologie.

> Dire que la machine ne saurait être épuisée par une phénoménologie ne signifie pas qu'elle échappe à ce genre de discours. Bien au contraire, elle y incite tant est prégnante en elle une intentionnalité transférée qui invite à l'y reconnaître comme dans un miroir plus ou moins déformant. La tentation est grande d'ouvrir alors le champ ontologique des êtres afin d'y inclure cet objet (quitte à reconsidérer les attributions ancestrales des substances : la machine pense, elle aussi) ou de l'en exclure afin de pérenniser l'exclusivité anthropologique de la pensée (la machine ne peut pas penser). L'alternative a encore de beaux jours devant elle : la simulation ne peut que développer ses pouvoirs d'illusion et elle alimentera d'autant la tentation ontologique.
>
> Il convient plutôt de prendre au sérieux le refus de poser en termes philosophiques la question de la pensée des machines, refus par lequel Turing inaugure son article de 1950.

[68] P. Lévy, *Wittgenstein et la cybernétique*, cahier du CREA, n°7, 1985, p. 265, cité par Aline Pélissier et Alain Tête, *Sciences cognitives, textes fondateurs*, P.U.F., Paris, 1995, p. XXVI.

> S'il y a problème il est d'ordre *épistémologique* et ne peut prendre corps qu'à l'intérieur du champ des connaissances. Si la pensée n'est identifiable que dans et par ses produits, il faut abandonner l'idée qu'on puisse l'appréhender a priori mais accepter de la concevoir comme un constat, le fruit d'une inférence. [...] La pensée est aujourd'hui posée comme génératrice de logiques, non comme enfermée dans l'une d'entre elles. Elle ne se distingue plus de ses opérations et se confond désormais avec leur histoire.[69]

On saisit à travers ces textes l'ampleur de la révolution « copernicienne » en cours. Il n'y a plus d'un côté le monde objectif et de l'autre la pensée subjective, mais une interrogation simultanée de ces deux modes de l'être. Dès lors les oppositions traditionnelles, telles qu'elles furent reprises par le structuralisme, entre nature et culture et entre science et conscience, tombent d'elles mêmes. Le cognitivisme interroge spontanément les mécanismes de l'intelligence, se pose la question de savoir ce que c'est que percevoir, connaître, comprendre... Il n'y a plus d'un côté l'inné et de l'autre l'acquis, il y a le déchiffrement du projet de l'acquisition, la régulation réciproque du connu et de l'inconnu. D'une certaine manière, on pourrait dire que la science de la conscience, la psychologie si l'on veut, et la conscience de la science, l'épistémologie, trouvent un terrain commun dans une nouvelle science qui se proposerait d'explorer le passage qu'opère la vie entre les données du corps et les potentialités de l'esprit. Le risque immédiatement souligné, à part celui d'une confusion totale des repères essentiels à la structuration de l'être, est celui d'une réification du sujet.

> La cybernétique a été l'un des principaux instruments déstabilisateurs de la conception anthropomorphique de l'homme [...] La cybernétique assume donc un terrible paradoxe, celui d'affirmer l'humanité tout en dépossédant l'homme. En ce sens, elle exprime peut-être à découvert un trait fondamental de la connaissance scientifique et technique

[69] Aline Pélissier et Alain Tête, *Sciences cognitives, textes fondateurs*, P.U.F., Paris, 1995, p. XXXII.

> contemporaine, qui fait que les bénéfices du progrès semblent irrémédiablement associés avec la mise en scène de la mort de l'homme.[70]

En fait, il faut ici dissocier la connaissance du pouvoir dont elle est l'enjeu. L'ancienne rhétorique n'était-elle pas aussi destinée initialement à exercer le pouvoir de sa séduction par la maîtrise qu'elle donnait de la forme du discours ? En fait, son plus grand mérite est sans doute d'avoir permis un décalage savant et jubilatoire entre la simple utilisation syntaxique de la langue et son déploiement dans une mise en scène de ses virtualités expressives. Le cognitivisme vise sans doute lui aussi un tel dépassement, et son outil le plus puissant pour ce faire est lié précisément à l'introduction du temps dans la démarche même de la pensée. Les dichotomies que nous avions relevées dans le structuralisme étaient principalement d'essence spatiale, une spatialité qui assigne une place différente au sujet et à l'objet dans la grande topologie de l'univers. La notion fondamentale du cognitivisme n'est pas *l'objet* mais *l'événement*. Dès lors, ce sont les modalités d'inter-relations et d'échange, les principes de communication, de construction, de rétroaction, qui deviennent prépondérants. La crainte d'une réification en homme-machine relève peut-être plus d'un fantasme ou d'un mythe, que d'une réelle analyse des tenants et des aboutissants épistémologiques. Il s'agit de passer ce qu'on pourrait appeler la « phase du miroir » de la symbolisation, une phase pendant laquelle le symbole serait une simple image de l'objet réel en objet conçu, et de prendre le temps de s'installer dans le passage lui-même et de construire sa propre description en tant que phénomène.

Le cognitivisme se situe donc à ce point clef de tous les enjeux vitaux, historiques et intellectuels : le rapport corps/âme, le rapport matière/esprit. Il s'agit bien d'un rapport, ou mieux, d'une articulation. Autrement dit, le cognitivisme ne peut se penser ni comme matérialisme, ni comme spiritualisme. Comme

---

[70] Philippe Breton, *Culture et technique*, mars 1984, n°12, P. 160. cité par Aline Pélissier et Alain Tête, *Sciences cognitives, textes fondateurs*, P.U.F., Paris, 1995, p. XXI.

matérialisme, il s'engagerait vers cette réification que nous venons d'évoquer. Comme spiritualisme, avec l'idée de faire de la pensée un pur *objet* de pensée, il s'enfermerait dans une abstraction de moins en moins communicable et prendrait le risque, à terme, de perdre toute adhérence avec la réalité, et dans tous les cas il manquerait cette médiation qui lui est essentielle.

Le rapport corps/âme (anima), le rapport matière/esprit, correspondent également à une opposition sous jascente entre statique et dynamique dont la notion d'événement bouleverse les fondements. Dans la mécanique Newtonnienne, la dynamique avait cette particularité de pouvoir toujours, à force d'intégration, retrouver une constance. C'est ce qui permettait de passer de la trajectoire à la vitesse et de la vitesse à l'accélération. Les lois de la *dynamique* rejoignaient ainsi une universalité qui retrouvaient l'apparence d'un *immuable*. La physique moderne, tout en ayant développé une théorie élaborée des « constantes universelles », a montré avant tout à quel point l'univers entier était mouvement, depuis les corps les plus infimes jusqu'à l'expansion de l'univers. Avec la mécanique quantique, l'existence même des phénomènes est lié au transitionnel, la fixité du quantum cachant en fait la nécessité dynamique de sa manifestation. Cette vision du monde comme « tout dynamique », tellement caractéristique de notre époque, doit-elle pour autant se vivre comme une absence d'être ?

C'est en fait vers un renouvellement du sens de l'être, une remise en cause totale de sa représentation, qu'il faut sans doute se tourner. Si l'on veut aller jusqu'au bout du projet que nous tentons d'ébaucher, le schéma communicatif simple ne suffit plus. Que deviennent, en effet, dans un tel schéma, l'émotion, la création, l'imagination ? L'idée « canalisée » de la communication manque singulièrement de profondeur. On ne peut pas se limiter à une conception où la conscience, simple traitement de l'information, serait « en retard » sur l'expérience. Pourquoi la conscience ne serait-elle pas tout autant « en avance » sur l'expérience, non pas seulement dans une analyse des infinités possibles, mais dans la capacité d'accueillir un nouveau réel, un réel dont la source peut tout aussi bien être dans le monde que dans les ressources de la personnalité intime ? Ne serait-ce pas d'ailleurs une des fonctions fondamentales de l'art que d'accueillir, voire de susciter cette nouveauté ? Dans la pensée artistique, l'essence ne saurait être à la traîne de l'existence. Le dualisme n'est plus valide en tant que frontière conceptuelle. Ce qui est vécu, c'est cet aller-retour permanent entre réalité et psyché, aller-retour dont l'œuvre ne fait en somme que focaliser la présence.

L'esthétique est évidemment au cœur de ce débat entre la tentative structuraliste de retrouver des constantes universelles et le désir cognitiviste de pénétrer les arcanes d'une pensée vivante et donc particulière. Deux démarches fondamentales par rapport à l'œuvre découlent inévitablement de ces deux conceptions. La première consiste à penser l'œuvre comme élément d'un système général dont elle exprimerait une possibilité. La seconde, prenant en quelque sorte l'œuvre comme système, tente de cerner le rapport qu'entretient ce tout avec l'ensemble de ses éléments constitutifs, comment la composition des éléments permet à une singularité de se réaliser. Ces deux démarches devraient pouvoir se retrouver autour de leur centre commun, qui est justement le concept d'œuvre. En fait, leur divergence essentielle se fait sur un tout autre terrain, qui est celui de la liberté. Ce n'est pas qu'une question d'ordre de grandeur, dans une conception pascalienne de l'homme perdu entre deux infinis. L'œuvre n'est pas un intermédiaire entre microcosme et macrocosme : elle est le lieu nécessaire de leur représentation, dans une finitude toute relative. La question se pose du rapport entre la norme, nécessaire au codage et au transfert de l'information, et le particulier, qui excède ou qui transcende cette norme (sans pour autant verser dans l'incompréhensible ou le monstrueux).

Un exemple très concret des termes de ce débat peut être fourni par les recherches actuelles en analyse musicale. Le monde anglo-saxon, déjà très réceptif à l'analyse Schenkerienne qui consiste à généraliser dans toutes les œuvres de musique tonale le schéma cadenciel, s'est doté avec la *théorie générative de la musique tonale* de Lerdhal et Jackendorf, d'une sorte de méta traité d'harmonie et de contrepoint, explicité selon les principes des théories génératives issues de la linguistique chomskienne. Les règles de cette théorie délimitent ainsi un espace du possible, et le système se définit explicitement à partir de ses limites : ce qui suit ses « règles de bonne formation » (sic...) lui appartient et est donc correct, bien formé ; ce qui ne répond pas aux règles ne peut pas prétendre appartenir au système, et doit donc être exclu. Il est possible qu'une telle description soit nécessaire dans le cadre du système grammatical, lexical et syntaxique d'une langue, mais jusqu'où la musique répond-elle aux critères d'une telle codification ? L'argument épistémologique fondamental des auteurs de cette théorie reprend les critères de scientificité énoncés par Popper : la théorie, dans la description qu'elle fait du système, est prédictible et peut donc être testée. Ce qui ne veut pas dire qu'on puisse prouver qu'elle soit vraie, mais simplement qu'on doive vérifier infiniment qu'elle ne soit pas fausse. Elle est autrement dit « falsifiable ». En fait, ce type de discours retrouve les traces de l'esthétique normative. Les règles décrites sont celles de la musique tonale, et elles s'inscrivent, consciemment ou non, dans une tentative de fixer l'histoire comparable à ce que nous dénoncions dans la tendance structuraliste. On peut d'ailleurs se demander si cette tendance ne rejoint pas ce que Bergson dénonçait déjà dans cette croyance si naturelle à l'esprit humain « d'où résultait que l'Action était une Contemplation affaiblie, la durée une image trompeuse et mobile de l'éternité immobile, l'Ame une chute de l'Idée ».

> Toute cette philosophie qui commence à Platon pour aboutir à Plotin est le développement d'un principe que nous formulerions ainsi : « Il y a plus dans l'immuable que dans le mouvant, et l'on passe du stable à l'instable par une simple diminution. » Or, c'est le contraire qui est la vérité.[71]

L'analyse des musiques contemporaines est empoisonnée quant à elle par une variante encore plus pernicieuse de ce comportement : il s'agit de retrouver dans la partition la « règle du compositeur », ce qui revient souvent à « refaire les calculs » (pour s'apercevoir parfois avec condescendance ou indignation

[71] Henri Bergson, *La pensée et le mouvant*, op. cit, p. 207.

qu'ils sont faux...). L'angoisse devant la nouveauté d'une œuvre est certes compréhensible, mais il convient à un moment ou à un autre de la dépasser. On se souvient de la vision de Bergson, d'une analyse tournant autour de son objet sans parvenir à assouvir son appétit, condamnée en quelque sorte à une altérité à jamais aliénée. Bergson oppose l'intuition à l'impuissance de la rationalité, une intuition qui conduit selon lui à la métaphysique. Pourtant, il faudra bien construire un jour un acte analytique qui ne soit pas réduit à cette alternative entre trahison et indifférence. C'est en tout cas ce vers quoi nous voudrions tendre. Ne pas trahir, c'est accepter l'altérité de l'œuvre sans lui imposer le carcan d'une préconception de ce qu'elle doit être. Ne pas être indifférent, c'est parvenir à la faire parler d'elle même en des termes qui lui sont propres. La compréhension d'une œuvre musicale ne dépend pas en premier lieu de la connaissance d'un code historique, théorique, psychologique ou social, mais du principe même de notre entendement musical. Et notre entendement nous autorise l'accès aux musiques de toutes les cultures et de toutes les époques, futur compris. L'œuvre n'est plus dès lors réduite à son altérité symbolique : elle rejoint à sa manière, dans la matérialité particulière qui la fonde, l'intuition sensible commune à tout être humain. Le sentiment du beau ne se reconnait plus dans l'unicité des théories esthétiques : il se diffracte en une myriade d'émotions possibles, qu'elles soient déjà disponibles en nous ou que nous devions en accueillir la nouveauté. C'est l'acte d'entendement qui doit déterminer l'acte analytique et non l'inverse. C'est lui qu'il nous faut désormais expliciter.

Dans cette perspective, il convient de préciser quelque peu ce que nous entendons par « entendement ». Il faut en effet distinguer au moins deux sens au vocable « cognitif ». Le premier serait d'ordre clinique et représenterait le nom d'un niveau structurel dans l'élaboration de la psyché qui servirait d'articulation neurologique entre le perçu d'une part et le connu et le conçu d'autre part. On peut résumer ce sens de cognitif à l'aide du petit schéma suivant :

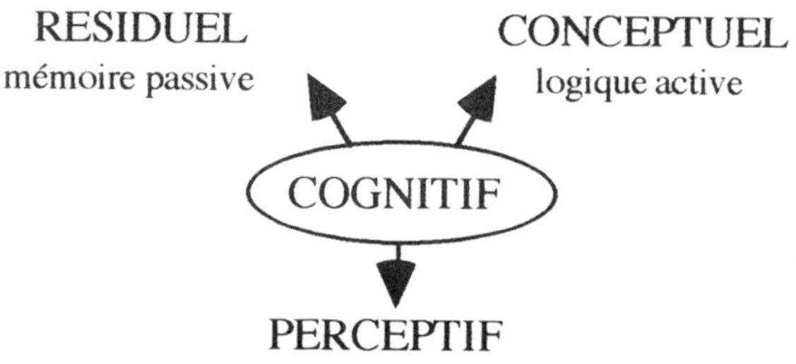

Fig. 5 : Le premier sens du mot cognitif, interface entre le perceptif au sens physiologique et le psychologique.

Ce sens de cognitif ne recouvre pas intégralement ce que l'on désigne aujourd'hui sous le vocable de « cognitivisme ». Michel Imberty résume ainsi le projet de cette branche récente des sciences humaines :

> Son objet est de présenter une théorie cohérente et aussi générale que possible de l'ensemble des activités humaines par des systèmes de compétences plus ou moins spécifiques à tel ou tel domaine, mais dont les structures et les règles de fonctionnement sont identiques.[72]

D'autre part, cognitif peut prendre un sens épistémique, qui est précisément le sens où l'opposition avec le structuralisme est la plus manifeste.

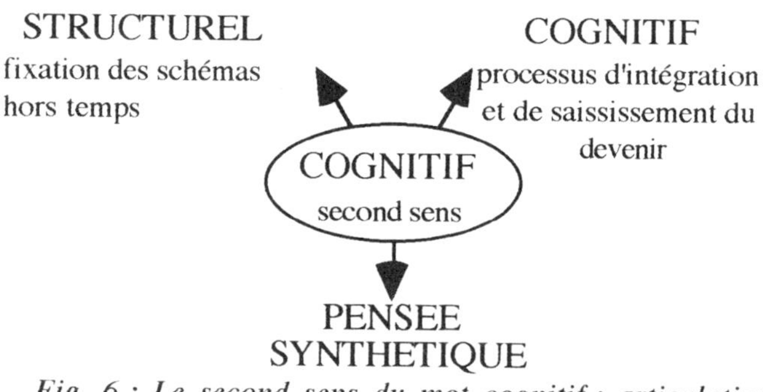

Fig. 6 : Le second sens du mot cognitif : articulation des schémas hors temps et des processus vécus dans une pensée synthétique.

[72] Michel Imberty, *Réflexions sur la psychologie cognitive dans les études musicales*, Musurgia, ESKA, Paris, Vol II - n°4, 1995, p. 79.

« Cognitif » désigne alors un accès à la connaissance qui se distingue fondamentalement des dualismes. D'une part, la projection dans la symétrie spatiale qui est le propre de la pensée positive post-cartésienne est rendue à sa partialité. D'autre part, le principal dualisme, celui entre le corps et l'esprit, est ramené à sa réalité concrète et vivante, à l'irrigation réciproque du sensible et de la pensée volontaire. C'est le sens en tout cas des réflexions récentes de la neuropsychologie.

> [...] les représentations fondamentales du corps en train d'agir jouent sans doute un rôle dans le phénomène de la conscience. Elles fournissent probablement une base aux représentations neurales du moi et constituent ainsi une référence naturelle pour apprécier les événements affectant l'organisme, qu'ils émanent de l'extérieur ou de l'intérieur. Si l'on considère que le corps fournit une telle base de référence fondamentale aux représentations mentales, il n'est donc pas nécessaire de faire appel à un homoncule pour expliquer la subjectivité : il suffit que les états successifs de l'organisme donnent lieu, moment après moment, à des représentations neurales constamment renouvelées, organisées en multiples cartes interconnectées, donnant ainsi une assise matérielle au moi qui existe à tout instant.[73]

La conscience de cette réalisation réciproque est la condition première d'une sérénité dans l'accès à la connaissance. Le réductionnisme scientifique doit alors prendre un sens différent de celui qui lui est assigné, et dont l'emprise perdure. La « réduction positiviste de l'idée de la science à une simple science-de-faits » réduction amenant à cette « crise de la science en tant que perte de son importance pour la vie » dénoncée par Husserl[74], tient en fait à une conception réductionniste que l'on peut qualifier de « fermée », caractérisée par la multiplication des a priori et des règles et la faiblesse des accès au monde. Dans une telle

73 Antonio R. Damasio, *L'erreur de Descartes, la raison des émotions*, éditions Odiles Jacob, Paris, 1995, p. 296.
74 Edmund Husserl, *La crise des sciences européennes et la phénoménologie transcendantale*, Gallimard, Paris, 1976.

conception, l'interprétation est faite avant l'élucidation et le comportement de la connaissance est de type inductif, marquant très clairement le pouvoir de l'expliquant sur l'expliqué.

Fig. 7 : Réductionnisme fermé et réductionnisme ouvert.

A ce réductionnisme « fermé », on peut opposer un réductionnisme « ouvert », qui serait caractérisé par une *concentration* des « données » et des contenants symboliques et opératoires permettant à leur puissance interprétative d'éclore sans contrainte. En fait, il s'agit de passer du pouvoir de l'expliquant sur l'expliqué à un pouvoir *d'explication*. La science n'est plus science-catalogue, mais science-méthode ; elle s'introduit non pas comme rapport falsifiable à la vérité, mais comme capacité à dégager de la représentation perpétuellement réimaginable. L'enjeu est de passer d'une connaissance technique du réalisé à une expression du réel et à un désir du réalisable. Aussi faut-il bien comprendre le réductionnisme des recherches que nous allons exposer dans les deux prochains chapitres. L'essentiel y tient dans un schéma et dans une équation. En amont, nous verrons que se trouvent un minimum d'hypothèses, et les plus simples possibles. En aval, un renouvèlement assez radical non pas du réel, mais de notre capacité à l'appréhender et à le comprendre. Il ne s'agit en aucun cas de réduire l'auditeur à un mécanisme sommaire idéalisé, ni l'harmonie à une formule. Il s'agit, à partir d'un schéma fonctionnel réduit, de comprendre ce qu'implique l'idée même d'audition, et à partir d'une formule de reconnaître et de déployer toutes les ramifications de l'idée d'harmonie. La liberté de penser est peut-être au prix de ce retournement épistémologique.

Chercher une méthode, c'est chercher un système d'opérations extériorisables qui fasse mieux que l'esprit le travail de l'esprit.

Paul Valéry[75]

III. La Forme et la Structure dans les représentations cognitives

Musicologie et Psychologie sont séparées à priori par la différence d'objet de leur questionnement : la musique pour l'une, l'esprit humain pour l'autre. Il apparaît très vite que le cloisonnement strict entre ces deux domaines est difficilement praticable dès lors que l'on se préoccupe pour la musique d'un minimum d'expression et de sens. Ce débat, depuis le Rousseau de l'*essai sur l'origine des langues*, clamant que « les musiciens qui ne considèrent la puissance des sons que par l'action de l'air et l'ébranlement des fibres sont loin de connaître la force de cet art »[76], au Stravinsky claironnant que « la musique par son essence était impuissante à exprimer quoi que ce soit »[77], a connu bien des avatars et semble encore d'une tonitruante actualité. Leonard Meyer l'a résumé en qualifiant les tenants d'une

[75] Paul Valéry, *Fragment d'un Descartes*, in *Œuvres*, N.R.F., Gallimard, Paris, 1957, p. 801.
[76] Jean-Jacques Rousseau, *Essai sur l'origine des langues*, Gallimard, Paris, 1990 (Genève 1781), p. 134
[77] Robert Craft, *Stravinsky, Chronicle of Friendship*, 1948-1971, Knopf, New-York, 1972.

musique issue de sa technique d'« absolutistes » et les partisans d'une conception plus globale de « référentialistes »[78]. En fait, le choix de l'un ou l'autre de ces termes est d'abord une bannière esthétique, et si nous avons choisi de les illustrer par des propos de Rousseau, qui annoncent le Romantisme, et par ceux de Stravinsky qui signent son arrêt de mort, ce n'est évidemment pas par hasard.

Une représentation globale du phénomène musical

> Tant qu'on ne voudra considérer les sons que par l'ébranlement qu'ils excitent dans nos nerfs, on n'aura point les vrais principes de la musique et de son pouvoir sur les cœurs. Les sons dans la mélodie n'agissent pas seulement sur nous comme sons, mais comme signes de nos affections, de nos sentiments ; c'est ainsi qu'ils excitent en nous les mouvements qu'ils expriment et dont nous y reconnaissons l'image.[79]

Rousseau l'avait bien entrevu, même s'il faut dégager dans ses propos le substantiel du circonstanciel, le musicien est au centre de tout un processus que nous qualifions aujourd'hui de sémiotique. On a trop glosé sur le « langage musical » pour revenir une fois de plus sur des chemins largement embourbés, encombrés de préjugés aussi velléitaires qu'inefficaces. Nous voudrions seulement relever ici deux points qui nous semblent importants.

Premièrement, le cadre structurel de la chaîne sémiologique, désigné par Jean-Jacques Nattiez sous le

[78] Leonard. B. Meyer, *Emotion and meaning in music*, University of Chicago Press, Chicago, 1956.
[79] Jean-Jacques Rousseau, op. cit. p. 126.

patronyme de *tripartition de Molino*[80], est avant tout, précisément, un cadre structurel, c'est-à-dire qu'il est inaccessible à la temporalité, et donc à l'adaptation. Ce qui nous préoccupe ici serait de l'ordre du « flux » pour une telle représentation, mais il faut être conscient à quel point une telle conception véhicule une induction de type déterministe entre « producteur » et « consommateur », et favorise les schémas très prisés par les psychologues expérimentalistes de type stimulus-réponse. Il faut se débarrasser de l'idée que l'art n'est *que* le terme d'un processus de communication et restituer leur autonomie aux processus d'appropriation et de compréhension. En 1912, Lukács ne disait pas autre chose :

> En quoi l'art - si nous le saisissons comme acte d'expression immédiat du processus de communication - se distingue-t-il précisément sur ce point essentiel, selon son univocité et sa capacité de contrôler que le contenu de la communication a bien été communiqué, des autres formes de communication de la réalité vécue ? Ses signes ne sont aussi que des signes, sur eux plane la troublante malédiction de tous les signes, et l'art ne produit d'effets supérieurs à ceux d'autres formes de communication - du point de vue de la réalité vécue - qu'en intensité ; autrement l'art n'offre aucune garantie pour dire qu'il a réellement communiqué, sans l'altérer, l'« essence » de l'expérience sur lequel il s'appuie et qu'il « exprime ». [...] Qu'un art exerce une impression vraiment profonde, le signe en est que le sujet de l'expérience accède grâce à lui au sentiment le plus profond de soi, qu'il vit ce que l'art révèle comme la révélation de son essence la plus personnelle, même si cette personnalité semble grandir aux dimensions d'un monde. On ne peut pas prouver, et ce n'est même pas la peine d'essayer, que cette expérience profonde soit identique, selon sa qualité et son contenu, à celle qui a produit l'œuvre. [...] C'est ainsi que durent apparaître certaines conceptions, comme celle de Hemsterhuis, selon lesquelles le beau est ce qui nous octroie le plus grand nombre d'idées dans

---

[80] Jean-Jacques Nattiez, *Fondements d'une sémiologie de la musique*, UGE, Paris, 1975.

> le laps de temps le plus court. Des conceptions de ce genre, saisissant l'art comme expression adéquate d'une substance commune et communicable, devaient faire toujours meilleur marché de l'œuvre d'art — en la considérant comme pur véhicule de cette communication — et abaisser l'art jusqu'au rang de processus de communication entre le créateur et celui qui jouit de son œuvre.[81]

Le deuxième point concerne la distinction linguistique fondatrice, établie par Saussure[82], de la notion de signe entre signifiant et signifié. Nous avons vu avec Georg Lukács à quel point l'œuvre d'art comme message, et encore plus comme message univoque était un point de vue difficilement tenable. La dialectique signifiant/signifié peut paraître particulièrement inadaptée dans le cadre de la musique. Ce n'est pas seulement une question d'espace-temps, ce que Saussure appelle le caractère linéaire du signifiant[83], dont la polyphonie semblerait s'écarter. C'est plus généralement, et du fait même de cette non-univocité que nous évoquions plus haut, l'impression que dans l'art, et particulièrement en musique, qui tient de là, peut-être, et paradoxalement, sa réputation d'être un art abstrait, il n'y a que du signifiant[84]. C'est en tout cas l'option Stravinskienne, dans la lignée d'Hanslick[85]. Rousseau désigne quant à lui la musique comme langage des passions, ce qui donnerait à la musique un signifié de l'ordre du thymique. Pour saisir de manière plus concrète le problème du décalage de la dialectique sémiologique

---

[81] Georg Lukács, *Philosophie de l'art (1912-1914)*, Klincksieck, Paris, 1981, pp.22-23.
[82] Ferdinand de Saussure, *Cours de linguistique générale*, Payot, Paris, (1906)/1972, pp. 87-103.
[83]ibid. p.103.
[84] C'est la conclusion à laquelle aboutit Nicolas Meeus après un compte rendu de ce débat mené par les linguistes à partir des notions Hjelmsleviennes de forme de l'expression et forme du contenu. Le parallélisme entre plan du contenu et plan de l'expression s'y révèle être très problématique dans le cas de la musique. Nicolas Meeus, *Cinq dichotomies pour décrire l'analyse musicale*, in *Analyse musicale et perception*, D. Pistone et J.-P. Mialaret éd. , Université de Paris-Sorbonne, Paris, 1994, pp.13-29.
[85] Edouard Hanslick, *Du beau dans la musique*, Brandus, Paris, 1877.

dans le domaine musical, on peut reprendre l'exemple (visuel) de Saussure appliqué à « arbre » et le transposer à celui (musical) de « clarinette ». Le terme d'« image acoustique », employé par Saussure pour désigner la prononciation du mot, devient alors particulièrement ambigu, et il apparaît très vite que le mot « clarinette » renvoie conjointement à l'« instrument clarinette » et au « son clarinette ». Dans « clarinette », *le signifié a la particularité notable de prendre la parole, de se faire signifiant.* Cette petite métaphore indique le problème fondamental du musical par rapport au langage verbal, et ce problème n'est pas seulement de ne pas être « véhiculaire », ce à quoi le premier structuralisme, et en particulier Boris de Schloezer[86] et Lévi-Strauss[87], voulait se limiter en voyant dans la musique un système clos qui se suffit à lui-même[88].

Dans sa critique des rapports signifiant/signifié, Jacques Derrida, outre le fait de renvoyer cette problématique à ses racines historiques et métaphysiques, en particulier à partir de l'opposition stoïcienne puis médiévale entre *signans* et *signatum*, en vient à parler de la voix, pour montrer à quel point, quand la voix se présente pleinement pour elle-même, cette frontière entre signifiant et signifié devient, si l'on peut dire, insignifiante. On peut se demander s'il n'y a pas dans cette disparition même la condition d'être du musical.

> Le concept de signe est ici exemplaire. Nous venons de marquer son appartenance métaphysique. Nous savons pourtant que la thématique du signe est depuis près d'un siècle le travail d'agonie d'une tradition qui prétendait soustraire le sens, la vérité, la présence, l'être, etc., au mouvement de la signification. [...]
>
> Le logos de l'être, « la pensée obéissante à la Voix de l'Etre » [Heidegger] est la première et la dernière ressource du

86 Boris de Schloezer, *Introduction à Jean-Sébastien Bach*, Gallimard, Paris, 1947.
87 Claude Lévi-Strauss, *Le cru et le cuit*, Plon, Paris, 1924.
88 cf. Enrico Fubini, *Les philosophes et la musique*, Champion, Paris, 1983, p. 203.

> signe, de la différence entre le *signans* et le *signatum*. Il faut qu'il y ait un signifié transcendantal pour que la différence entre signifié et signifiant soit quelque part absolue et irréductible. Ce n'est pas un hasard si la pensée de l'être, comme pensée de ce signifié transcendantal, se manifeste par excellence dans la voix : c'est-à-dire dans une langue de mots. La voix *s'entend* - c'est sans doute ce qu'on appelle la conscience - au plus proche de soi comme l'effacement absolu du signifiant : auto-affection pure qui a nécessairement la forme du temps et qui n'emprunte hors de soi, dans le monde ou dans la « réalité », aucun signifiant accessoire, aucune substance étrangère à sa propre spontanéité. C'est l'expérience unique du signifié se produisant spontanément, du dedans de soi, et néanmoins, en tant que concept signifié, dans l'élément de l'idéalité ou de l'universalité.[89]

Si la polarisation signifiant/signifié mérite d'être conservée en musique, ce n'est en tout cas certainement pas sous sa forme dichotomique, mais peut-être, comme nous allons essayer de la décrire, sous celle d'un continuum structurel complexe.

L'opposition entre le monde physique et l'esthétique porte la marque d'un dualisme dont une bonne partie des réflexions sur l'art au vingtième siècle a tenté de se départir. « L'homme à l'homme décrit dans le langage des choses » écrivait Pierre Schaeffer. On ne peut pas esquiver pour autant le problème qui se pose à l'esprit et en particulier à l'esprit musicien d'une relation au réel. Cela ne va pas sans quelque ambiguïté. Car si l'on peut commodément séparer sociologiquement les scientifiques qui abordent la musique, et les musiciens qui abordent la science, les uns et les autres s'accusant mutuellement d'incompétence, on ne peut pas ignorer qu'une pratique perpétuellement restaurée, de Pythagore à Xenakis en passant par le quadrivium, fait de la musique la sœur de l'arithmétique, et que le *musical*, dans ses rapports complexes à l'émotion ou à la transcendance, reste

[89] Jacques Derrida, *De la grammatologie*, Ed. de Minuit, Paris, 1967, pp. 21-27, cité dans : Alain Rey, *Théories du signe et du sens*, Klincksieck, Paris, 1976, pp. 335-344.

toujours aujourd'hui un défi ouvert à la connaissance. De la phénoménologie aux sciences cognitives, philosophie et science s'affrontent devant le problème de la connaissance. La musique suit son propre chemin, insaisissable matérialisation de la pensée. Aussi, après avoir tenté de donner une représentation la plus consensuelle possible du phénomène musical, nous nous attacherons, à titre d'exemple, au concept d'harmonie et à ses diverses interprétations jusqu'à nos jours. A travers ce concept et surtout l'ensemble des tâtonnements qui l'ont accompagné, nous poserons le problème de la théorie, de ce qu'elle révèle des relations de la musique avec la physique et l'esthétique, et de la place de la volonté dans l'expression musicale.

En tant qu'art des *sons*, la musique peut toujours se ramener à un cas particulier de ce que les physiciens appellent la propagation d'ondes. Cette réduction soumet de fait la musique, et cela d'autant plus qu'elle s'objective, à l'acoustique et à ses ramifications techniques. A tel point que beaucoup confondraient facilement aujourd'hui révolution musicale et « changement de support ». Les musiques électroacoustiques sont celles qui vivent de plus près ces mutations, mais cela n'exclut pas les autres genres musicaux, qu'on pense à l'attitude d'interprètes comme Glenn Gould par rapport à l'enregistrement en studio. Il paraît donc naturel dans un tel contexte de traiter la musique avec les mêmes outils objectifs que tout processus de communication. C'est ainsi que sémiologie et théorie de l'information se sont souvent retrouvées sur le principe horizontal de l'émetteur, du canal et du récepteur, — dans un des vocabulaires —, du poïétique, du niveau neutre et de l'esthésique[90], — dans l'autre. Bien sûr, il n'y a pas qu'une question de vocabulaire, le signal et le signe ne recouvrent pas les mêmes signifiés ; mais une parenté de conception aussi flagrante mérite d'être soulignée. Au delà de tous les aménagements dont on peut l'accommoder, elle nous renseigne suffisamment sur l'obsession médiatique de la pensée contemporaine, obsession du relationnel comme surface, comme horizontalité.

---

[90]C'est précisément la « tripartition de Molino » dont nous parlions précédemment (cf. note 80).

On limite souvent la théorie de l'information à la description statistique d'alphabets suffisamment sommaires ; autant dire que son intérêt dans l'analyse de la musique est rapidement saturé. La notion sémiologique de paradigmatique, implique elle aussi segmentation et groupement. Peut-être du fait de cette décomposition en éléments simples, ni la théorie de l'information, ni la sémiologie ne se sont beaucoup intéressé au problème de l'évolution temporelle. Or c'est au travers de cette évolution que se compose plus particulièrement l'œuvre musicale. Analyser la temporalité et donner un sens à ses possibilités, c'est partir du concept nécessaire d'information pour le dépasser dans celui plus complexe d'organisation. Structure et forme se réalisent sur un axe qui n'est plus seulement celui de la linéarité du temps physique, mais aussi celui d'une profondeur mémorielle, intellectuelle et humaine. Néanmoins, il n'est pas inutile de synthétiser dans un même schéma les deux axes majeurs de la sémiologie, l'axe horizontal « émetteur-récepteur » et l'axe vertical « signifiant signifié », les domaines épistémologiques de la musicologie y trouvant assez naturellement leur place.

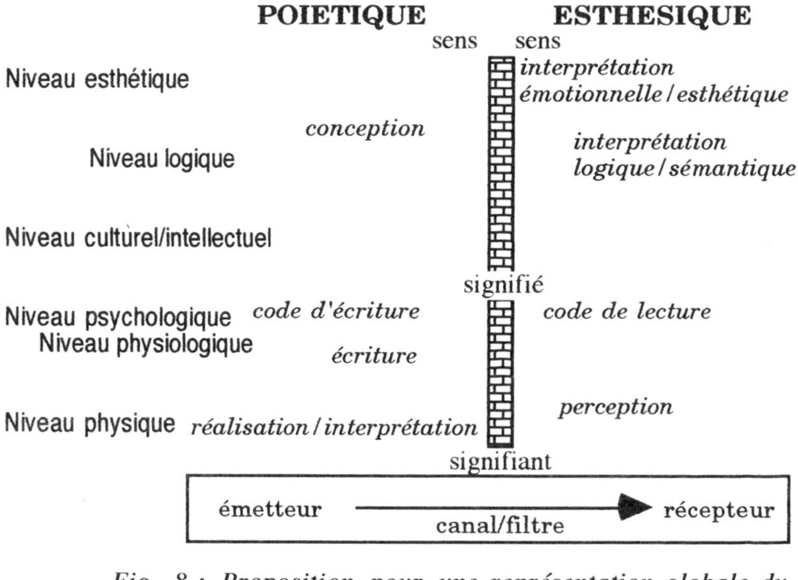

Fig. 8 : Proposition pour une représentation globale du phénomène musical : schéma des domaines épistémologiques.

Le terme de « niveau » n'est approprié, on s'en doute, que pour les premières couches de l'élaboration du rapport signifiant signifié. Le décalage entre Pathos et Logos, par exemple, peut difficilement être considéré comme hiérarchique. Qui plus est, l'indétermination des frontières entre les différentes couches peut aller jusqu'à remettre en cause la notion même de « couche », qui n'est à vrai dire qu'une facilité de représentation. Ce n'est pas là le point essentiel. Tout discours sur le musical se caractérise au fond par la position d'observation qu'il prend dans ce schéma.

Dans une telle représentation seul le niveau physique, décrit dans les termes de la théorie de l'information, semble assurer un passage entre le poïétique et l'esthésique[91]. En effet, la communauté de code toute naturelle dans le cas du langage articulé entre locuteur et auditeur ne s'affirme sans doute pas avec autant d'évidence dans le cas de l'audition d'un morceau de musique. Ce passage obligé par le réel, par le niveau zéro de la matérialité sonore, est-il finalement le signe que l'on a affaire à un Art et non pas à un simple processus de communication? C'est sur une constatation du même ordre que Georg Lukács fonde le concept de malentendu dans sa *Philosophie de l'Art*. En refusant de « comprendre l'art comme expression du vouloir artistique et l'effet qu'il produit comme le terme approprié d'un processus de communication adéquat »[92], en critiquant l'idée romantique d'un « homme parfait, le génie artistique, [qui ferait] sauter [les murs de la subjectivité pour] communiquer entièrement et sans réserves »[93] , en remarquant que ce sont « les traits [...] les plus dépourvus d'intention [qui] semblent désigner et trahir le plus nettement une personnalité »[94], Lukács ouvre la voie d'un bouleversement dans la compréhension des rapports du sujet et de l'objet dans l'art, bouleversement qu'il ne faut pas restreindre au positivisme de Hanslick[95]. Reconnaissant après Leo Popper,

[91] Ce qu'on a cru devoir appeler le niveau « neutre »...

[92] Georg Lukács : *Philosophie de l'art (1912-1914)*, Klincksiek, Paris, 1981, p. 8.

[93] ibid. p. 22.

[94] ibid. p. 23.

[95] Hanslick voyait « dans chaque art des critères de beauté inséparables des particularités du matériau et de la technique ». Eduard Hanslick : *Vom*

« cette vie propre de l'œuvre », ainsi que le fait que « la théorie de la technique et du matériau était vraiment le premier degré d'une métaphysique de l'art »[96], Lukács indiquait à l'esthétique une voie qui tienne compte de la volonté du réel. Sans entrer plus avant dans les conceptions de Lukács retenons cette vision fondamentale de l'œuvre d'art au vingtième siècle, non pas transpercée par l'univocité communicatrice, mais rendue à l'idée moderne d'une autonomie du réel :

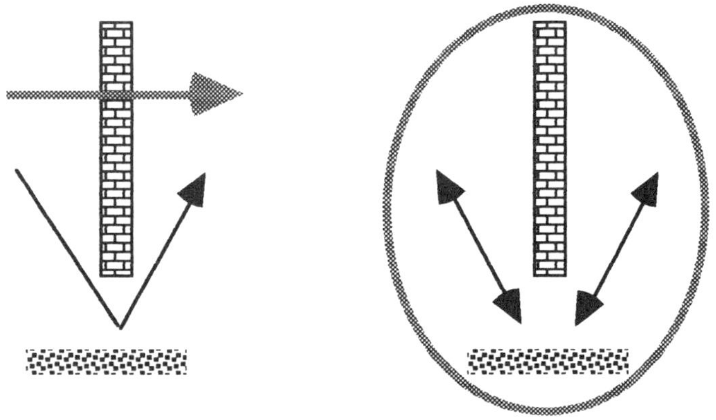

Fig. 9 : Illustration schématique des accès à l'oeuvre musicale selon une conception romantique de la transparence atteinte par le génie et selon une modalité plus contemporaine et plus globalisante où l'objet sert de miroir pour une réflexion réciproque sur le réel. Communication transcendante contre incommunicabilité réifiante ?

Prenons quelques exemples extrêmes pour mieux comprendre : le « ready-made » de Marcel Duchamp, où les « paysages sonores » de John Cage, correspondent bien à la deuxième catégorie, et la perplexité que l'on rencontre au sujet de telles « œuvres » ne ferait que confirmer, si besoin en était, la vanité d'une communication au premier degré. Peut-être pourrait-on tout de même protester que leur impact « conceptuel » est le prototype d'une communication de second degré qui, en mettant les

---

Musikalisch-Schönen, in Enrico Fubini, *Les philosophes et la musique*, Champion, Paris, 1983, p. 154.

[96] Georg Lukács : *Philosophie de l'art (1912-1914)*, op. cit. p. 39.

spectateurs et les auditeurs « au pied du mur », véhiculerait des questions plutôt que des réponses. Les sonates de Beethoven, au contraire, semblent procéder d'une adhésion immédiate, dans laquelle nous nous identifierions, d'une certaine manière, à son génie, comme dans les tableaux figuralistes, nous pénétrons le cadre pour dialoguer avec les personnages ou pour déambuler dans les paysages.

La question se pose au fond de savoir quelle est la place de l'esthétique dans un tel débat. Rüdiger Bubner met malicieusement en exergue de son article sur les conditions devant être remplies par une esthétique contemporaine cette phrase de Marcel Proust : « Les philosophes, qui n'ont pas su trouver ce qu'il y a de réel et d'indépendant de toute science dans l'art, sont obligés de s'imaginer l'art comme des sciences ». « Compte tenu de l'état désespérant de l'esthétique », écrit Bubner, « la tentation est grande d'ériger, par exemple, les moyens de la théorie de l'information ou encore certaines catégories de l'analyse textuelle, telles que celles de structure et de distanciation formelle, en clé universelle de toutes les questions esthétiques. Quelle que soit la valeur de ces instruments pour des interprétations spécifiques, la généralisation globale de leur application ne saurait remplacer une théorie esthétique »[97]. Il ajoute à la suite : « En lisant les rares tentatives de la philosophie contemporaine qui traitent, d'une façon générale, de l'art, on est frappé d'y découvrir un aspect commun. [...] Ce n'est plus la philosophie qui dit ce qu'est l'art, ce serait plutôt à l'art de montrer ce qu'est la philosophie »[98]. Bubner conclut sur une « interprétation de l'analyse kantienne selon laquelle le contenu de l'expérience esthétique oscille entre l'attente de la compréhension et le caractère indéfini de ce qu'il s'agit de comprendre ; dans cette incertitude, l'expérience ne peut s'achever »[99]. Sans insister plus avant sur les rapports entre l'art et la philosophie, il convient toutefois de souligner que

[97] Rüdiger Bubner : *De quelques conditions devant être remplies par une esthétique contemporaine*, in *Théories esthétiques après Adorno*, Rainer Rochlitz ed., Actes Sud, 1990, p. 82.
[98] ibid. p. 83.
[99] ibid. p. 121.

cette crise majeure portée par la pensée du vingtième siècle concerne au premier chef les œuvres musicales, peut-être parce qu'elles semblent transcrire de manière tangible la part la plus indéfinissable de notre existence. En cela elles suscitent à bon droit toutes les interrogations, et celles-ci viennent des champs les plus divers de la connaissance.

Quelle que soit la portée des critiques précédentes, elles ne doivent pas occulter le fait que le projet de toute connaissance est de faire surgir du sens, et la connaissance de la musique n'a pas de raison d'être en reste. Le décalage entre grille de lecture et grille d'écriture, qui est la cause principale du « malentendu » esthétique, est souvent d'autant plus grand que ces grilles sont sommaires. On peut prendre l'exemple des jeux télévisés, perçus comme divertissements et conçus comme outil d'asservissement à une logique de consommation. Le travail du musicologue doit donc consister principalement à affiner ses propres outils pour être à l'écart des enjeux poïétiques et esthésiques. Il ne saurait se contenter des indications du compositeur, ni des impressions de l'auditeur. Mais son interprétation, lue sur une grille aux mailles bien plus fines, devra mettre en perspective les unes comme les autres.

Car il s'agira, au bout du compte, d'une interprétation, filtrée par un réseau de représentations, et orientée par un questionnement. La valeur d'une interprétation est liée à la conscience des implications du réseau de représentation et du questionnement sous-jacents. Si l'on peut parler, dans l'expérience musicale, et en particulier celle de la voix, comme nous venons de l'évoquer avec la critique par Derrida de l'antagonisme signifiant/signifié, de l'immédiateté du rapport entre le fait et le sens, cette immédiateté, voulue et ressentie, essentielle à la perfection du sentiment esthétique, n'est que la conséquence réussie d'une illusion, et bien souvent le fruit d'un labeur lui-même vécu comme une « mise en transe ». Connaître, c'est donc glisser entre le fait et le sens la capacité d'une description. Une des descriptions les plus étonnantes de cette attitude est sans doute celle qu'a donné Ludwig Wittgenstein dans son *Tractatus logico-philosophicus*.

> 2.1 - Nous nous faisons des tableaux (Bilder) des faits.
>
> 2.11 - Le tableau (Bild) représente le fait dans l'espace logique, l'existence et la non-existence des états de choses.
>
> 2.12 - Le tableau est une transposition (Modell) de la réalité.
>
> 2.13 - Aux objets correspondent dans le tableau les éléments du tableau. [...]
>
> 2.14 - Le tableau réside dans le fait que ses éléments ont des rapports déterminés les uns avec les autres. [...]
>
> 2.15 - Le fait que les éléments du tableau ont des rapports déterminés les uns avec les autres tient à ce que les choses se comportent de la même manière les unes vis-à-vis des autres.
>
> Cette connexion des éléments du tableau, nous la nommerons sa structure, et la possibilité de sa structure la forme de la représentation. [...]
>
> 2.16 - Le fait d'être tableau implique qu'il y ait quelque chose de commun entre le tableau et ce qu'il représente. [...]
>
> 2.17 - Ce que le tableau doit avoir de commun avec la réalité, afin de pouvoir la représenter à sa manière - avec justesse ou fausseté - c'est la forme de la représentation.[100]

Nous ne nous hasarderons pas ici à une exégèse de la théorie de Wittgenstein, mais il nous a semblé important de revenir, fût-ce de manière partielle, à ce texte dans ce qu'il donne comme

[100] Ludwig Wittgenstein, *Tractatus logico-philosophicus*. Trad. Pierre Klossowski, Gallimard, Paris, 1961, cité dans : Alain Rey, *Théories du signe et du sens*, Klincksieck, Paris, 1976, pp. 61-63.

clef pour comprendre les enjeux d'une représentation. Les tableaux qu'imaginait Wittgenstein n'ont pas grand chose à voir avec ceux que nous allons proposer, mais leur fonction de représentation est exactement la même, d'une par dans le rapport au réel, d'autre part dans cette deuxième articulation que constituent les connexions entre les éléments du tableau, ce que Wittgenstein appelle la « structure », et cette « possibilité de la structure » qu'il appelle la « forme de la représentation ». Les définitions des termes de forme et de structure que pouvait envisager Wittgenstein dans un cadre parfaitement abstrait ne recouvriront pas exactement celles que nous donnerons, mais elles sont largement prémonitoires.

L'élément majeur de la discussion sur la représentation musicale tient en ce que les « faits », les « états de chose », ne sont pas des substances mais des événements. Or la médiation symbolique nécessaire à la représentation est de l'ordre de la substance. La note est traditionnellement, mais surtout par contingence, une trace sur le papier. Cette transposition, qui spatialise le temporel, doit donc tout faire pour ne pas oublier sa nature première d'événement. Le tableau primaire de la représentation, et cela tout spécialement dans le cadre de la *musique*, c'est-à-dire d'une expérience auditive, est constitué par une liste d'événements. Même si la musicologie pourrait se contenter de l'étude des partitions en tant que système de signes autonomes, il reste à spécifier quels événements sont à prendre en compte dans le cadre d'une approche suffisamment globale du phénomène musical. Il y a en effet d'une part les événements producteurs, véhiculés sous la forme d'une propagation d'onde, de nature acoustique, c'est-à-dire physique, et les événements élaborés à partir du capteur auditif dans l'ensemble du complexe mental. C'est ce qu'essaie d'illustrer le petit schéma suivant :

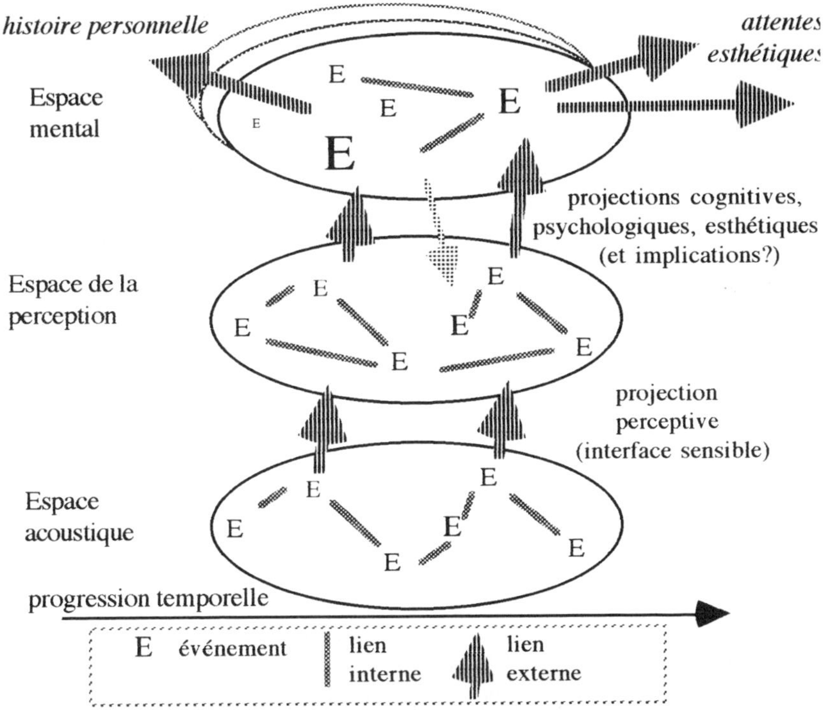

Fig. 10 : Représentation primaire du musical.

Il convient en premier lieu de préciser ce que l'on entend ici par événement. Le sens commun est en effet un peu vague. Evénement y est compris comme étant « quelque chose de marquant », une saillance contextuelle, pour reprendre le vocabulaire des psychologues. Pour les physiciens l'événement est un point de l'espace spatio-temporel à quatre dimensions (x, y, z, t)[101]. Ces deux définitions ne sont pas compatibles, en particulier parce que la première envisage une durée quand la seconde envisage un instant, et qu'elle implique une hypothèse sur le « contenu » prééminent de cette durée, alors que la seconde décrit une possibilité ouverte d'existence. Ainsi, une note de piano, qui est un événement au sens commun, se décompose en une infinité

[101] à ces quatres dimensions de position, il conviendrait d'ajouter les dimensions de caractéristique du milieu, par exemple, pour ce qui nous concerne, la pression acoustique.

d'événements, infinité que les limites de notre perception permettent de ramener au taux d'échantillonnage des systèmes d'enregistrement numériques. A un degré de structure supérieur, la note de piano peut être définie par un nombre plus réduit de paramètres, en particulier son début et sa fin (ce qui constitue en fait deux événements), son intensité, son timbre...[102]

Si les événements de l'espace acoustique peuvent se satisfaire des définitions que nous venons d'évoquer, il est loin d'en être de même de ceux de l'espace perceptuel et encore moins de l'espace mental. L'oreille fait office de transducteur entre le signal comme pression acoustique et un codage neurologique dont nous connaissons les principes mais dont nous ne savons guère le détail. En tout cas, on peut envisager une étape qui donnerait une « image » en termes de modification physico-chimique de synapses, conforme, aux limitations physiologiques près, à son original acoustique, et descriptible elle aussi en termes d'événements. C'est pour cette raison que la relation entre ce que nous avons appelé l'espace acoustique et l'espace perceptuel est relativement isomorphe. Le schéma précédent illustre en effet la possibilité d'établir des relations entre les événements. Ces relations sont dites *internes* quant elles concernent un même espace, et *externes* quand elles associent des espaces différents. La relation fondamentale est la relation séquentielle qui est une relation d'ordre total (il n'y a pas d'ambiguïté quant à la position temporelle des événements ce qui ne serait pas le cas si l'on incorporait la durée dans les paramètres constitutifs). Cette relation est fondatrice des caractéristiques des plans acoustiques

---

[102]C'est l'objectif d'un codage du type code MIDI. Ceux qui sont familiers de ce type de codage savent très bien qu'une note n'est pas *un* événement MIDI unique, mais tout un ensemble de données qui comprennent au minimum la prédéfinition du timbre, la hauteur, l'instant d'attaque, l'intensité d'attaque, l'instant d'arrêt. Cette représentation est sans doute la plus correcte, car elle sépare les caractéristiques spatiales (hauteur, intensité, panoramique...) de la situation temporelle, au contraire de la représentation reprise par Xenakis ;et qui fait de la durée un paramètre du même ordre que la hauteur ou l'intensité. Du point de vue pratique, elle reste manipulable « à la main », comme s'en souviennent encore quelques pionniers de l'informatique musicale.

et perceptifs, et permet de concevoir le « présent » que nous appellerons présent perceptif. Par contre, la mémoire et l'imagination, qui sont le propre du mental, renvoient à d'autres états de temporalité, ou si l'on préfère, rendent présents des états non réels, passés ou futurs, qui peuvent se superposer au présent perceptif. Parmi les relations importantes on peut aussi citer d'autres relations d'ordre, en particulier pour les caractères spatialisés comme les hauteurs (fréquences) ou les dynamiques, relations à l'origine des principes de notation. Mais on peut envisager d'autres types de relations, comme nous allons le voir.

Nous avons à notre disposition une représentation extrêmement versatile de l'œuvre musicale comme ensemble d'événements. L'intérêt d'envisager l'extension de cette représentation à l'ensemble du système humain est double : d'abord, toutes les définitions, et tous les résultats théoriques, établis à partir de la notion d'événement seront valides, moyennant le respect de certaines propriétés, quel que soit le système considéré ; ensuite, l'hypothèse d'un isomorphisme minimum entre espace acoustique et espace perceptuel doit permettre d'une part l'interprétation des données concrètes en termes de pertinence cognitive et donc une dérivation du sens depuis les œuvres jusqu'aux structures mentales qui les ont générées pour leur agrément, et réciproquement depuis les nécessités connues ou supposées des comportements sensibles et intellectuels, de faire retour sur la teneur des productions musicales.

Qu'est-ce qu'un processus cognitif ? Nous avons précédemment situé la place du « cognitif » à l'interface entre le perceptif et le mental, que nous avions divisé schématiquement en résiduel et conceptuel. Dans le cadre de la représentation que nous venons de proposer, le cognitif est donc ce qui transforme l'image perceptuelle, rivée à la temporalité, en un ensemble de données, pour rester vague, saisissables par le mental. Cette transformation, dont nous ne prétendrons pas appréhender la complexité réelle, nous voulons en donner une représentation qui est précisément ce que nous appellerons un « processus cognitif ». Mais cette représentation n'est plus de l'ordre de l'existence ou de la non-existence d'états de choses, comme les éléments des tableaux de

Wittgenstein, mais de l'ordre de la représentation des connexions, ou plus précisément de la réalisation des connexions. Car en effet, la contrainte majeure qui s'applique à un processus cognitif, c'est d'être défini dans le présent perceptif, autrement dit « de fonctionner en temps réel ». Il est bien évident que s'il n'avait accès qu'au présent pur, un processus cognitif serait seulement capable de désigner la simultanéité comme relation fondamentale. Comme nous l'avons vu, le cognitif, en ayant accès au mental, a aussi accès à la mémoire, et à cette projection conceptuelle qui permet de construire des objets fictifs, de prévoir, d'imaginer. C'est ce qui lui donne la possibilité d'établir entre les événements des relations bien plus complexes que la simple successivité ou la simultanéité. La théorie des ensembles, qui s'est beaucoup préoccupé de relations, nous indique trois genres principaux, qui sont irréductibles l'un à l'autre : les relations entre éléments d'un même ensemble (par exemple l'identité), les relations des éléments aux ensembles (dont le modèle serait l'inclusion), et enfin les relations entre éléments de deux ensembles distincts, (dont un modèle possible serait la projection). Les deux premiers types de relations peuvent être qualifiés de relation interne, le troisième type de relation externe. La théorie analytique retrouve ces distinctions dans les propositions historiques d'interprétation des œuvres. Nicolas Meeus a schématisé cela dans ce qu'il a appelé les trois moments de l'analyse, soit, en reprenant les termes de la linguistique de Saussure, la syntagmatique, la paradigmatique interne et la paradigmatique externe.

> La façon de les articuler, l'importance relative qu'il faut leur accorder, ces questions sont du domaine de la méthode [...]. Il faut rappeler seulement que le grand apport de l'analyse musicale moderne est du domaine de la paradigmatique interne ; on pourrait d'ailleurs reprocher à une tendance actuelle de l'analyse de négliger la syntagmatique et la paradigmatique externe. A l'inverse, les analyses plus anciennes et certaines analyses plus traditionnelles qui se pratiquent encore aujourd'hui omettent la paradigmatique interne ou lui accordent trop peu d'importance.[103]

[103] Nicolas Meeus, op. cit. p.26.

L'imbrication des notions de forme et de structure dans la réalisation temporelle des mécanismes cognitifs

L'analogie spatiale, nécessaire sans doute à notre intelligence par la mise en parallèle et la totalisation qu'elle permet dans un seul moment de conscience, peut se révéler inadéquate à la description d'un art des sons comme la musique. Du point de vue de la spatialité, la définition des deux termes de forme et de structure ne semble guère poser de problème majeur. La structure trouve son origine dans la construction progressive du monde depuis son microcosme jusqu'à son macrocosme. Elle indique donc, parmi les rapports *internes* à l'objet, les lignes de force qui relient les parties entre elles dans la perspective d'une totalité. La forme, quant à elle, apparaît comme un résultat, comme la ligne de démarcation entre l'objet et son *extérieur*. Edgar Varèse, commentant son œuvre *Hyperprisme*, nous donne une parfaite illustration de ces notions :

> Le cristal se caractérise par une forme extérieure et une structure interne, toutes deux bien définies. La structure interne dépend de la molécule, c'est-à-dire du plus minuscule des agencements d'atomes ayant la même ordonnance et la même composition que la structure cristallisée. L'accroissement de cette molécule donne le cristal tout entier. Mais malgré la diversité assez peu considérable des structures internes, le nombre des figures est, pour ainsi dire, infini.
>
> Je crois simplement que cela éclaire un peu mieux que toute autre comparaison l'aboutissement de mes œuvres à leurs formes. Il y a d'abord l'idée ; c'est l'origine de la « structure interne » ; cette dernière s'accroît, se clive selon plusieurs formes ou groupes sonores qui se métamorphosent sans cesse, changeant de direction et de vitesse, attirés ou repoussés par des forces diverses. La forme est le produit de cette interaction. Les

formes musicales possibles sont aussi innombrables que les formes extérieures de cristaux[104].

On apprécie le poids de l'analogie spatiale sur la conception que les compositeurs peuvent se faire des notions de structure et de forme. Dans le cas des processus temporels, il paraît pourtant difficile de désigner *la* structure et *la* forme, comme on semble pouvoir le faire avec des objets dans l'espace. Tentons cependant de préciser les démarches inhérentes à chacune de ces notions. En passant de l'objet à l'acte, nous pourrons peut-être mieux appréhender comment elles se transposent de l'espace à la temporalité. Qu'entendons-nous par structurer et par formaliser ? Structurer, si l'on se fie à l'étymologie, aurait à voir avec *construire* ; formaliser tiendrait plutôt d'une soumission à des conditions *a priori*. La structure s'orienterait donc, en partant de l'élément, vers l'extériorité, alors que la forme, rejoignant en cela l'idée de moule, de contenant de la substance, tendrait à se clore sur son intériorité. Du point de vu du temps, on pourrait ainsi retrouver la forme comme préalable et la structure comme déploiement. L'hypothèse demeure que l'œuvre peut toujours être décrite sous la forme d'un *ensemble* de constituants, un ensemble où se répartit une certaine substance, substance qui donne sa matérialité à l'objet « œuvre ».

Empruntons quelques termes à la théorie des ensembles : en particulier celui de relation. La première urgence de l'intelligence semble bien être en effet d'établir des liens. Ces liens peuvent être, comme nous l'avons vu, de deux types : liens internes, entre les constituants, ou externes, des constituants avec des références extérieures à l'objet délimité par l'ensemble. La notion de structure décrirait alors plus particulièrement la relation de l'élément à l'ensemble, la constitution de la « partition », alors que celle de forme rendrait compte de l'agencement des « parties » au sein même de l'ensemble.

Le tableau suivant résume sommairement les distinctions que nous venons de mettre en place.

---

[104] cité par Odile Vivier dans *Varèse*, Seuil, Paris, 1973, p. 50.

type de relations		définition	Théorie des ensembles	analyse	exemples de références analytiques
interne	formelle	entre éléments d'un même ensemble	=	paradigmatique interne	-motivique Ruwet Nattiez
interne	structurelle	entre éléments et ensembles	$\in$	syntagmatique	Schenker Chomsky Lerdhal&J.
externe		entre éléments de différents ensembles	$\rightarrow$	paradigmatique externe	-associative psychologie sémiologie

Fig. 11 : Tableau des relations fondamentales à la base de la théorie analytique.

Structurer, dans l'établissement des liens internes, serait donc principalement donner un ordre, de la pierre à la clef de voûte, de la note à la symphonie. Que signifie alors « formaliser » ? S'agirait-il de traiter des équivalences, entre deux pierres, deux colonnes, deux frises, entre deux notes, deux thèmes, deux textures ? Peut-être cela, et de chercher, au delà de la variation, le modèle, au delà de l'objet, la catégorie, au delà de l'identique, le semblable.

Nous avions proposé[105] de scinder le problème de la forme musicale en trois catégories : l'Espace, le Modèle et l'Objet, trois catégories qui se définissent par récurrence, puisque l'espace est un ensemble d'objets, et le modèle ce qui, en donnant une disposition temporelle et spatiale — une forme — à un groupe d'objets, définit les objets de l'espace supérieur. On conçoit aisément que chaque passage entre « ensemble d'objet » et « espace », exige le franchissement d'un niveau de structure.

[105] cf. Jean-Marc Chouvel, *Sur la théorie de la forme et ses implications dans la création musicale contemporaine* . Thèse de doctorat 90/PA 08/0499, ANRT 1054-10508 Université de Lille III, 1990; Jean-Marc Chouvel, *Musical Form*, revue Interface, Amsterdam, Vol. 22, 1993, pp. 99-117. Chouvel (J.-M.): *Matière et Manière: Le style: une forme pour un fond? Revue d'Analyse Musicale numéro 32,* Paris, 1993; Jean-Marc Chouvel, *Analyse musicale et temporalité*, in *Analyse musicale et perception*, Danièle Pistone et Jean-Pierre Mialaret éd., O.M.F., Presses de la Sorbonne, Paris, 1994.

L'idée de ce franchissement permet de donner une interprétation tout à fait originale au problème du groupement et de la segmentation. Il semble dans la nature même de la temporalité d'imposer ce parcours du microcosme au macrocosme, du son à l'œuvre. On écoute la première seconde d'une œuvre *avant* d'avoir écouté la première minute, on entend la note *avant* la phrase mélodique... Cela est vrai au moins au début de l'œuvre, avant que la mémoire n'ait pu bouleverser notre rapport au temps. En effet, notre situation spontanée est très probablement intermédiaire : les structures de base sont innées, ou acquises[106], alors que la compréhension des hautes structures nous demande un effort particulier.

La relation d'inclusion est plus naturellement représentée dans l'espace que dans le temps, et il nous a fallu quelques années d'effort intellectuel avant de pouvoir en donner une représentation algorithmique convenable. Cette relation, qui ordonne l'idée de structure, nécessite un *niveau zéro* qui n'est pas forcément à confondre avec le fameux « niveau neutre » des sémiologues. Ce *niveau zéro* est en fait le niveau substantiel en deçà duquel la notion même de structure n'est plus opportune. C'est, pour reprendre l'idée grecque, un niveau « atomique », infragmentable. Tout ce que nous avons dit précédemment de la notion d'événement est bien entendu à rapprocher de ce *niveau zéro*, niveau qui reste malgré tout un choix, une hypothèse de résolution. Aussi, tout objet répondant au critère de non pertinence d'une subdivision peut être pris, le cas échéant, comme élément du *niveau zéro*. Par exemple : l'événement des physiciens, l'échantillon, le contenu d'une fenêtre d'intégration dans le cadre de l'analyse de Fourier, l'événement MIDI, la note, l'accord, etc...

Le fait de décider qu'un ensemble d'événements forme une unité est une tâche passablement complexe, et les critères qui déterminent ce choix peuvent qui plus est entrer en conflit. La

106 Le passage du spectre à la note, par exemple, fait partie de ce que nous appelerions l'inné, et qui est, d'une manière générale l'objet de la psychoacoustique. L'acquis tiendrait plus à des notions de type culturel, comme par exemple les formules cadentielles.

théorie classique de la phraséologie, énoncée par Riemann, donne un bon exemple de schéma fondateur[107]. Un schéma de même nature a été repris et développé par Meyer sous la forme d'une méthode d'analyse rythmique[108]. Lerdhal et Jackendorf ont proposé quant à eux des règles préférentielles de groupement plus générales, tout en restant dans le cadre de la musique tonale[109]. Le fait de regrouper des éléments n'est pas a priori limité. Simplement, il est bien certain que tous les groupements ne sont pas « cognitivement corrects ». Sans rentrer dans la description de cette qualité probablement très variable selon les œuvres et les individus, nous pouvons toutefois tenter une description algorithmique du mécanisme de structuration, description qui fait de toute façon apparaître la nécessité d'un certain nombre d'opérations. Il s'agit principalement de l'acquisition des événements en cours, de leur intégration à un groupement, et du test de la complétude de ce groupement, qui autorise la constitution d'un objet de niveau supérieur.

```
niveau := 0 ; ...                                                    (initialisations)
pour tous les événements élémentaires successifs (i) :              (moteur temporel)
    objet[niveau,i] :=événement-élémentaire[i] ;
                                  (acquisition du ou des événement(s) en cours)
    structuration[niveau, objet[niveau,i]] ;
        {objet-hypothétique[niveau+1,i] :=
            objet-hypothétique[niveau+1,i] "U" objet[niveau,i] ;     (intégration)
            si objet-hypothétique[niveau+1,i] est achevé :
              (les critères formels d'achèvement — de complétude — sont atteints)
                {objet[niveau+1,i] := objet-hypothétique[niveau+1,i] ;
                       (mémorisation de la définition structurelle de l'objet)
                niveau := niveau+ 1 ;
                structuration[niveau, objet[niveau,i]] ;
                niveau := niveau- 1 ;}                          (mécanisme récursif)
        }                               (définition de la fonction de structuration)
```

[107] cf. Nicolas Meeùs, *De la forme musicale et de sa segmentation*, Musurgia, vol I, n°1, Eska, Paris, 1994, pp. 7-23, en particulier p. 12.
[108] Meyer, L. B., *Emotion and meaning in music*, University of Chicago Press, Chicago, 1956.
[109] Lerdhal, F. & Jackendorff, R., *A générative theory of tonal music*, MIT Press, Cambridge, 1983.

Cette présentation algorithmique réalise en temps réel une opération de structuration des événements dont il est saisi. Il le fait à la condition d'une part de pouvoir réaliser une opération que nous appellerons « d'intégration » (représentée par "U" dans l'algorithme) qui présuppose l'existence d'une mémoire temporaire de travail, et d'autre part de disposer d'un critère de complétude qui lui permette de clore les groupements pour accéder à des objets de niveau supérieur. Le mécanisme que nous venons de décrire ne comporte pas de critères propres, mais au contraire s'adapte à tous les critères possibles. Il ne réalise donc pas une analyse « standard », mais permet de saisir la diversité des analyses possibles. Le mécanisme récursif est une commodité d'écriture et éventuellement d'implémentation : les critères évoqués précédemment n'ont a priori pas de raison d'être identiques à chaque niveau. En fait, même si on pourra donner un exemple théorique d'une telle réalisation, la réalité cognitive humaine semble nous orienter vers une spécialisation des fonctions, et cela d'autant plus que le niveau est élémentaire. Ainsi, la physiologie de notre oreille nous donne directement accès à la fréquence et au timbre de la note, sans nous encombrer de la multitude de périodes qui y contribuent. De même, nous appréhendons globalement les mots du langage sans nous arrêter à chaque syllabe. Peut-être en est-il de même pour le rapport des mots à la phrase. C'est évidemment de moins en moins vrai quand on atteint les grandes articulations du discours. Notons au passage que l'art lutte souvent frontalement contre ces évidences. C'est le cas par exemple pour la poésie, ou la valeur mélodico-timbrique des syllabes peut être parfois prépondérante sur la valeur sémantique des mots.

La notion de forme est en musique principalement construite sur les notions duales d'identité et de différence. Le prototype en est le schéma typique ABA, sorte d'archétype classique. De A à B, différence des entités, de B à A, différence, mais surtout reconnaissance de l'entité A, ce qui présuppose sa mise en mémoire et la faculté de comparaison du présent avec le passé, ou plutôt le « mémorisé ». De par la prééminence historique du type d'analyse correspondant à la notion d'équivalence (analyse motivique, analyse paradigmatique...), l'explicitation de la notion de forme vient comme le prolongement d'une logique déjà mise en place. Il convient toutefois d'en donner ici l'algorithme, écrit avec les mêmes notations que précédemment, en faisant apparaître ainsi les interactions que les deux algorithmes entretiennent l'un avec l'autre.

niveau := ? ; *(définition du niveau structurel)*
pour tous les objets[niveau ,i] : *(moteur temporel)*
si objet[niveau ,i] ne sont pas semblables aux objets présents dans la mémoire matériau : *(test de similitude)*
{écrire objet[niveau ,i] en mémoire-matériau} ; *(constitution de la mémoire matériau)*
garder une trace de la position de objet[niveau ,i] dans la mémoire-forme ; *(constitution de la mémoire forme)*

Une des conditions essentielles de la possibilité d'un test de similitude réside dans le fait que pour pouvoir être comparés, deux objets doivent appartenir au même niveau structurel. Ils doivent bien entendu aussi être disponibles aux opérations de comparaison, ce qui exige, en plus de la mémoire temporelle de travail dont nous avions parlé, la présence d'une « base de donnée ». Le test de similitude est dans la réalité un lieu principal de subjectivité. Il peut être simplifié, pour les besoins de présentation d'une analyse, en un test binaire d'identité, même si des degrés de variation doivent souvent être pris en compte.

Les commentaires précédents permettent de comprendre à quel point les notions de forme et de structure, conceptuellement parfaitement séparées, ont besoin l'une de l'autre pour pouvoir être opérantes. La structure nécessite la forme pour définir les modèles de ses objets et pour ainsi assurer la justesse de ses groupements et l'expansion successive de ses niveaux ; la forme a besoin de la structure pour rendre possible sur un niveau cohérent ses associations et pour ainsi donner un sens à la notion de similitude. Qui plus est, forme et structure ne sont certainement pas des processus cognitifs séparés, et il nous faut maintenant imaginer leur interaction.

La « mémoire » est un élément déterminant de toute cette étude, ceci non seulement du fait de la nécessité de son intervention dans les procédures précédentes, mais aussi et surtout de par cette contrainte, ou pour être plus exact cette hypothèse de contrainte, qui oriente les mécanismes cognitifs vers ce que nous appellerons une « efficacité mémorielle ». En quoi consiste cette efficacité ? Principalement dans la rétention du maximum d'information avec le minimum de moyens. Autrement dit, le meilleur mécanisme cognitif serait celui qui retient le plus en mémorisant le moins. Si l'on pousse l'image, c'est celui qui permet de restituer intégralement ce qui a été perçu en utilisant le minimum d'espace-mémoire. Nous savons d'ores et déjà qu'en réalité, notre propre intelligence opère de nécessaires compromis. Le propos est ici de comprendre ce que serait ce comportement limite, en sachant qu'il peut tout à fait servir de modèle fondamental auquel des modèles plus réalistes pourront être comparés. Il va de soi qu'un tel modèle est là pour dégager des concepts de référence, pour la plupart communs au versant analytique et au versant psychologique de notre entreprise. Il doit surtout être opérationnel pour l'analyse, en dehors de tout souci de réalisme psychologique.

La mémoire intervient dans la structuration, en tant que mémoire temporaire, tant que l'objet hypothétique n'a pas été intégré en tant qu'objet. La mémoire rétentionnelle nécessitée par la forme doit permettre la mémorisation des événements élémentaires. La forme et la structure coïncident dans le fait qu'un objet d'un niveau donné est défini par ses relations aux objets qui composent. le niveau directement inférieur. Cela signifie que le processus que nous sommes en train d'envisager ne devra mémoriser, en plus des événements élémentaires, que ces relations de niveau à niveau, et cela uniquement dans la partie du processus qui correspond à une découverte et à tous les niveaux jusqu'au niveau final de l'œuvre entière. Pour illustrer ce mécanisme, nous allons reprendre ici une analyse du dernier mouvement (*allegretto*) de la sonate K. 545 de Mozart. Le choix de cette musique est plus lié à la clarté exemplaire de son discours qu'à sa valeur esthétique ou sémantique particulière. A moins que justement, cette clarté même en fasse une sorte d'archétype du classicisme. Pour simplifier encore cet exemple — car nous voulons nous intéresser ici plus à la méthode qu'à son objet — on s'est contenté d'événements élémentaires basés sur une segmentation systématique toutes les deux mesures. Les deux premiers diagrammes de la figure 12 présentent respectivement les profils dynamiques et harmoniques. La structure a été représentée figure 12c avec les conventions de la théorie des ensembles. Les objets en pointillées ne font pas partie du front de découverte du niveau correspondant : ils ne nécessitent pas d'être mémorisés à nouveau en tant que matériau. Les parties noires représentent donc le matériau et les liens absolument nécessaires à une représentation intégrale du mouvement. Les zones grisées peuvent par contre donner lieu à une anticipation, c'est-à-dire justifier d'un mécanisme cognitif tout à fait différent qui permet de prévoir la suite dès que le début a été reconnu. La figure 12d tente de rendre compte de ces différences.

LES METAMORPHOSES D'ORPHEE

Fig. 12 : Allegretto de la sonate K. 545. de W. A. Mozart.

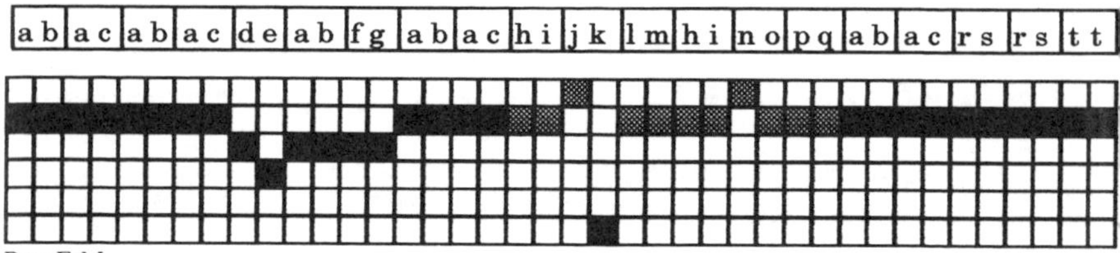

Fig. 12a : Parcours tonal suivant le cycle des quintes
En noir, les tonalités majeures
En gris les tonalités mineures

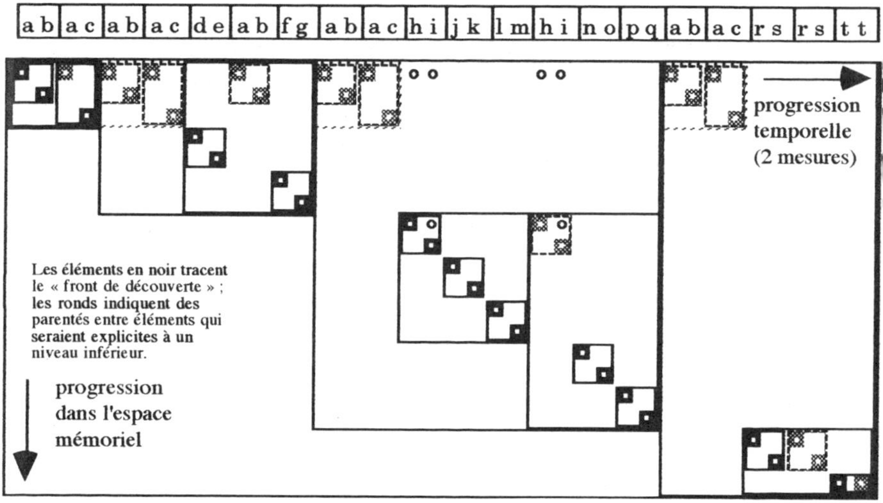

Fig. 12b : représentation formelle et structurelle d'après la théorie des ensembles.

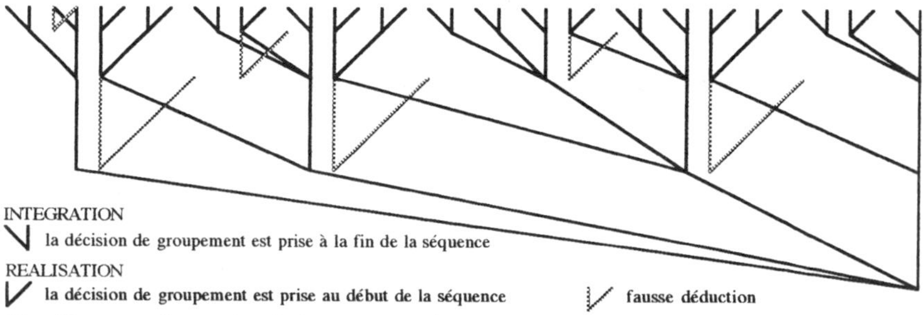

Fig. 12c : représentation de la structure donnant un sens temporel aux groupements

Fig. 13 : Analyse de l'Allegretto de la sonate K. 545. de W. A. Mozart.

En donnant un sens à la situation temporelle des nœuds de groupement, la figure 12d renouvelle assez radicalement la représentation commune de la structuration musicale. En fait il faut encore distinguer deux cas : celui où la prévision s'avère fondée et celui où elle est démentie par une suite différente (ce que le schéma suggère en grisé sous la forme d'une « fausse déduction »). Dans le processus de réception de l'information l'esprit est engagé dans des phases assez différentes dont le mode de succession n'est sans doute pas indifférent dans la production d'un sens esthétique ou d'une émotion. On pense tout naturellement, au vu de la discussion précédente, au modèle d'implication-réalisation de L. B. Meyer[110]. Il faut cependant introduire un certain nombre de nuances. D'abord, le système considéré n'est pas le même : dans l'exemple abordé ici, il s'agit d'une pièce considérée comme un tout autonome pour une analyse de type interne, chez Meyer, le système intègre l'ensemble de la sphère culturelle. D'autre part, l'analyse repose sur un niveau informationnel autonome, alors que Meyer fait clairement allusion à des normes esthétiques et culturelles. Néanmoins, la réflexion de Meyer nous rappelle que le monde psychique ne commence pas au début d'une œuvre musicale, et que dans une représentation plus exhaustive, ces connaissances préalables doivent être prises en compte.

Nous pouvons désormais proposer une représentation générale qui, sous la forme d'un algorithme fonctionnel, soit capable de réaliser l'ensemble des opérations que nous venons de décrire. Cet algorithme permet de traiter comme un tout, et ceci en temps réel, les notions de forme et de structure. La simplicité apparente de ce schéma ne doit pas nous leurrer sur la complexité des réalités qu'il recouvre. On peut bien entendu le prendre au pied de la lettre et considérer qu'aucune mémorisation préalable n'est à prendre ne compte, que la similarité peut se réduire à l'identité pure et simple et que la complétude est décidée à un niveau donné dès qu'un retour à un objet déjà connu est constaté au niveau inférieur. Ces règles extrêmement sommaires peuvent être suffisantes dans certains cas, et même servir de point de

[110] L. B. Meyer, *Emotion and meaning in music*, op. cit.

départ analytique, comme nous l'avons fait dans l'exemple de l'*Allegretto* de Mozart. Dans le contexte plus réaliste de l'audition, la « similarité avec des objets antérieurs » et l'« achèvement » sont certainement le résultat de processus et de décisions cognitifs complexes, mettant en jeu, en particulier du fait de l'immensité des connaissances préalables potentielles chez certains individus, des « bases de données » considérables, accessibles quasi instantanément. Le graphisme de la représentation, emprunté aux conventions de l'intelligence artificielle, ne préjuge en rien de la nécessité de réseaux neuraux complexes pour modéliser vraisemblablement certaines fonctions. Il ne faut pas oublier de toute manière que tout cela n'est que la représentation d'une réalité plongée dans le temps, et que la performance du traitement du flux des événements peut être un facteur limitatif considérable, sans compter que de toute évidence, jamais l'audition, et heureusement, ne se livrera à un tel systématisme.

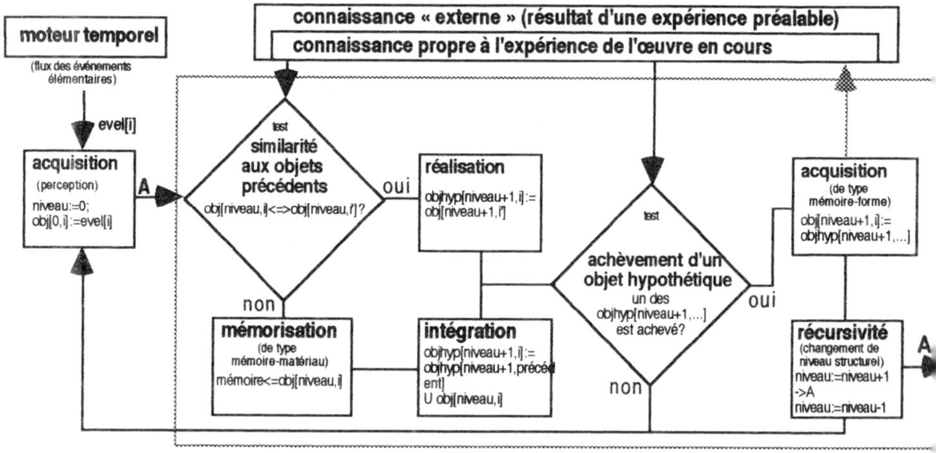

Fig. 14 : Représentation cognitive globale.

Au delà du langage : quelques réflexions sur les implications esthétiques et sémantiques de la représentation cognitive

Le schéma précédent est réducteur. C'est sa faiblesse, mais c'est aussi sa force. C'est ce qui fait ses limites, mais c'est aussi ce qui fait son efficacité. Quel que soit son degré de réalisme, il a le mérite de permettre une caractérisation des comportements liés à la prise en charge d'un flux d'information. Il est utile de rappeler ici la généralité, au delà des considérations purement musicales, de la représentation cognitive. Ce qui nous intéresse désormais, c'est la potentialité sémantique de cet outil à tout appréhender que nous venons de nous donner. La liaison signifiant-signifié, qui est l'exemple même d'un lien externe incontournable, a peut-être masqué la possibilité d'un sens — ou d'une émotion — plus directement mimétique des conduites fondamentales de la temporalité. Nous allons nous intéresser dans les chapitres qui suivent aux phases primaires et secondaires de la constitution d'une conscience du temps vécu, en montrant qu'un événement pris dans un flux temporel acquiert un statut conscient particulier de ce contexte.

Le schéma précédent propose à chaque événement un parcours particulier au sein du mécanisme cognitif. Suivant sa nature et sa position dans l'ordre d'apparition temporel, cet événement va donner lieu à différentes opérations cognitives, résultant principalement des résultats aux deux tests principaux : le test de similitude qui permet de décider si l'élément est reconnaissable en attribuant un lien de type formel-paradigmatique avec un événement précédent, et le test d'achèvement qui doit déterminer si l'événement permet de conclure de manière déterminante un objet laissé à l'état hypothétique[111], donnant lieu à un lien de groupement de type

[111] Il faut noter que cet élément qui autorise la finalisation d'un groupe n'est pas pour autant tenu de lui appartenir, sans compter la possibilité fréquente

structurel. Notons que ces tests retrouvent les deux principales fonctionnalités cérébrales : la fonction associative et analogique d'une part, et la fonction décisionnelle et logique de l'autre. Cela donne quatre possibilités majeures, qui peuvent être démultipliées par autant de niveaux que la récursivité l'exige dans le cas où il y a achèvement (phases 2 et 4).

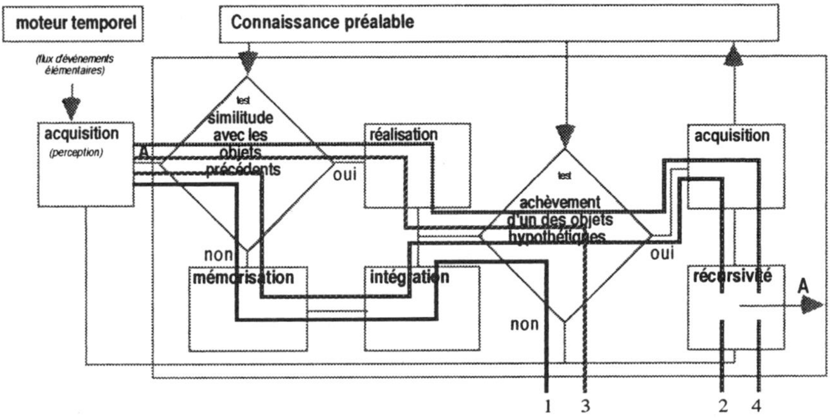

Phases primaires du processus cognitif :

1 :	**pas de similitude** **pas d'achèvement**	mémorisation/intégration	*attendre l'inconnu*
2 :	**pas de similitude** **achèvement**	mémorisation/intégration acquisition/récursivité	*attendre l'inconnu*
3 :	**similitude** **pas d'achèvements**	réalisation	*attendre le connu*
4 :	**similitude** **achèvement**	réalisation acquisition/récursivité	*attendre l'inconnu*

Fig. 15 : Description des principales phases primaires correspondant au trajet cognitif d'un événement.

En combinant deux à deux les phases primaires successives (même niveau structurel) on obtient le tableau suivant :

---

pour un événement de servir d'articulation entre deux objets et donc d'être de manière ambigüe à la fois fin et commencement.

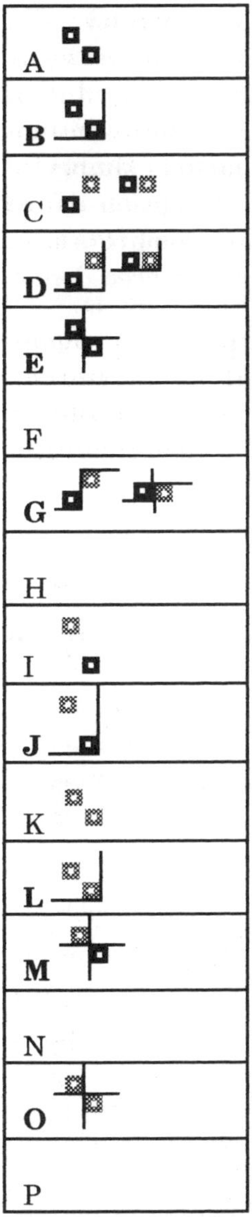

A	1	1	découverte continue
B	1	2	achèvement d'une découverte - fin d'un objet inconnu
C	1	3	début inconnu - suite connue (non identique - identique)
D	1	4	achèvement d'un objet nouveau par une fin connue
E	2	1	fin d'un objet nouveau - passage à un nouvel élément
F	2	2	court circuit entre les niveaux
G	2	3	fin d'un objet nouveau et retour à un objet connu
H	2	4	court circuit entre les niveaux
I	3	1	Fausse déduction - surprise suspensive
J	3	2	Fausse déduction - surprise conclusive
K	3	3	Bonne déduction - réalisation en cours
L	3	4	Bonne déduction
M	4	1	fin d'un objet connu et passage à un nouvel élément
N	4	2	court circuit entre les niveaux
O	4	3	fin d'un objet connu et passage à un élément connu
P	4	4	court circuit entre les niveaux

Fig. 16 : Tableau des correspondances entre diagrammes formels et phases cognitives dans la suite de deux phases primaires (phases secondaires).

On imagine assez aisément le caractère exponentiel de la combinatoire engendrée par les quatre phases primaires. Le caractère en apparence extrêmement réducteur de la représentation cognitive retrouve le chemin de ce réductionnisme « ouvert » dont la diversité des conséquences dépasse la simplicité de l'énoncé et des hypothèses. Sans avoir la prétention d'être exhaustif, il convient cependant de faire quelques remarques au sujet des phases cognitives décrites dans les tableaux précédents.

Sur les quatre phases primaires que nous avons envisagées, deux impliquent un changement de niveau de structure : ce sont celles que nous avons numérotées 2 et 4. Au niveau des phases secondaires, on retrouve l'incidence de cette particularité sur deux points : chaque fois qu'intervient une phase primaire paire, il y a changement possible de niveau de structure (lettres en caractères gras du tableau de la figure 16) ; la succession de deux phases primaires paires pose problème au niveau de la représentation structurelle (c'est ce que nous avons appelé « court-circuit entre les niveaux »). On peut également remarquer que si toutes les phases primaires engagent une hypothèse prospective sur l'événement suivant, seule la phase 3 permet l'attente d'un événement connu, c'est-à-dire une phase de « réalisation ».

Il reste à mettre à l'épreuve tous ces éléments théoriques sur un exemple concret, et nous reprendrons pour ce faire l'*Allegretto* de la sonate « facile » de Mozart, toujours dans sa simplification à une chaîne sémiotique segmentée par fragments de deux mesures. Le passage de la partition au diagramme formel, puis au compte rendu en terme de phases cognitives dépend uniquement des réponses que l'on donne aux deux tests principaux de similarité et de clôture. S'il doit y avoir une subjectivité ou une ambiguïté, c'est seulement à ce niveau qu'elle peut apparaître. On peut par exemple relever dans l'*Allegretto*, le cas des mesures 29-30 et 31-32 (h et j dans la nomenclature des fragments) qui ne sont somme toute qu'une inversion de registre en écho l'un de l'autre et qui pouvaient tout aussi bien être considérés comme similaires. A l'inverse, la seconde occurrence de a est variée dans sa partie finale et a été ici considérée comme identique. A vrai dire, ces problèmes viennent en grande partie de la simplification de la partition à une segmentation toutes les deux mesures qui, même si elle est assez spontanée ici, et commode d'un point de vue "pédagogique", reste un lit de Procuste. Il est clair que si nous étions partis d'un niveau inférieur, la première partie du segment h s'apparentait à celle du segment a, etc... Ceci nous indique que la similarité et la variation peuvent trouver un début de conceptualisation dans la comparaison des éléments de matériau et des modèles formels qui définissent l'objet à un niveau de structure donné par rapport aux niveaux inférieurs.

On a rassemblé figure 17 la représentation structurelle (dans sa version temporelle), la chaîne sémiotique, et la traduction en terme de phases cognitives. Cette dernière traduction semble donner une « valeur » particulière aux embranchements de la structure.

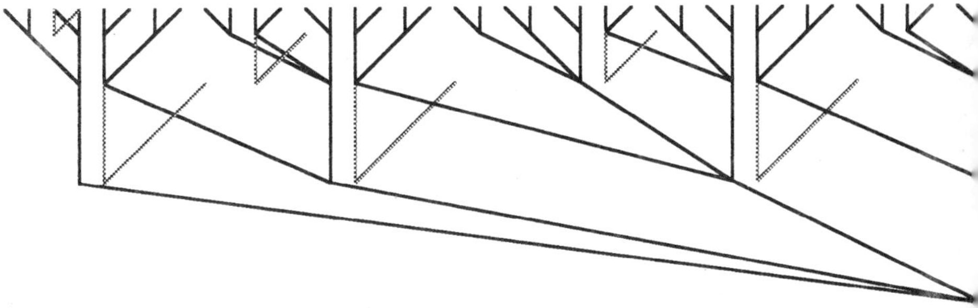

a b	a c	a b	a c	d e	a b	f g	a b	a c	h i	j k	l m	h i	n o	p q	a b	a c	r s	r s	t t

1 2	3 2	3 4	3 4	1 2	3 4	1 2	3 4	3 4	1 2	1 2	1 2	3 4	1 2	1 2	3 4	3 4	1 2	3 4	1 4
1	2	3	4	1	3	2	3	4	1	1	2	3	1	2	3	4	1	3	2
	1	3				2	3				1			2	3				2
						1								1					2
																			1

Fig. 17 : Le dernier mouvement de la sonate « facile » de W. A. Mozart, explicité en terme de phases cognitives.

Même si toutes ces représentations semblent être les traductions les unes des autres, elles ne recouvrent pas tout à fait les mêmes informations. On a perdu, dans la représentation structurelle comme dans la représentation en terme de phases cognitives, la précision du diagramme formel quant à la caractérisation de la présence de tel ou tel élément. Mais on a pour la première fois une analyse en terme de mécanisme d'appréhension induit par une approche cognitive. Autrement dit, même si formellement rien de plus n'est acquis, on ne travaille plus au niveau objectif de la partition ou du signal acoustique, mais au niveau des fonctionnalités cognitives induites par la partition pendant l'écoute. Malgré toutes les limites, que nous avons abondamment commentées, la direction de recherche qui est pointée ici se situe sur un niveau radicalement différent de tout ce qui a pu être fait jusqu'à présent en terme d'analyse musicale. Le saut quantitatif est misérable, les outils sans doute encore bien imparfaits, mais le saut qualitatif est énorme.

Que constate t-on sur l'exemple de l'*Allegreto* ? Qu'avons-nous appris, en fin de compte, de tout cet effort méthodologique ? En premier lieu que les quatre phases cognitives sont utilisées, et, à de très rares exceptions près dans l'ordre 1 2 3 4, ceci à tous les niveaux structurels de la partition. Cela ne fait que calquer la constatation immédiate que l'on avait pu faire concernant l'omniprésence du modèle formel du rondeau dans ce mouvement, la formule A B A C mettant à profit dans cet ordre les quatre grandes possibilités cognitives que nous avons dégagées. D'autre part, la structure binaire met en avant l'alternance des phases « impaires » (inachèvement) avec les phases « paires » (achèvement), ce qui signifie qu'une ligne sur deux du tableau précédent est sollicitée (caractères gras) ainsi que l'alternance des périodes de découverte (12) avec les périodes de restauration mémorielle (34).

Il ne faut sans doute pas trop s'étonner de trouver de telles caractéristiques dans ce qui représente un prototype d'œuvre « classique ». L'équilibre qui est en jeu se lit clairement dans celui des fonctions de la pensée qui sont sollicitées. Peu importe après tout si nous suivons à la lettre (il vaudrait mieux dire à la note) tout ce cheminement. Il en reste ce sentiment d'évidence, de balancement naturel, d'horlogerie musicale parfaitement réglée, de conformité absolue avec les attentes de notre sensibilité. C'est le grand mérite et la limite de l'art classique. Il joue de connivence, avec un brin d'amusement, avec sa propre faconde. Il ne remet rien en cause de ce territoire d'ameublement.

Les recherches précédentes permettent de mieux comprendre la nature des fonctions de la pensée en jeu dans l'acte de perception esthétique. A travers l'élucidation temporelle de la distinction entre forme et structure, nous venons de développer une représentation opératoire des processus intellectuels de compréhension du monde sensible dont il convient de bien saisir la portée. En effet, on peut se demander si la dichotomie des opérations à laquelle nous arrivons n'est pas simplement un artefact lié à la dichotomie initiale. Ce serait méconnaître ce qui est vraiment le point névralgique de l'interrogation que nous menons et qui relève d'une optimisation des processus mnésiques. C'est de la réponse à cette question unique que naît la nécessité des deux mécanismes fondamentaux : d'une part la capacité d'associer, d'assimiler et de restituer, de l'autre celle de totaliser, de globaliser. On ne peut pas ne pas penser à de vieilles antinomies : analyse/synthèse ou analogique/logique. Quelque évidentes que soient les similitudes, il n'est pas question de suggérer que toutes ces notions se recouvrent parfaitement. Par contre il convient de souligner que les deux noyaux opératoires qui rendent tout ceci possible sont d'une part la capacité d'établir des équivalences ou des différences, d'autre part, et c'est peut être ce qui est le moins évident, la capacité de clôturer, de déterminer une fin. On peut retrouver dans les œuvres, quelle que soit par ailleurs leur nature, ces deux nécessités cognitives, avec d'une part l'importance des phénomènes de répétition et l'établissement des identités caractéristiques, et d'autre part l'importance des ponctuations, des cadences, qui désignent les groupements. Au delà, il faut avoir conscience que l'ambiguïté — la variation, l'équivoque, le trouble — n'est somme toute qu'un jeu de plus avec ces points de repères et ne fait peut-être qu'en renforcer la nécessité et l'acuité. La représentation précédente ne met pas toutefois ces deux grandes catégories sur le même plan, et elle établit d'un point de vue théorique la primeur de la reconnaissance sur la structuration, de l'analogique sur le logique. On peut connaître sans comprendre, mais comment comprendre ce que l'on ne connaît pas ? Cette question est vrai également dans l'explicitation des liens externes, ceux qui relient l'œuvre et ses parties à tout un contexte sémantique, socio-historique ou émotionnel. La transitivité de la similitude n'est qu'une étape vers cette analogie créatrice, cette faculté d'agglomération, ces « hétérogénéités estompées » qu'évoquait Bachelard[112].

Il restera bien entendu aux psychologues à rapprocher le modèle avec les principes généraux de la psychologie et avec les résultats des études comportementalistes. Il faut, d'un point de vue épistémologique, souligner que nous avons construit une théorie de l'objet sans introduire aucune hypothèse d'ordre psychologique ou neurologique. Ce n'est que dans un second temps, à notre sens, qu'on peut tenter de se donner une représentation du *système cognitif* réel de la psyché. Le problème fondamental qui se pose actuellement aux expérimentalistes, c'est le manque d'accès aux comportements perceptifs réels. La quantité d'information qui résulte par exemple d'une expérience de segmentation spontanée[113] est sans commune mesure avec la quantité d'information en jeu dans l'écoute musicale. Dès lors, la construction d'un modèle de l'écoute réelle relève encore pour beaucoup de la spéculation.

Le fait d'avoir pris l'exemple de Mozart ne dédouane pas l'analyste de mettre à l'épreuve la méthode précédente sur un répertoire très différent. Nous nous y sommes largement employé et nous n'y reviendrons pas ici. Le fait de disposer d'une méthode cohérente, indépendante des présupposés esthétiques, est du plus grand secours dès lors qu'il s'agit de comparer les œuvres et de mettre à jour le sens de l'évolution historique de l'écriture

---

[112] cf citation p. 31.

[113] comme celles remarquablement menées par Michel Imberty (op. cit.) ou Irène Deliège (Irène Deliège, *L'organisation psychologique de l'écoute de la musique*. Thèse de doctorat, Université de Liège, Liège, 1990).

musicale. C'est d'autant plus vrai que l'on s'approche de la musique du vingtième siècle, pour laquelle la plupart des méthodes d'analyse restent particulièrement désemparées. La musique contemporaine pose aux notions que nous venons d'évoquer, et à l'écoute, un nombre considérable de questions. Qu'est ce que l'informel, dans ce que nous connaissons de l'œuvre ouverte ? S'agit-il simplement d'une structure sans forme ? Comment comprendre la musique répétitive, la musique spectrale avec ses lentes évolutions qui nous ramènent à l'état primordial du son ? Faut-il parler de forme sans structure ? On conçoit qu'avec ces interrogations, c'est la nature même de la temporalité qui est sondée. Mais si chacune de ces tentatives amène le possible à l'extrême limite où il puisse se formuler, fait-il autre chose que d'illustrer la flexibilité des notions qui le rendent possible ? D'autre part, le fait d'envisager la partition comme une suggestion cognitive n'est pas sans implications, à la fois pour la composition et pour l'esthétique. Le formalisme des paragraphes précédents ne doit pas masquer cette nouvelle dimension apportée à la pensée musicale, dimension par trop oubliée dans les formulations pratiques et théoriques des compositeurs. L'acte de composer n'est pas cantonné à son objet comme produit pur d'une poïésis : c'est le résultat d'une poïésis orientée vers une esthésis. Autrement dit, tout l'effort intellectuel que nous venons de déployer a un sens très simple et répond à un projet très précis qui consiste à rendre à l'expression musicale un degré minimal de connivence entre celui qui la propose et celui qui en jouit. Il ne s'agit là en rien d'un acte d'allégeance au désir d'un public qui en exprime de moins en moins. Il s'agit de rendre à la conscience le rôle essentiel qui est le sien dans le parcours de la pensée musicale. D'un jeu avec les limites du possible, il faut passer à un jeu sans limite avec le possible.

L'« être-temps »

Que la facture des œuvres soit là pour nous complaire, pour nous séduire ou pour nous étonner, ne devrait pas nous dérouter.

La musique est aujourd'hui un des arts les plus conçus qui soit, un de ceux pour lesquels la facture semble être devenu un déterminant en soi. C'est le syndrome de la « composition dodécaphonique » que nous évoquions dans l'introduction de ce livre[114]. Redire ici que la facture et sa vocation ne font qu'un, c'est insister une fois de plus sur le refus propre à l'artiste de séparer sa raison matérielle de sa raison spirituelle. Pour le musicien, cette question est d'autant plus criante que la nature évanescente de son art lui confère plus qu'à tout autre le caractère éphémère du vivant. L'« être-temps », c'est, pour notre existence, le refus de cette séparation dramatique entre un « être » qui pourrait bien ne désigner qu'un fantasme de notre esprit et un « temps » qui serait celui de toutes les avanies. Cette condensation est une idée en soi. Les réflexions qui suivent sont cependant avant tout celles d'un compositeur[115].

Les considérations générales sur le temps et sur la perception qui viennent d'être exposées ne prennent leur place dans la réflexion créatrice, qu'après coup. Pourtant, il ne s'agit jamais de « mettre en scène » une théorie dans des « applications » de l'ordre des travaux pratiques. Il s'agit au contraire de donner à entendre ce qui a rendu cette théorie nécessaire, dans un contexte singulier, et en fonction de problèmes dont la nature poétique fondamentale n'aura pas à être occultée.

La première pièce qui témoignera de ce dialogue est une suite de deux chorals pour orgue, écrits entre 1991 et 1992, *Christ lag in todesbanden* et *Christ ist erstanden*. Il y a toujours, quand

---

[114] cf. supra p. 9, et T. W. Adorno, *Théorie Esthétique*, op. cit. p. 202.

[115] Il ne s'agit pas de « tout mélanger », bien au contraire. Mais il faut aussi être lucide : le questionnement que l'on porte sur le monde résulte d'une manière de voir qui n'a parfois rien de « scientifique ». Le témoignage personnel qui est donné ici illustre avant tout l'idée que l'homme est un être « global », et que ce serait une erreur de vouloir le réduire et l'enfermer dans un seul aspect de sa personnalité. Le seul problème qui peut se poser au lecteur, c'est éventuellement la difficulté d'accès des partitions qui sont citées ici, et la rareté des exécutions en concert ou des diffusions radiophoniques. Il s'agit là d'une limitation sur laquelle l'auteur lui-même n'a que peu de prise.

un compositeur aborde un instrument qu'il pratique lui-même, une connivence plus étroite avec ses caractéristiques les plus intimes, une faculté plus grande de se laisser séduire par la surface sonore, par l'« à peine audible », et aussi peut-être de laisser fuser ce cri enfui dans les entrailles. L'« être-temps », dans une écriture instrumentale, c'est d'abord un « être-son ». Dans le cas de l'orgue, la production du son semble à première vue la moins problématique qui soit : l'orgue est un instrument à clavier, et même si aucun autre instrument n'a une aussi longue chaîne entre le mouvement qui en décide et la production acoustique, tout le jeu instrumental semble se limiter à un enfoncement et un relâchement rigoureux des touches, ce que l'électrification des consoles a sans doute voulu entériner de manière quasi définitive. Les organistes savent cependant que les orgues qui ont conservé la traction mécanique bénéficient d'un contact beaucoup plus sensible avec l'émission du son. C'est d'autant plus important dans les répertoires anciens, plus riches en ornements. La surenchère romantique avait il est vrai amené l'instrument à une certaine démesure. Cette grande machine à son, étrangement moderne et archaïque à la fois, y apparaît sous un jour somme toute assez peu anthropomorphe. Il y a bien quelques registres qui font référence à la voix, « voix céleste », « voix humaine », pour ne citer que les plus connus. On parle souvent aussi, pour désigner la soufflerie, les porte-vent, et les réservoirs d'air, des « poumons » de l'instrument. Cet aspect respiratoire, plutôt perçu comme un défaut de facture, n'est pas souvent mis en évidence dans l'écriture. Il faut dire qu'il n'intervient quasiment pas dans la réalisation d'une note tenue, et tout semble être fait pour masquer les impuretés et donner l'illusion d'une continuité parfaite. C'est plus couramment dans l'attaque que se manifeste encore un peu cet aspect, avec le souffle initial qui précède la mise en vibration du tuyau et la légère percussion de l'air sous pression soudain libéré.

Le début de la partition de *Christ lag in todesbanden* est à cet égard tout à fait caractéristique d'une antinomie radicale avec l'usage « normal » de l'instrument. Dès qu'on déborde les capacités de codification que cet usage établit, la notation prend rapidement l'apparence d'une très vague approximation, donnant de l'effet mis en œuvre une image assez dérisoire.

Le système de signes qui régit le langage musical occidental est particulièrement adapté à l'écriture du clavier. Pourtant il se révèle incapable de noter le passage qui nous intéresse ici. La notation adoptée décrit d'une part le geste instrumental : « faire varier la pression des doigts sur les touches » et d'autre part le résultat sonore : « un son mouvant et ininterrompu », en précisant le point de vue de l'instrument lui-même : « (les tuyaux *s'apprêtent* à sonner) ». Le fondement même du code musical, c'est-à-dire l'exacte équivalence entre le signe, le geste de l'instrumentiste, et le résultat sonore, se trouve du coup soumis à une décomposition radicale.

Ce qui prend ici la parole, c'est cette chaîne infiniment délicate et subtile qui passe par les nerfs et les muscles du corps et de la main, par ce contact quasi divinatoire avec la matière fine et parfois chargée d'histoire des touches, pour se transmettre par les forces et les tensions de la mécanique de l'instrument à la réticence des soupapes qui vont céder à peine, comme par défaut, et libérer un souffle insuffisant, impropre à l'ébranlement de l'espace des tuyaux, à cette cassure sur les biseaux dont la pureté ordinaire du son ne laisse guère soupçonner la turbulence. Vacuité du signe, mais aussi vacuité révélée à la conscience de cet espace intime de l'instrument, de cet espace vide de vie que la musique va combler. Un bruissement feutré envahit le réseau de bois et de métal, tout cet organisme de matière, conçu pour être absolument imperceptible, devient extraordinairement présent, et cet espace vide se révèle le lieu d'un passage essentiel, le lieu d'un souffle profond, d'une vibration sensible en totale symbiose. Ce qui ne devait être qu'un instant s'éternise.

Avant lui et après lui, le silence, si l'on veut, de l'être pur. Dans ce bruissement, je veux voir la parfaite métaphore de l'« être-temps ».

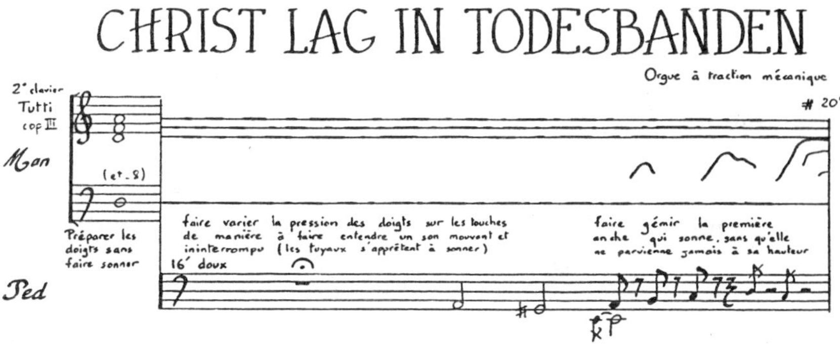

Fig. 18 : Le début de la partition de Christ lag in todesbanden.

Tous les jeux de l'orgue ne réagissent pas de la même manière à une sollicitation de cette nature. Il faut en effet séparer les jeux à biseau et les jeux d'anche. Ces derniers ont la particularité de dépendre pour leur mise en vibration à la fois de la pression de l'air, de la longueur de l'anche, de la forme de l'évent... Autrement dit, ils peuvent produire des sons à hauteur variable, directement liée à la pression des doigts sur les touches. Ces sons ont un caractère très impressionnant, d'abord parce qu'ils sont assez inattendus sur un instrument habitué à faire entendre des sons tenus parfaitement « propres », mais surtout parce qu'ils relèvent d'une agogique tout à fait particulière qui lie l'intensité à la hauteur, d'une manière semblable à ces cris qu'émettent les êtres vivants aux moments d'émotion les plus forts de leur existence, émotion dont on ne saurait pas séparer la part de douleur ou de plaisir, et qui est peut-être l'essence même de l'émotion musicale.

Cet exemple de *mimesis* retrouve les traces d'un geste primitif, antérieur à toute constitution de l'art en catégories. « La mimesis en art », écrit Adorno[116], « c'est le pré-spirituel, le contraire de l'esprit et en retour, ce à partir de quoi il s'illumine. Dans les œuvres d'art, l'esprit est devenu principe de construction, mais il ne suffit à sa finalité que lorsqu'il s'élève à partir de ce qui attend d'être construit, à partir des impulsions mimétiques, que lorsqu'il

[116] T. W. Adorno, *Théorie esthétique*, Kincksiek, Paris, 1995, p. 170.

s'intègre à elles au lieu de s'imposer de façon autoritaire. » Entre le souffle et le cri, la mélodie au « seize pieds » du pédalier se perd à la fois dans la distance des registres et dans l'inanité de sa référence au choral. Elle ne peut que se disloquer, et les relations diatoniques qu'elle révèle sont de l'ordre du contre-sens. La finesse du toucher ayant été énoncée, tous les staccatos qui, dans le reste de la partition, décomposent le choral en transposant son langage harmonique dans une pure percussion de timbres sont comme des coups de sonde pour une autre dimension de l'instrument. Là encore, le son tenu que l'on attend de l'instrument n'est pas énoncé, et la brièveté des accords accentue la présence de l'orgue dans l'espace en démultipliant son image sonore. La réverbération donne à entendre ce contrepoint naturel où le son qui vient après le son passe au premier plan du fait de la rupture extrêmement violente du geste instrumental.

Ce jeu entre la continuité d'une présence, d'un souffle, et le surgissement d'un geste, d'un cri, – entre la caresse et le nerf – traverse la partition à différents niveaux de réalisation. Par exemple, peu après le début, l'idée de souffle est reprise par des clusters sur des jeux très particuliers du troisième clavier (*camusado* 8' + *onda marina* 8'), la progression du choral étant toujours présente au pédalier, et des ponctuations aux rythmes brisés venant déchirer la texture. Cette distanciation d'avec l'effet primal ne change rien au sens profond de l'opposition fondamentale entre une verticalité crispée dans l'instant et une horizontalité perdue dans le décalage de ses espaces, une opposition qui trace en quelque sorte des croix dans l'espace et dans le temps.

Fig. 19 : Christ lag in Todesbanden. *Mesure 7.*

Christ lag in todesbanden - Christ ist erstanden.

« Le Christ gît dans les liens de la mort - le Christ est ressuscité. » Le titre de ces deux chorals est explicite de leur place dans la liturgie pascale. Le néant de la mort est d'emblée présenté comme une entrave à la liberté de l'être, la résurrection comme une libération. Sans entrer dans une digression théologique hors de propos, il faut quand même souligner les deux inversions qu'opère la figure du Christ dans la pensée occidentale. La première inversion, c'est celle des valeurs du divin et de l'humain. Le Christ est en effet « la divinité faite chair » et « il rappelle la chair à son essence divine ». La seconde inversion est plus proprement temporelle : l'ordre naturel de la vie à la mort, ce drame du sens univoque et irréversible de l'avant et de l'après, largement illustré par la passion et par la mise en croix, se renverse avec la résurrection. Le Christ devient le symbole du passage de la mort à la vie. C'est ainsi qu'il apparaît à la fois comme médiateur de l'existence et de l'essence, et comme négateur du temps.

Mais l'équivalence qui s'établit entre la mort et la chair, entre la vie et l'esprit, est loin d'être anodine. Ce renversement comporte ses perversions et il ne recouvre certainement pas ce que nous entendons par « être-temps ». Nous aurons l'occasion de revenir sur la valeur mythique de ce « passage par la mort », qui n'est quasiment pas décrit par les évangiles, contrairement à l'importance que lui donnent les autres traditions antiques, et en particulier la tradition grecque du mythe d'Orphée.

Le souffle et le cri que semblent vouloir évoquer le début du premier choral appartiennent à l'être vivant, tout en rappelant la vie à sa dualité mortelle. La mort c'est rendre le souffle, rendre l'âme, « remettre l'esprit ». C'est aussi ce dernier cri « tout est achevé », le fameux « es ist vollbracht! » des passions. Cette image de la mort est prise au sens d'un événement, d'une « fin de vie ». Dans *Christ lag in todesbanden*, ce qui est évoqué, c'est quelque chose qui dépasse la narration du drame. Le texte de présentation de la pièce le dit en des termes très anachroniques : il parle de « la lutte moléculaire du Christ contre la mort ». L'atomisation du choral qui est à l'origine du matériau sonore donne en effet l'image d'un combat substantiel des notes, des intervalles – ce lien infime entre les notes – pour dépasser le « traumatisme final » originel. La partition, dans les liens sensibles qu'elle établit, évoque toute entière cette résistance à l'anéantissement. Au delà du mystère chrétien, c'est le mystère même de la substanciation qui affleure, les ressources artistiques n'étant en fin de compte qu'une métaphore des ressources fondamentales de la vie, mais ici de la vie organique, fondamentalement vivante dans les connivences innombrables de la chair et de la matière avec le sens du monde.

En choisissant de donner comme pendant à *Christ lag in Todesbanden* le choral dual *Christ ist erstanden*, ce n'est pas une simple opposition binaire entre la mort et la vie qui est évoquée. Une telle conception du diptyque ferait une part trop belle à la spatialité du dualisme. Dans ces deux états décrits par la tradition des évangiles, pris comme figurations exemplaires, la vie et la mort jouent un rôle déterminant et tout à fait différent pour la dynamique de la pensée. *Christ lag in Todesbanden* montre la tension entre un musellement du moi-matière et la volonté de l'expression-esprit comme issue. Cette tension ne se résout pas, et donne lieu à un éclatement perpétuel, une dispersion à l'infini. Dans *Christ ist erstanden*, le rapport vie/mort n'est plus vécu comme conflit, mais comme génération : c'est l'acceptation d'un passage transitionnel entre matière et esprit qui fonde la cohérence de l'être, et non sa peur du néant. La mort, en musique, connaît deux acceptions principales : la première passe par la répétition obstinée du même, la seconde par l'illusion de la totalité de l'espace. L'image du premier sens est donnée par le balancement régulier du pendule des horloges. Quant au second, la saturation chromatique ou spectrale des musiques d'aujourd'hui, du rock à la musique savante, en est peut-être le plus symptomatique exemple. Mort du désert de l'ennui ou mort de l'excès d'abondance, ce sont aussi des métaphores pour désigner le péril que court toute œuvre musicale.

La partition de *Christ ist Erstanden* prend la mesure du risque par une sorte de mise en abîme de ces deux frontières que sont, pour la pensée musicale, la duplication sur l'axe du temps, condition aussi bien du son que de la vie, et l'exaltation des potentialités de l'espace, dans la profusion de l'ambitus et des registres. A peine une douzaine d'intervalles et sept ou huit accords pour réveiller le jeu éternel du contrepoint et de l'harmonie... La musique de cette pièce est répétitive et sérielle, mais n'est à bien y écouter ni répétitive, ni sérielle. Il fallait sans doute se libérer de ces deux penchants, de ces deux figures de la mort, ressusciter en les transcendant leurs potentialités respectives.

Il fallait, pour donner consistance à un tel contenu, une figure formelle exemplaire et quelque peu hors du commun. « Incontestablement », écrit Adorno, « la substance de tous les éléments de logicité ou, plus encore, la cohérence des œuvres d'art est ce qui peut s'appeler leur forme. [...] La difficulté à la déterminer est liée au fait que toute forme esthétique est inséparable du contenu. [...] Ce qui, dans les œuvres d'art, peut à juste titre être nommé forme réalise tout autant les exigences de ce sur quoi s'exerce l'activité subjective qu'il est produit par cette activité »[117]. Il n'est donc pas question ici de savoir si c'est le sens lui-même, tel que nous avons tenté de l'éclaircir, qui a rendu nécessaire le modèle formel que nous allons décrire au sein de cette musique, ou si la recherche commune de ce sens et de la forme qui lui correspondait a rendu cette rencontre évidente. Le tout début de la partition de *Christ ist erstanden* mêle une utilisation note pour note de ce modèle et la citation du choral au pédalier.

a b a b c b a b c d c b c b a b c d c d e d c b c d c b c b a b c d c d e d c d e f e d e d c b c d c d e d c b c d c b c b a

Fig. 20 : Modèle formel utilisé dans Christ ist erstanden.

[117] T. W. Adorno, *Théorie Esthétique*, op. cit. pp. 199-201.

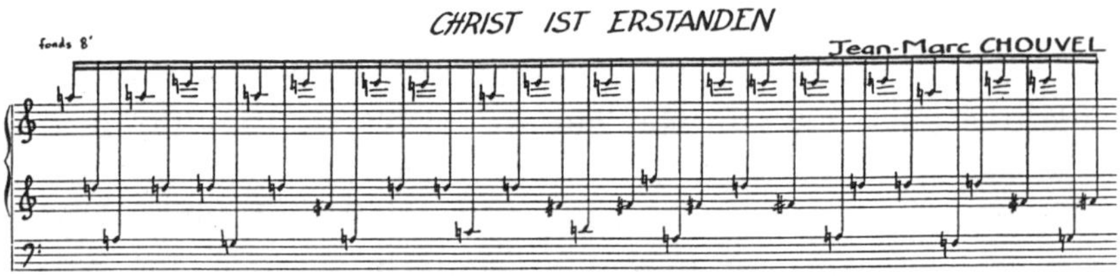

Fig. 21 : Début de la partition de Christ ist erstanden.

Le modèle précédent régit la quasi intégralité du déroulement des différentes composantes de la partition. Il est redonné sous deux autres interprétations : la première avec des accords de trois sons simultanés, la seconde avec des intervalles de deux notes successives.

*Fig. 22 : Interprétation du même modèle avec des accords de trois sons et des intervalles sérialisés. [*Christ ist erstanden *:page 3, 1° système — page 5, 3° système]*

De ces trois types de matériau découlent trois types de trames qui conservent ainsi à travers leur différence de texture une très grande homogénéité de comportement. Le modèle initial est conçu pour maximiser la diversité à partir d'un matériau minimal. Son principe est issu d'une figure énonçant l'ensemble de la combinatoire des éléments (6 pour notre exemple, soit $2^6=64$ possibilités) en minimisant les ruptures dans la succession entre les combinaisons (figure 21a). Cette figure est construite de manière fractale à partir de son prototype à deux éléments. Elle est donc dotée d'une structure binaire rigoureuse et on peut aussi la comprendre comme la superposition de rythmes alternés à différentes échelles de tempo suivant une synchronisation spécifique. On passe de la figure 21a à la figure 21b par simple sommation des éléments présents sur une séquence donnée. C'est la figure 21b qui est utilisée dans *Christ ist erstanden.* Cette figure, outre le fait de retrouver mélodiquement les caractéristiques structurelles que nous venons de décrire, présente la caractéristique de dramatiser l'accession progressive aux éléments du matériau (note, accord ou intervalle mélodique) en donnant à chaque présentation l'allure d'une vague, et en alternant les phases d'avancée et de retrait.

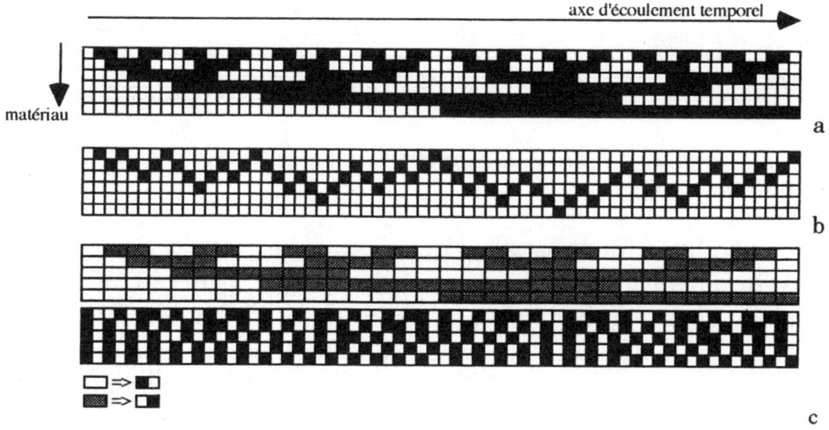

Fig. 23 : Modèles formels sur la base d'une structure binaire. 21a : combinatoire harmonique minimisant les ruptures ; 21b : figure mélodique déduite par sommaison ; 21c figure maximalisant les ruptures et principe de sa déduction du modèle 21a.

Dans *Christ ist erstanden*, le rapport vie/mort n'est pas vécu comme conflit, mais comme génération : c'est l'acceptation d'un passage transitionnel entre matière et esprit qui fonde la cohérence de l'être, et non la peur du néant. Cela donne à l'intrication des éléments que nous venons de décrire une force vitale d'une très grande sérénité. Le problème de l'identité et de l'élan, de l'assise et de l'envol, n'est plus posé comme inconciliable. Au contraire, la maîtrise de soi, comprise dans la régularité inébranlable du tempo, trouve dans les conjonctions improbables du contrepoint, les première trace du vertige qui l'amène à son dépassement. Le moteur premier s'efface de la conscience, un second souffle anime la surface implacable, la distord, la transcende.

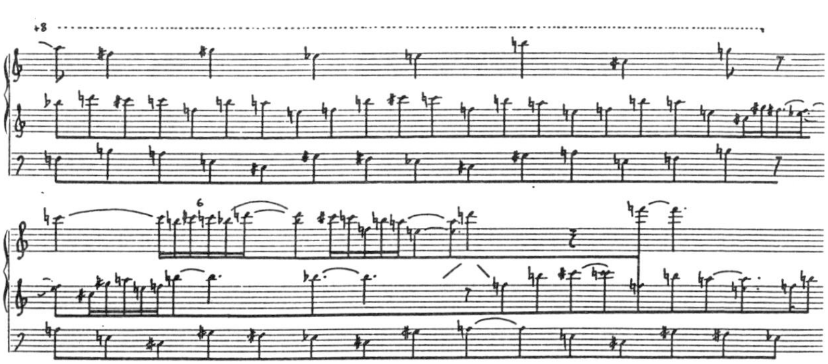

Fig. 24 : Extrait de Christ ist Erstanden *[page 12, 2° et 3° système]*

Le plus difficile est alors de revenir à ce qui est, après avoir pris la mesure — éphémère — de ce qui pourrait advenir. Quelque chose, entre temps, est définitivement bouleversé — ou peut-être, simplement, légèrement décalé. Comment concevoir la transmutation qui s'opère ? L'écriture n'en fait pourtant pas un mystère. C'est imperceptible, et parfaitement évident à la fois. C'est le même modèle qui égrenait les premières notes et qui organise le rythme des derniers accords. Ce qui s'est passé entre les deux peut se comprendre alors à partir des extrémités : *l'espace est devenu temps.*

Fig. 25 : Les deux derniers systèmes [page 15] de la partition de Christ ist erstanden. *Le rythme reprend sous forme de suites de valeurs la figure 21b.*

D'une figure parfaite, poussant jusqu'à leur aporie les relations possibles du matériau et de la temporalité — de l'existant et de l'existence — le calcul, tel que nous venons d'en donner un aperçu, ne dit pas grand chose. Pour reprendre encore ici les mots d'Adorno, « la mathématisation comme période d'objectivation immanente de la forme est une chimère ». Et cette chimère, ici, n'est pas de pure figuration. De la perfection de l'organisation à son abolition pour désigner une vie supérieure, il y a bien la recherche d'un effet de sens. Plongée dans le dédale d'une logicité implacable, la conscience anticipe le flux d'une progression indéfectible. Elle n'est réellement conscience, pourtant, que lorsqu'elle s'en détache. Ainsi, l'« être-temps », au delà du mécanisme de sa propre cognition, parvient-il à cette contemplation dont nous ne saurions rien dire du lieu ni du moment, si ce n'est qu'ils sont peut-être l'âme même de la musique.

Nous pourrions reprendre ici beaucoup d'autres exemples. Chacun y apporterait sa spécificité, sa manière d'entendre l'idée essentielle que nous voulions explorer. La forme — la construction des éléments musicaux — ne vaut que par ce qu'on la vit. Et ce n'est plus en fonction de son étrangeté, de son hétérogénéité numérique ou conceptuelle, qu'il convient de la penser, mais en fonction de l'acte qui nous permet d'en recevoir le sens et l'émotion. Nous allons maintenant nous attacher à un autre aspect crucial pour le développement de la musique d'aujourd'hui : l'harmonie.

Nos idées sur l'harmonie et sur le traitement des hauteurs datent de Rameau, d'Alembert et Helmholtz – soit d'époques où se poursuivait le rêve d'un œcuménisme de la Raison.
Daniel Charles[118]

Il faut en faire son deuil, il n'y aura jamais de théorie de l'harmonie qui soit à la fois complète et générale.
Jean Molino[119]

IV. La Physique et l'Esthétique : Une analyse épistémologique des modalités de connaissance du phénomène harmonique[120].

Toute volonté de connaissance répond à un défi. Celui énoncé plus haut par Jean Molino sonne plutôt comme un glas. Noyées dans la diversité des expériences, des cultures, des sociétés... les sciences humaines contemplent leur impuissance à opérer une synthèse des connaissances qu'elles accumulent. Dans le rapport qu'elles entretiennent avec la musique, rapport dont Jean Molino dresse, dans l'article cité en exergue, un remarquable portrait, l'élément qui apparaît aujourd'hui comme le plus déterminant semble venir des neuro-sciences, c'est-à-dire, si l'on

---

118 Daniel Charles, *Le temps de la voix*, Jean-Pierre Delarge, Paris, 1978, p. 39.

119 Jean Molino, « Expérience et savoir », in *Musurgia*, Vol. II - n°4, Eska, Paris, 1995, p. 117.

120 Ce chapître a fait l'objet d'une communication au premier colloque international d'épistémologie musicale qui s'est tenu à l'Université de Tel Aviv les 27-29 décembre 1992. Le thème développé était le suivant : « Science et scientisme - par quels accès aborder le phénomène musical? ». L'article correspondant est publié sous une forme abrégée dans *Musurgia*, Vol. II - n°4, Eska, Paris, 1995.

veut bien excuser l'expression, aux sciences qui s'intéressent à ce qui est « dans la boite » et non pas seulement à l'information qui y entre et qui en sort. On peut se demander ce qu'est une théorie « complète et générale ». S'il s'agit d'une théorie qui procède par accumulation des connaissances et par échafaudage des tours de Babel, l'assertion de Jean Molino est non seulement vérifiable mais constitutive. On n'en aura jamais fini de démultiplier les points de vue et les angles d'attaque, et ce jusqu'à la paralysie et l'incompréhension réciproque. Par contre, et toute l'histoire de la connaissance est là pour nous en donner l'exemple, les seules théories qui aient une capacité d'explicitation sont celles qui interrogent les principes originels, celles qui rentrent *dans la boîte* pour montrer comment tous les points de vue ne sont qu'une conséquence et non pas une fin en soi.

Certes, les théories ne sont jamais achevées ni complètes dans leurs conséquences et dans les déductions qu'elles impliquent. Celle que nous voulons proposer dans les lignes qui suivent n'échappe évidemment pas à cette insuffisance. Elle est venue pour répondre à une question très précise dont on pourra trouver les traces du cheminement à la fois dans l'histoire de la pensée musicale, mais aussi dans celle de mes propres œuvres. En quoi, dira-t-on, une théorie peut prétendre un tant soi peu à une quelconque universalité ? D'abord, peut-être, parce qu'elle donne un sens à toutes celles qui l'ont précédé. Ensuite parce qu'elle ouvre des possibilités objectives d'adaptation aux réalités sonores qui l'environnent. Enfin parce qu'elle suggère une cohérence là où apparaissaient « la diversité et l'hétérogénéité »[121].

---

121 Dans l'article cité ci-dessus, Jean Molino écrit : « [...] le mot [analyse] est trompeur car il laisse entendre qu'une théorie cohérente de la musique existe ou est possible : ce qui est faux. Il faut donc, ici encore, reconnaître la diversité et l'hétérogénéité ».

Etude épistémologique du concept de consonance

Si l'on devait tracer le profil épistémologique du concept d'harmonie, dans le sens où Bachelard a évoqué cette notion[122], nous nous trouverions au maximum dans la zone du réalisme naïf, avec peut être quelques poussées du côté de l'empirisme clair et positiviste et du rationalisme classique. Laissons de côté le rationalisme complet et discursif... En clair, passée l'évidence intuitive, l'harmonie semble plus être une notion réservée à quelques techniciens académiques, qu'un concept scientifique. Pire, à écouter nombre de compositeurs contemporains, l'harmonie serait même une catégorie dépassée du discours musical. Le syndrome de cet état de choses est peut-être l'anecdote rapportée par Cage : « Quand Schœnberg m'a demandé si je consacrerais ma vie à la musique, j'ai dit : "bien sûr". Au bout de deux ans d'études avec lui, Schoenberg m'a dit : "pour écrire de la musique, il faut avoir le sens de l'harmonie". Je lui ai expliqué que je n'avais aucun sens de l'harmonie. Il m'a dit alors que je me heurterais toujours à un obstacle, que ce serait comme si j'arrivais à un mur que je ne pourrais pas franchir. J'ai dit : "dans ce cas, je consacrerai ma vie à me cogner la tête contre ce mur" »[123] .

Même si la résonance des murs comporte une valeur musicale qu'il convient de prendre en compte, le désarroi affiché par Cage mérite toute notre considération. Il faut bien reconnaître qu'en apparence, l'harmonie vient bien après la structure, la forme, le timbre ou même tout simplement le son et le silence dans l'ordre des préoccupations affichées par les compositeurs de ce siècle. Nous ne retournerons pas pour autant ici au sens trop général d'*assemblage* pour l'harmonie, car nous pensons que ce terme relève désormais d'un vocable plus vaste sous-tendu par la théorie de la forme. Autrement dit, nous restreindrons l'harmonie

---

[122] Gaston Bachelard : *La philosophie du non,* PUF, Paris, 1940, p. 41.
[123] John Cage, cité par James Tenney in *John Cage et la théorie de l'harmonie, John Cage,* revue d'Esthétique, Paris, 1982.

à son acception qui la lie au concept de hauteur (déjà chez Aristoxène), et à la combinaison de ces hauteurs (au moins depuis la polyphonie médiévale). Par contre nous ne la restreindrons pas à la seule coïncidence temporelle des hauteurs, mais envisagerons aussi le problème de leur succession. Il n'est pas possible ici d'aborder l'ensemble des systèmes de composition. Nous verrons cependant que ceux-ci prennent parfois naissance dans des considérations théoriques élémentaires dont les implications ne sont pas toujours parfaitement élucidées.

Il se pourrait également que le radicalisme de Cage ait trouvé ses limites dans l'idéologie de la composition contemporaine. L'harmonie n'est plus autant l'objet des suspicions passéistes qui ont pu la mettre au banc de la création musicale. La mise en valeur d'autres paramètres comme le timbre, la densité, la texture... cache mal la permanence d'un phénomène aussi fondamental et aussi riche. L'utilisation généralisée des micro-intervalles, fût-ce en l'absence de toute théorie harmonique à leur sujet, est sans doute un syndrome et une des motivations essentielles des réflexions qui suivent. Il ne paraît pas inutile enfin de faire le point sur les innombrables théories (le plus souvent limitées à la musique tonale ou dodécaphonique) qui ont pu voir le jour sur ce sujet, depuis les théories proprement musicales, en passant par les théories acoustiques et psycho-acoustiques. Ce « sens intime » de l'harmonie que porte le musicien, dans quelle mesure est-il un objet de connaissance scientifique ? Et quelle est la portée esthétique des considérations élémentaires qui sous-tendent chacune des propositions théoriques mises en avant à son sujet ?

De la confusion des premières conceptions harmoniques de l'humanité émerge une constante : la présence obsessionnelle du Nombre. Nous ne savons pas grand chose de ce que fut exactement la connaissance de l'harmonie de l'école pythagoricienne[124] (VI° siècle avant J.-C.), si ce n'est qu'il s'y

---

124 Aristote rapporte dans la *Métaphysique* : « Comme ils voyaient en outre que les nombres exprimaient les propriétés et les proportions musicales, comme toutes les choses de la nature leur semblaient formées à la

mêlait philosophie, cosmologie et probablement une pratique de la quinte comme rapport de base issu de la mise en évidence des harmoniques d'une corde. La conception pythagoricienne est donc une conception principalement mathématique, avec cette confusion souvent relevée entre le nombre et la substance. Les chinois sont quant à eux beaucoup plus précis sur la chronologie : la théorie des douze liu[125] daterait de la 61ème année du règne de Hoang-ti, soit 2637 ans avant l'ère chrétienne. Cette théorie est purement arithmétique : il s'agit d'appliquer des rapports de 2/3 ou de 4/3, suivant que la progression est descendante ou ascendante à un nombre suffisamment multiple de 3 : 81 (9^2 ou 3^4). Avec ce principe on obtient sans problème la gamme pentatonique (FA=81 DO=81x2/3=54 SOL=54x4/3=72 RE=72x2/3=48 LA=48x4/3=64). Les autres notes étaient aussi calculées par les chinois en usant de petits artifices pour rester dans l'arithmétique élémentaire (MI=(64-1)x2/3=42 SI=42x4/3=56 FA#=(56+1)x4/3=76 DO#=(76-1)x2/3=50 etc....)[126]. La vision des chinois était ainsi une vision de progression et de compensation.

La construction des gammes va être un des sujets de préoccupation déterminants pour les musiciens de la fin du moyen âge jusqu'au baroque. Les conceptions néoplatoniciennes d'harmonie des sphères sont légion. Le principe de l'octave est mythique[127] , celui de la quinte a une valeur quasi alchimique. Il faut attendre Rameau pour entrevoir une conception nouvelle des fondements de l'harmonie, ou, pour suivre à la lettre le titre de son traité, pour voir l'harmonie « réduite à ses principes naturels ». C'est très consciemment que Rameau franchit ainsi un

---

ressemblance des nombres et que les nombres leur paraissaient la réalité primordiale de l'Univers, ils pensèrent que les principes des nombres étaient les éléments de tous les êtres, que tout est harmonie et nombre. » Cité par Enrico Fubini, *Les philosophes et la musique*, op. cit. p. 19.

125 cf. Manfred Kelkel : *Musique des Mondes*, Vrin, Paris, 1988, p.44-45.

126 Les différences introduites par ces manipulations sont équivalentes au comma de Holder 81/80.

127 Rameau écrit à son sujet qu'elle est « le commencement et la fin ». Jean-Philippe Rameau : *Traité de l'Harmonie , réduite à ses principes naturels*, Jean-Christophe Ballard, Paris, M.DCC.XXII, p. 8.

pas décisif ; il écrit dans sa préface ce passage célèbre : « La Musique est une Science qui doit avoir des règles certaines ; ces règles doivent être tirées d'un principe évident, et ce principe ne peut guère nous être connu sans le secours des Mathématiques : Aussi dois-je avouer que, nonobstant toute l'expérience que je pouvais m'être acquise dans la Musique, pour l'avoir pratiquée pendant une assez longue suite de temps, ce n'est cependant que par le secours des Mathématiques que mes idées se sont débrouillées, et que la lumière à succédé à une certaine obscurité, dont je ne m'apercevais pas auparavant »[128].

On ne pourrait faire meilleure preuve d'allégeance au cartésianisme. Quelle est la nouveauté des idées de Rameau ? elle est de deux ordres : dans un premier temps, il analyse l'ordre des consonances selon l'ordre d'apparition des intervalles dans la série harmonique :

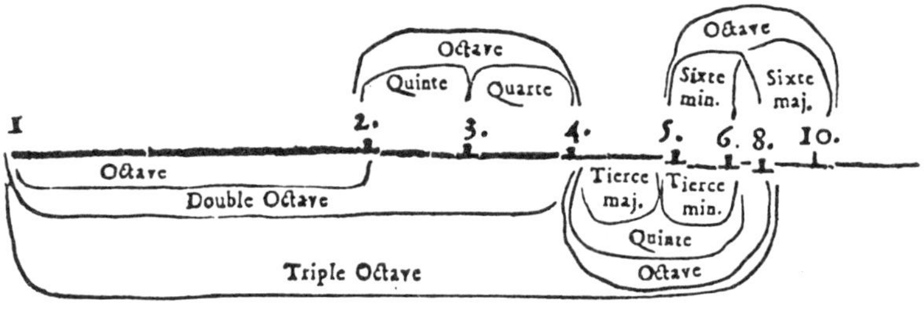

Fig. 26 : Diagramme extrait du traité d'harmonie (livre premier) de Rameau où celui-ci montre l'ordonnancement des intervalles dans la suite des harmoniques naturelles[129].

[128] ibid. préface.

[129] On peut en donner une illustration plus aboutie :

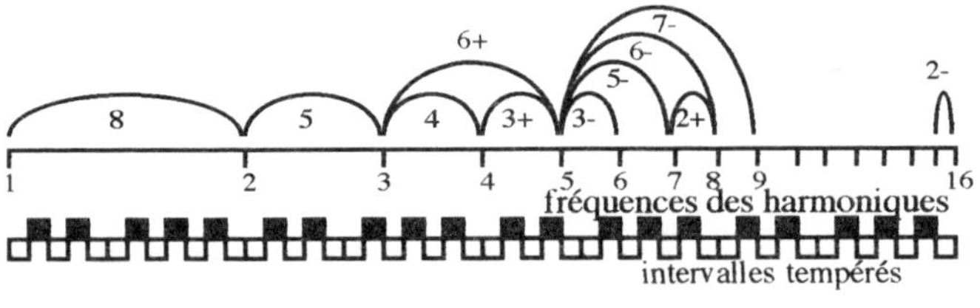

Dans un second temps, il introduit la notion de basse fondamentale pour justifier les accords classés. On lui a beaucoup reproché ce dernier point en s'appuyant sur le fait que l'accord parfait mineur ne rentrait pas dans ce cadre. C'est qu'on avait d'une certaine manière sous-estimé l'importance du premier point. D'ailleurs Rameau écrit au sujet de cet accord : « L'accord parfait mineur pourrait être démontré comme le majeur, puisqu'il est composé de même, [...] n'y ayant de différence que dans la disposition des tierces dont la quinte est formée ; la tierce qui a été majeure d'un côté étant mineure de l'autre, ainsi des sixtes qui en proviennent ; mais le fond de l'Harmonie n'en souffre point, c'est au contraire ce qui en fait toute la beauté, la tierce majeure & la mineure y étant également agréable »[130]. Rameau établit clairement dans ces lignes la primeur de son premier principe de consonance sur celui de la basse fondamentale. On a écarté un peu vite cet aspect des choses. Il faut dire que les explications de Rameau n'étaient pas indemnes de quelques confusions.

En fait, le principe de la basse fondamentale est un principe de dynamisme, et en cela il fait sortir la musique de l'empirisme statique du pythagorisme. Si nous reprenons le point de vue épistémologique de Bachelard, la quinte pythagoricienne faisait sortir l'harmonie du concept grossier où le tenait le réalisme naïf. Rameau assume pour l'harmonie un rôle similaire à celui dévolu à Newton pour le concept de masse : il atteint le stade de la « solidarité notionnelle » où l'on passe d'un être statique à un devenir dynamique. Quand Schœnberg reprend l'image du cycle des quintes, ne revient-il pas finalement à l'empirisme pythagoricien, inscrivant le développement de la musique dans une figure centralisatrice et unitaire ?

Le mérite de Schoenberg est finalement d'avoir assumé jusqu'au bout la logique historique initiée par le tempérament égal qui se met en place au cours du XVII° et du XVIII° siècle. Il est d'ailleurs révélateur que la génération de créateurs qui a du faire face au début des années 1970 à l'hégémonie sérielle ait choisi, pour se démarquer, le spectre comme figure emblématique,

[130] ibid. p. 36.

renouant inconsciemment avec l'interprétation de Jean-Philippe Rameau.

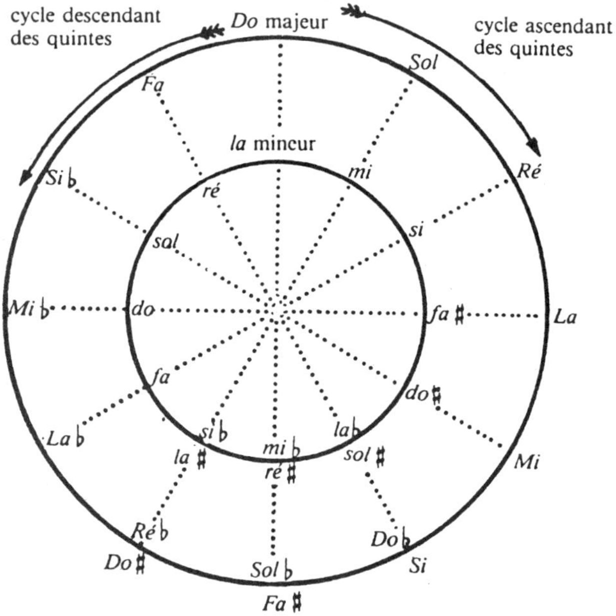

Fig. 27 : Le cycle des quintes tel qu'il est présenté dans le traité d'harmonie de Schœnberg.

Ce qui est assez troublant avec ces exemples, c'est de voir comment une détermination de très bas niveau, à savoir la prise en compte de la quinte comme élément structurant unique, au « premier ordre », comme diraient les physiciens, ou au contraire de l'intégralité des éléments à disposition dans le spectre, coïncide avec des implications esthétiques de haut niveau. Nous voudrions en donner une dernière illustration, qui va nous permettre de faire le lien avec les autres conceptions que nous allons aborder. Les deux diagrammes suivants transcrivent les deux hypothèses que nous analysons en termes de "distance harmonique", c'est-à-dire en fonction de la proximité d'une note fixe (ici do) avec les autres notes de l'échelle chromatique.

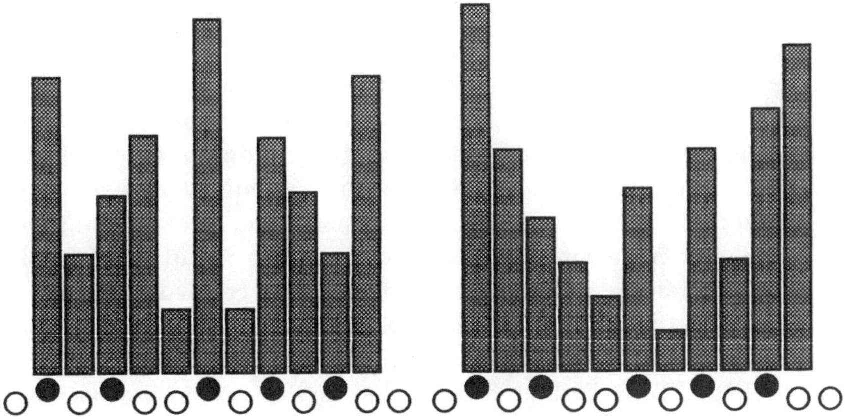

Fig. 28 : Distances harmoniques induites par le système des quintes (à gauche) et par l'ordre d'apparition des intervalles dans le spectre harmonique[131] *(à droite). En abscisse l'échelle des intervalles, le do restant constamment présent, en ordonnée la distance harmonique dans une échelle arbitraire liée à l'ordre.*

Ces deux diagrammes permettent de juger d'un autre aspect des sous-entendus esthétiques liés aux choix que nous avons désignés. D'un côté, nous avons la symétrie d'un système hyper-ordonné, de l'autre la subtilité dissymétrique et raffinée d'un compromis avec le sensible. Les termes de cette confrontation ne sont pas inconnus : d'un côté l'homogénéité de l'espace, de l'autre la spécificité des couleurs ; d'un côté une fonctionnalité globale, ramenant tout à l'hégémonie d'une entité centrale, de l'autre un hédonisme local, laissant ouvertes des possibilités virtuellement infinies ; d'un côté la forme, de l'autre le son. Les termes de cette dialectique peuvent se déployer sur bien des moments de la conscience esthétique... Remarquons au passage que le cartésianisme de Rameau se retrouve, selon cette vision des choses, du côté de la sensualité, ce qui tendrait à montrer que la connaissance n'est réifiante qu'à mesure de l'*a priori* réductionniste qu'on lui impose.

[131] cf. le diagramme de la note 129.

La première théorie psycho-acoustique digne de ce nom est due à Helmoltz dans son *Traité physiologique de la musique*[132]. Helmoltz pourrait être l'archétype du savant positiviste tel qu'en a produit le XIXème siècle. Le grand problème, pour cet éminent physicien, c'est qu'une des variables fondamentales de la musique, la consonance, n'est pas un paramètre accessible à l'aide d'une mesure. Le seul instrument de mesure dont on dispose pour ce paramètre est l'oreille humaine. Ce qui en fait un concept physique radicalement différent de celui de masse ou d'énergie! A tel point qu'Helmoltz affirme le premier la nécessité de parler dans ce domaine non pas de physique, mais de physiologie. Tout l'effort d'Helmoltz sera alors de trouver un compromis entre les commodités du calcul mathématique et la constitution de l'appareil auditif humain. Et il modélise l'oreille à l'image de milliers de résonateurs, car la physique de son temps lui permet de décrire un résonateur. Cela ne règle pas le problème de la consonance. Il renverse alors le problème : la dissonance, et non plus la consonance, est le résultat d'un positionnement des sons résultants[133], dans une zone où ce phénomène est désagréable (?) à l'oreille, zone qu'il fixe aux alentours de 33 Hz. En tenant compte pour chacun des deux sons en présence de l'ensemble de leurs harmoniques, cela lui permet de construire un diagramme de consonance qui n'est plus discret mais pour la première fois continu :

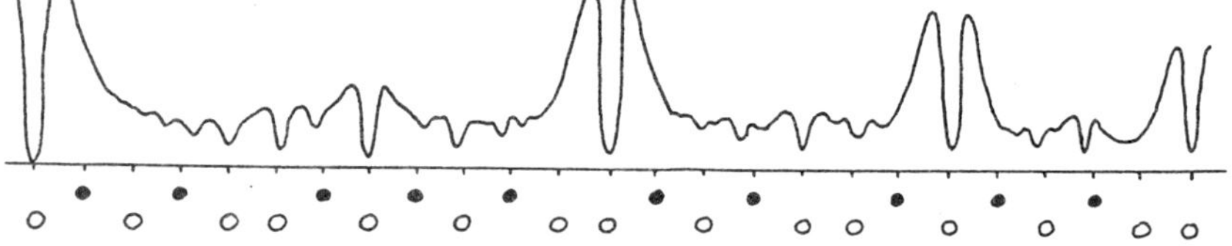

Fig. 29 : Courbe de rugosité d'après Helmoltz, couvrant deux octaves de c' à c'''.

[132] H.L.E. von Helmoltz : Théorie physiologique de la musique. Trad. Franç. Guéroult, 2 vol., Masson, Paris, 1868/74.

[133] ou battements, appelés également sons différentiels parce que leur fréquence est la différence des deux fréquences en présence.

On a beaucoup discuté les propositions de Helmoltz[134]. C'est à notre avis à cause de l'ambiguïté même de ses hypothèses. En effet, Helmoltz propose un modèle mécanique d'un objet qui n'est pas physique mais biologique. Mais il n'établit aucun lien entre le modèle des résonateurs, purement physique, et le désagrément des battements autour de 33 Hz, réputé être de nature physiologique. L'indétermination sur l'origine du phénomène ne peut évidemment plus être levée dans les résultats.

Relativement cohérent avec les données de la psychologie expérimentale de la perception[135], c'est encore ce modèle qui sert de base à des travaux récents, comme ceux de R. Plomp & W. J. M. Levelt ou de William Hutchinson & Leon Knopoff . Plomp & Levelt dressent, dans un article considéré aujourd'hui encore comme une référence en la matière[136], une liste en cinq propositions des théories tentant d'expliquer la consonance : 1° le rapport des fréquences comme cohérence des vibrations (Galilée, Euler...), 2° les rapports entre harmoniques (Rameau...), 3° les battements entre harmoniques (Helmoltz...), 4° les sons résultants (Krueger...), 5° la fusion, c'est-à-dire la capacité de deux sons à être perçus comme une unité (Stumpf...).

Ils utilisent quant à eux un mode de calcul très proche de celui proposé par Helmoltz, mettant en avant une relation entre la notion de consonance et celle de largeur de bande critique (CBW), c'est-à-dire la bande de fréquence autour d'un son pur donné qui produit un « désagrément ». Le rapport entre ce désagrément et la consonance ne va pas de soi, de même que l'unicité de l'axe qui tient ensemble consonance et dissonance. Les auteurs s'appuient sur des résultats acquis en psychologie de la

---

134 cf. par exemple, R. Francès : *La perception de la musique,* Vrin, Paris, 1984, p. 364-369.

135 On notera en particulier : C.F. Malmberg : *The perception of consonance and dissonance,* Psychological Monographs, 1918, 25,93-133. Plomp, R. and Levelt, W. J. M. : *Tonal consonance and Critical Bandwidth,* Journal of the Acoustic Society of America, 1965,38,548-560.

136 Plomp, R. and Levelt, W. J. M. : *Tonal consonance and Critical Bandwidth,* Journal of the Acoustic Society of America, 1965,38,548-560.

perception montrant la mesure de la consonance comme le résultat statistique des jugements de consonance et d'agrément.

Ces expériences semblent montrer que ces deux notions sont d'autant plus semblables que les capacités musicales des sujets sont faibles. Mais ce qui est le plus important de noter, c'est que la valeur même associée à la notion est mesurée par une statistique portant sur le pourcentage de jugements favorables ou défavorables des sujets. Autrement dit, la consonance apparaît en dernier recours comme un choix validé par un consensus psycho-sociologique.

Les deux figures ci-dessous reprennent les résultats des deux expériences citées par Plomp et Levelt. Pour ces auteurs, la deuxième de ces figures, faisant apparaître des jugements différents en présence d'harmoniques ou avec des sons purs constitue un argument important en faveur de l'explication de Helmoltz (n°3) par rapport aux autres explications. En effet, les rapports simples de fréquences n'entraînent que très peu de points singuliers dans le cas de sons purs, et quand c'est le cas de tels résultats sont imputés à la pratique musicale. D'autre part, « il n'est pas clair [de comprendre comment les coïncidences entre harmoniques] ont une incidence sur la consonance autrement que par l'absence de battements ou de fréquences différentielles ». L'influence de ces fréquences différentielles, dues à une distorsion non-linéaire de l'audition est rejetée comme intervenant de façon négligeable, quant à la fusion, le fait que Stumpf lui-même soit revenu sur sa proposition semble un argument suffisant aux auteurs pour « ne pas prendre [cette explication] en considération ».

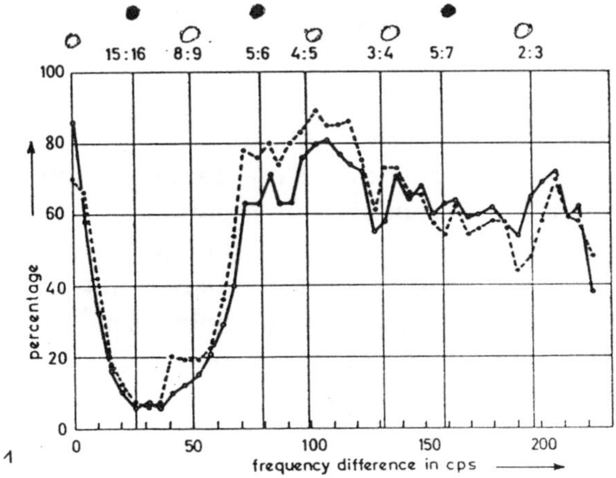

Fig. 30 : Pourcentage de sujets ayant jugé les intervalles de sons purs consonant (trait plein) et agréable (trait en pointillés) en fonction de la différence de fréquence entre les sons. (fréquence du son grave constante égale à 395Hz, résultats acquis pour 380 sujets) [d'après Guthrie et Morrill[137]]

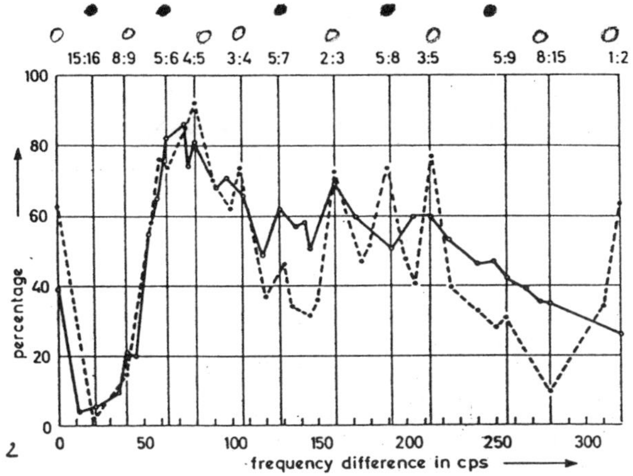

Fig. 31 : Pourcentage de sujets ayant jugé les intervalles plus agréables à entendre dans le cas de deux sons purs (trait plein) et dans le cas de sons complexes (trait en pointillés). (fréquence du son grave constante égale à 320 Hz) [d'après Kaestner[138]].

---

137 E. R. Guthrie & H. Morrill, *The Fusion of Non-Musical Intervals*, Am. J. Psychol. 40, 624-625 (1928)

138 G. Kaestner, *Untersuchungen über den Gefühlseindruck unanalysierter Zweiklänge*, Psychol. Studien 4, 473-504 (1909).

Les résultats de Plomp & Levelt se fondent sur des expériences d'évaluation psychologique de la consonance d'intervalles réalisés avec des sons purs pour différentes fréquences centrales (125, 250, 500, 1000Hz). Ces expériences font apparaître un déficit autour d'une région voisine des 33Hz cette approximation ne rendant pas compte d'une évolution en fonction de la fréquence centrale. Est reproduite ci-dessous une des courbes expérimentales et son approximation standard utilisée dans les calculs, calculs que rien, sur le fond, ne distingue de ceux de Helmoltz. On constate cependant que la courbe en cloche est ici remplacée par une courbe faisant apparaître un point de rebroussement à l'origine. Ceci est du au simple fait qu'une précaution expérimentale consistant à prendre comme fréquences test des intervalles définis en fonction d'une différence et non d'un rapport de fréquence les a conduit à une représentation logarithmique pour cette différence de fréquence laissant dans l'incertitude ce qui se passait pour les très petites valeurs d'intervalle.

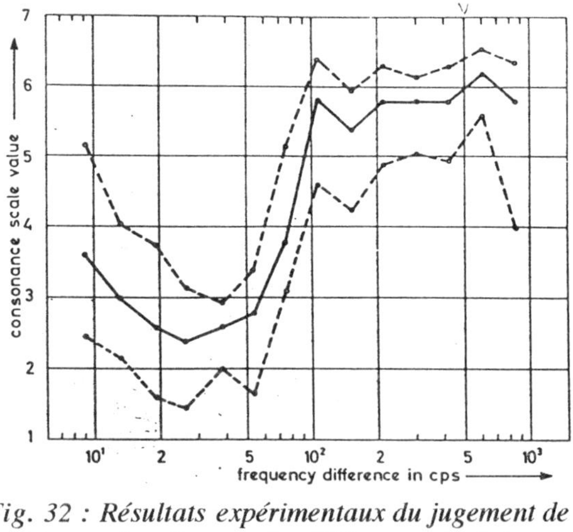

Fig. 32 : Résultats expérimentaux du jugement de consonance de 11 sujets en fonction de la différence de fréquence autour de 500Hz[139].

[139] Plomp & Levelt, op. cit. p. 554.

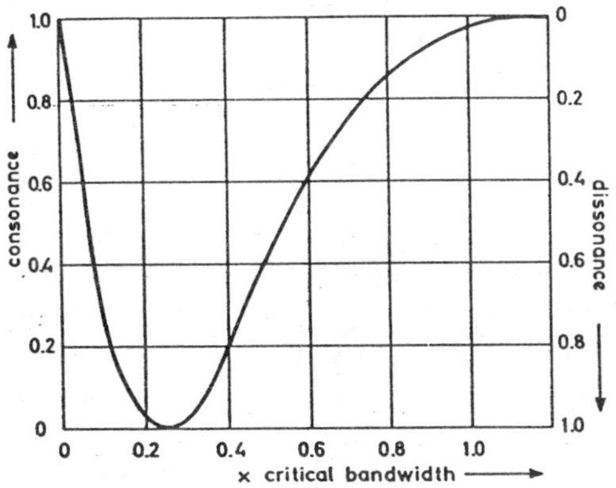

Fig. 33 : Courbe « standard » utilisés pour les calculs du diagramme suivant et sensée modéliser la courbe expérimentale précédente[140].

La courbe de consonance calculée à partir de ces hypothèses présente donc — du fait de cet artefact que rien ne justifie — des points de rebroussement (pics) très fins qui n'ont aucun fondement autre que parfaitement arbitraire.

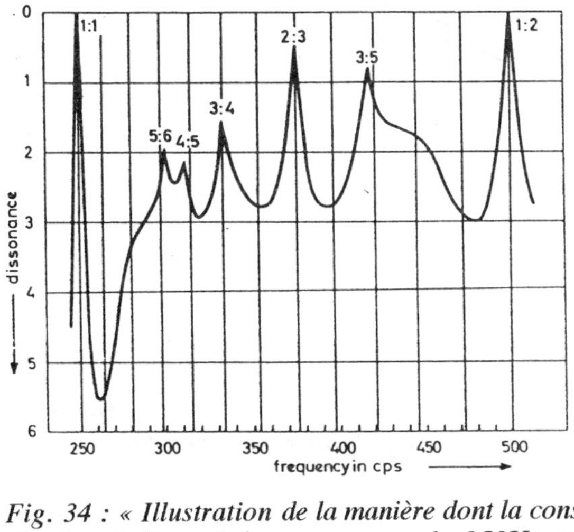

Fig. 34 : « Illustration de la manière dont la consonance d'un intervalle formé d'une fréquence grave de 250Hz et d'une autre

[140] ibid. p. 556.

fréquence variable varie en fonction de cette deuxième fréquence. Les deux sons complexes comportent six harmoniques, les lignes verticales représentent la largeur des intervalles d'après l'échelle tempérée égale. »[141]

Il y aurait encore beaucoup à dire sur les résultats de Plomp & Levelt, mais nous aurons l'occasion d'y revenir. Hutchinson et Knopoff ont repris les mêmes techniques de calcul. Leurs résultats font apparaître en particulier des différences dans l'ordonnance relative de la consonance des intervalles en fonction de la hauteur absolue.

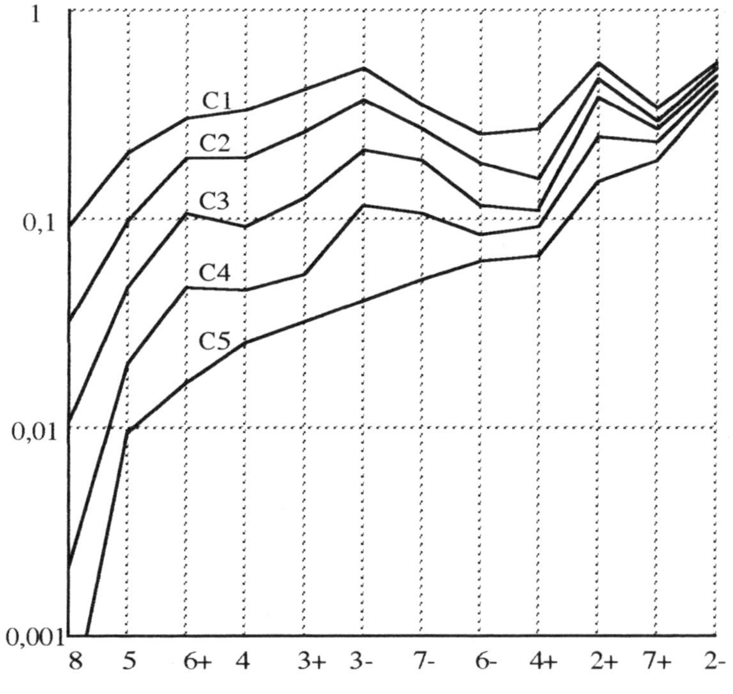

Fig. 35 : Le facteur de dissonance des différents intervalles selon William Hutchinson & Leon Knopoff en fonction des octaves considérées.

141 ibid. p. 556.

Ce résultat, assez surprenant si on le rapproche de la théorie traditionnelle, est là encore principalement imputable à l'élément le plus contestable de la théorie : le tracé de la courbe représentative de la dissonance liée aux sons résultants, tracé que les auteurs reconnaissent eux-mêmes comme relativement arbitraire et ne se justifiant qu'a posteriori[142].

Du fait de ce type d'ambiguïtés épistémologiques, un nombre considérable de réflexions sur la consonance se sont achevées par un aveu d'impuissance : la consonance et la dissonance apparaissent alors souvent comme des valeurs essentiellement culturelles et subjectives, privées de tout fondement scientifique tangible. On semble disposer à leur sujet d'une palette d'explications, qui va des rapports harmoniques à la fusion spectrale, en passant par les battements ou les sons résultants, toutes aussi vraisemblables les unes que les autres, mais dont aucune ne semble déterminante.

Il faut noter que si les toutes premières théories que nous avions exposées étaient le fait de musiciens, de compositeurs, celles que nous venons d'évoquer sont le fait de scientifiques, et elles n'ont guère pénétré, à notre connaissance, le monde de la composition. Les travaux récents de Terhardt[143], repris et développés par Parncutt[144], sont tout à fait représentatifs de la tendance au développement d'une "Psychophysique". Faut-il voir

---

[142] et ceci malgré la relation qu'ils établissent avec la largeur de bande critique mise en évidence par Plomp et Levelt. En fait, le problème reste entier de savoir si l'on peut appliquer à des calculs concernant des sons complexes des résultats acquis expérimentalement dans des conditions simples (sons purs), et pour des sujets « moyens ».

[143] E. Terhardt : *Pitch, consonance and harmony*, Journal of the Acoustical Society of America, 1974, 55, 1061-1069; *The two-component theory of musical consonance*, in E. F. Evans & J. P. Wilson (Eds.), *Psychophysics and physiology of hearing*, Academic Press, London, 1977. Dans ce dernier article, Therhardt reprend et analyse les différentes interprétations de la consonance et de la « dureté » (*roughness*) pour conclure à la nécessité d'une interprétation commune la « consonance sensorielle » (*sensory consonance*).

[144] R. Parncutt : *Revision of Terhardt's Psychological Model of the Root(s) of a Musical Chord*, Music Perception, 1988, Vol. 6, No. 1, 65-94.

dans ce néologisme l'illustration même de l'engouffrement systématique de la Physique dans les sciences dites “humaines”, au profit d'une réduction des processus vitaux à une modélisation parfois très mécaniste ?[145]

Les termes dans lesquels Parncutt décrit la théorie de Terhardt sont très révélateurs d'un changement radical du mode de penser des scientifiques : « Pour Terhardt, ni la structure (musicale) des échelles diatoniques, ni la structure (physique) des sons complexes n'a de relation directe avec la nature des accords musicaux. Il a fait l'hypothèse d'une connexion indirecte, dans laquelle le “lien manquant” est un processus inconscient et universel de conditionnement du système auditif par une exposition répétée aux sons complexes (et spécialement les voyelles). En étudiant cet effet de conditionnement, Terhardt a été en mesure de tourner la théorie intuitive de Rameau en une science — en une théorie basée sur les comparaisons entre des données expérimentales et les prédictions d'un modèle objectif pour la hauteur (pitch) de n'importe quel son complexe stationnaire »[146]. Cette citation est révélatrice à notre avis d'un nouvel état du scientifique, particulièrement dans ce qu'il est convenu d'appeler les “sciences cognitives”. On assiste à une déréalisation complète des phénomènes, qui perdent dans le modèle proposé toute adhérence avec le réel qui leur sert de point de départ. La seule sanction est le verdict final de la comparaison entre des données théoriques calculées souvent de manière sommaire (l'article rectificatif de Parncutt en est une illustration[147]) et des données expérimentales réalisées

---

[145] Il y a certes des enjeux économiques à la connaissance précise des phénomènes psychoacoustiques. Les problèmes de compression de fichiers sonores numériques en sont un exemple. Mais cela justifie-t-il une modélisation aussi normative du Sujet de l'expérience esthétique? Les valeurs moyennes auxquelles sont ajustés certains paramètres finissent par manquer d'acuité et donnent des phénomènes en jeu une image indifférenciée assez peu significative, voire en contradiction avec l'évidence intuitive.

[146] R. Parncutt : op. cit. p. 68.

[147] Nous donnons ici à titre d'exemple le tableau du modèle des "racines d'accords" selon Terhardt et dans l'amélioration de Parncutt : op. cit. pp. 72-76.

fréquemment dans des conditions statistiques extrêmement précaires.

Il est à notre avis flagrant, ne fût-ce que dans la manière dont les lignes précédentes assimilent le musical aux échelles diatoniques, de constater le divorce complet d'une bonne part de la production scientifique contemporaine à propos de la musique d'avec l'actualité de son sujet. Les quelques tentatives de Hindemith pour trouver une basse fondamentale dans les mesures 19 à 29 de la Pièce opus 33a de Schœnberg, ne peuvent pas servir d'alibi à une généralisation extraordinaire d'un « lien manquant inconscient et universel » sous la forme d'une ligne de basse fondamentale[148]. Il faudra un jour étudier sérieusement cette obsession de la pensée sur la musique, proche également de l'Ursatz Schenkerien, et probablement de quelques archétypes inconscients comme le son originaire de la mécanique céleste des pythagoriciens... « Pour expliquer cependant le fait que nous

Terhardt's (1982) Chord-Root Model

a.	Minor Triad C–E♭–G											
Root Candidate	C	D♭	D	E♭	E	F	G♭	G	A♭	A	B♭	C♭
P1	C	—	—	E♭	—	—	—	G	—	—	—	—
P5	G	—	—	—	—	C	—	—	E♭	—	—	—
M3	—	—	—	G	—	—	—	—	C	—	—	E♭
m7	—	—	C	—	—	E♭	—	—	—	G	—	—
M2	—	E♭	—	—	—	G	—	—	—	—	C	—
Number of Supports	2	1	1	2	0	3	0	1	2	1	1	1

Revised Chord-Root Model

a.	Minor Triad C–E♭–G											
Pitch Class	C	D♭	D	E♭	E	F	G♭	G	A♭	A	B♭	C♭
P1	1.00	—	—	1.00	—	—	—	1.00	—	—	—	—
P5	0.50	—	—	—	—	0.50	—	—	0.50	—	—	—
M3	—	—	—	0.33	—	—	—	—	0.33	—	—	0.33
m7	—	—	0.25	—	—	0.25	—	—	—	0.25	—	—
M2	—	0.20	—	—	—	0.20	—	—	—	—	0.20	—
m3	0.10	—	—	—	0.10	—	—	—	—	0.10	—	—
Weight (sum)	1.60	0.20	0.25	1.33	0.10	0.95	0.00	1.00	0.83	0.35	0.20	0.33

[148] cf. l'expérience de la tonique absente : Pierre Schaeffer : Traité des objets musicaux, Paris, Seuil, 1977, pp. 608-609.

n'entendions pas le son [des astres], certains disent que c'est parce que le son est en nous dès notre naissance, ce qui le rend indiscernable du silence, son contraire »[149]. On peut se demander par ailleurs, s'il n'y a pas dans ces déplacements du réel ce qu'Aristote relevait déjà chez les pythagoriciens : « un mode de raisonnement inductif et non pas déductif qui confère à l'analogie [...] une valeur purement idéologique et ne permet d'aboutir à aucune certitude empirique »[150].

Dans un ouvrage de 1962, « Mort ou transfigurations de l'harmonie », Edmond Costère reprend l'analyse donnée par Hindemith et dont il a été question précédemment. « Erreur cruelle », ce sont ses termes, « qui consiste, sous prétexte de résonance, à attirer toute la structure harmonique vers les sons graves qui ne sont que des incidences »[151]. Il propose de construire des tables d'« affinité de résonance » des notes sur une échelle approximée aux quarts de ton. Ces tables sont basées sur un principe simple d'appartenance spectrale : par exemple, « relativement à do, le sol est affecté du coefficient 3, car il apparaît trois fois dans les quatre premières octaves de do » .

DO	DO‡	DO♯	DO♯‡	RÉ	RÉ‡	RÉ♯	RÉ♯‡	MI	MI‡	FA	FA‡	FA♯	FA♯‡	SOL	SOL‡	SOL♯	SOL♯‡	LA	LA‡	LA♯	LA♯‡	SI	SI‡
8	(0	1	0	1	2	0	1	2	0	3	1	0	1	3	0	2	1	0	2	1	0	1	0)
13	(2	1	3	5	2	3	2)	**10**	(2	5	1	2	3)	**11**	(1	5	1	4	5	1	2	6	0)
(8	1	4	4)	**11**	(3	6	1	5	5)	**9**	(2	7	0)	**14**	(4	1	4	7	2	6	3)	**10**	(3)

Fig. 36 : Tables d'affinités de résonance de do, de do mi sol et de sol si ré fa d'après E. Costère .

Nous ne nous attarderons pas ici sur toutes les conclusions que tire Costère de telles tables, (ni sur leur validité quantitative) mais sa vision, même si l'on peut émettre par ailleurs des

---

149 Aristote *Traité du ciel,* in E. Fubini, op. cit., P. 19.
150 E. Fubini, op. cit. p.20.
151 E. Costère : *Mort ou transfigurations de l'harmonie,* PUF, Paris, 1962, pP.30-34.

réserves sur certaines de ses positions, s'avère beaucoup plus conforme aux interrogations musicales de son temps. Il faut signaler que cette notion de parenté harmonique a aussi été présentée par Schaeffer dans son « Traité des objets musicaux »[152]. On peut présenter la notion, comme le fait Schaeffer, dans un diagramme donnant la variation continue de la position relative du spectre de deux sons complexes harmoniques.

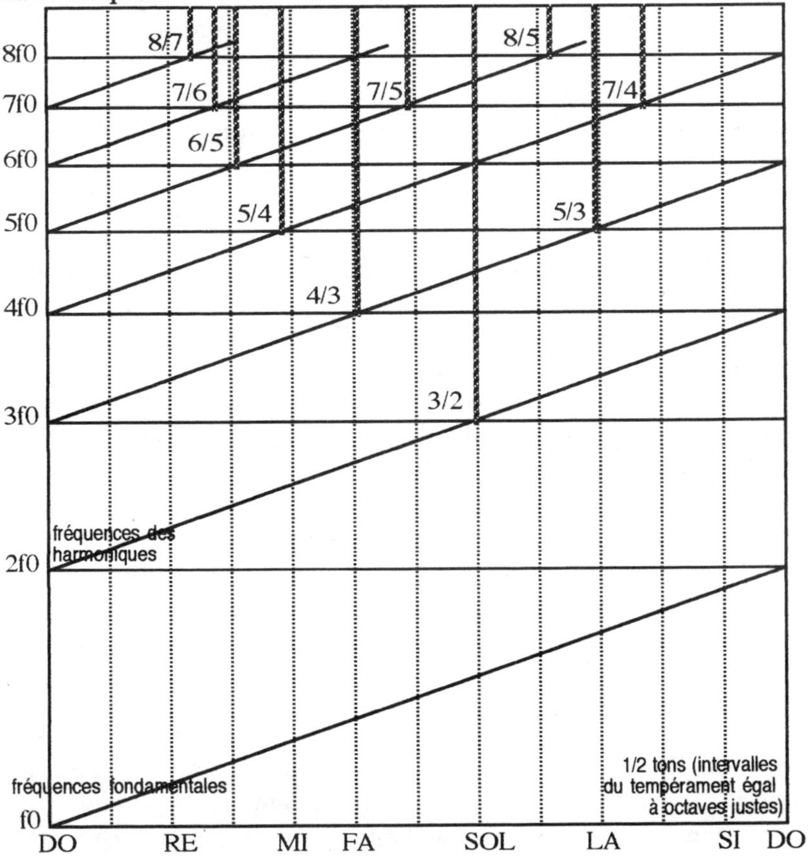

Fig. 37 : Diagramme de concordance spectrale de deux sons complexes harmoniques. On remarquera que les coïncidences ne désignent pas autre choses que les fameux rapports simples.

[152] P. Schaeffer : op.cit. pp. 606, 618-619. voir également : E. Terhardt : *The two-component theory of musical consonance* op. cit.

L'expérience, rendue possible dans les années cinquante, d'un son harmonique privé de sa fondamentale, sans que cela ait de conséquence sur notre appréhension de la hauteur a orienté en grande partie les thèses de Terhardt vers la recherche de ce son fondamental manquant comme élément fondamental de la perception. La même expérience est analysée par Schaeffer comme une preuve du rôle déterminant des harmoniques. On a ici un exemple particulièrement flagrant d'une induction de type culturel sur l'interprétation d'un fait expérimental. A-t-on pour autant affaire à deux phénomènes différents ? D'une certaine manière, les calculs proposés dans un cas comme dans l'autre sont relativement similaires. Ils ont en commun de rester sous les auspices du Nombre. Or le nombre, pour *naturel* qu'il soit, ne paraît pas l'outil le plus approprié à la description d'un continuum *réel*. D'autre part, le choix entre une vision qui privilégie l'idée de basse fondamentale et une autre qui insiste sur les accointances des harmoniques ressemble plus à un article de foi qu'à une argumentation scientifique cohérente.

En fait, il faut bien constater l'indigence des théories contemporaines sur l'harmonie. Elles n'arrivent finalement à convaincre ni le musicien ni le physicien. Si nous revenons à la conduite épistémologique des concepts scientifiques proposée par Bachelard, nous nous apercevons qu'à aucun moment n'a été atteinte la phase du rationalisme complet ni celle du rationalisme dialectique. Qu'est-ce qui caractérise ces étapes de l'entendement selon Bachelard ?

Il s'agit d'abord d'une "ouverture" sur l'intérieur même des notions, d'un passage de déterminations externes à une structure fonctionnelle interne[153]. Qu'est-ce que cela pourrait bien signifier pour le concept de consonance ? Probablement un abandon des conceptions réductrices qui cherchent à tout prix à tout condenser dans un paramètre simple. L'oreille n'est pas la dupe qu'on en fait : la seule manière de dépasser l'aporie où en est arrivée la notion de consonance, c'est de dépasser le dogme de son unicité paramétrique. Cela viendra tout naturellement quand on aura

[153] Gaston Bachelard : *La philosophie du non*, op. cit. p. 30.

véritablement posé le problème du phénomène *physique* en jeu dans notre sensation de l'harmonie. Si chaque accord a son caractère, c'est la preuve flagrante qu'un seul paramètre ne peut pas suffire à le caractériser. Par contre, il ne s'agit pas de démultiplier la notion par des considérations de surface : il s'agit de rencontrer le principe qui fonde sa diversité naturelle.

Dans la dernière étape qu'envisage Bachelard, il est question d'une épochè, c'est-à-dire d'une mise entre parenthèse du réel[154]. Les sciences cognitives voudraient sans doute donner l'impression de la réaliser en passant par dessus le niveau physique pour accéder directement à la connaissance de la pensée. Dans le cas de l'harmonie, c'est peut-être au contraire la réalité sensible elle même qu'il convient de mettre entre parenthèse. Prendre la perception pour point de départ, c'est oublier que d'une part elle opère sur le réel une réduction (qu'on pense au domaine fréquentiel limité à la gamme des 20Hz-20KHz), et que d'autre part elle effectue une réinterprétation (par l'intermédiaire des apprentissages et des codes culturels). D'une certaine manière, en respectant les niveaux épistémologiques que nous avions dégagés, une théorie actuelle de l'harmonie devra rendre au réel cette autonomie à laquelle l'esthétique contemporaine attribue une fonction de catharsis[155].

Le problème de la consonance et de l'harmonie est au centre des rapports du monde scientifique et du monde musical. D'abord parce que c'est à travers lui que le musicien se confronte à son art, allant parfois comme Rameau jusqu'à revendiquer une position de scientifique. Ensuite parce que ce concept est tellement malaisé pour le scientifique qu'il le met en face de ses parti-pris, de ses aberrations et de ses limites.

Nous en avons montré maints exemples : toute considération sur la matière de l'art est conditionnée par une vision, souvent archétypale, et la conditionne en retour. Peut-être

---

[154] ibid. p. 34.

[155] Ce mot, qui signifie « purification de l'âme », désignait le rôle que les pythagoriciens attribuaient à la musique...

ne faut-il d'ailleurs pas s'étonner de retrouver autour du phénomène de l'harmonie l'éternelle dialectique de l'un et du pluriel qui en constitue l'essence. Produit d'un dialogue entre le sujet et le monde, l'art conserve au sein même des moyens matériels qu'il met en œuvre, une sorte de partage des pouvoirs entre la *contrainte* de la volonté et *l'expression* du réel. « On est en droit de supposer », écrivait Adorno, « que le souci intime des œuvres, c'est de se soustraire précisément à la dialectique à laquelle elles obéissent »[156].

[156] Theodor W. Adorno : *Philosophie de la nouvelle musique,* TEL, Gallimard, Paris, 1962, p. 140.

V. La concordance harmonique

La consonance apparaît depuis les origines comme une notion centrale de toute la théorie musicale, et sa vocation opératoire est fondamentale depuis l'apparition de la polyphonie. De l'évidence intuitive à l'énoncé théorique, elle a connu de nombreuses métamorphoses au cours de l'histoire, métamorphoses dont nous venons de donner un aperçu. Sa pertinence ne paraît pas pour autant remise en cause. Si l'on constate un certain consensus sur les grands pôles de la notion, il y a par contre une certaine controverse sur les « zones intermédiaires » qui constituent à vrai dire l'essentiel de la réalité musicale. Serge Gut, après avoir tenté de résumer[157] les étapes et les tendances de ce questionnement qui remonte à l'antiquité, en conclut que « les problèmes que posent ce phénomène sont infiniment complexes et vastes, et loin d'être tous résolus et même abordés ».

---

[157] Serge GUT: « Consonance, dissonance » in Science de la musique, Marc Honegger dir., Bordas, Paris, 1976, t.1 pp. 245-249.

Nous nous proposons ici de revenir aux fondements acoustiques de l'harmonie afin de développer une construction épistémologique cohérente aux différents niveaux de sa structuration. Ainsi, ce qui suit n'est pas simplement un développement de la théorie des harmoniques communes prise comme hypothèse, mais la construction, à partir de l'axiomatique physique, d'une notion — la concordance — dont nous tenterons de montrer en quoi elle permet de mieux saisir les liens entre les diverses théories existantes, et comment, en restituant au phénomène toute sa complexité, elle permet de dépasser l'univocité du couple consonance-dissonance. Le schéma ci-dessous donne le sens de la démarche méthodologique qui sera la nôtre.

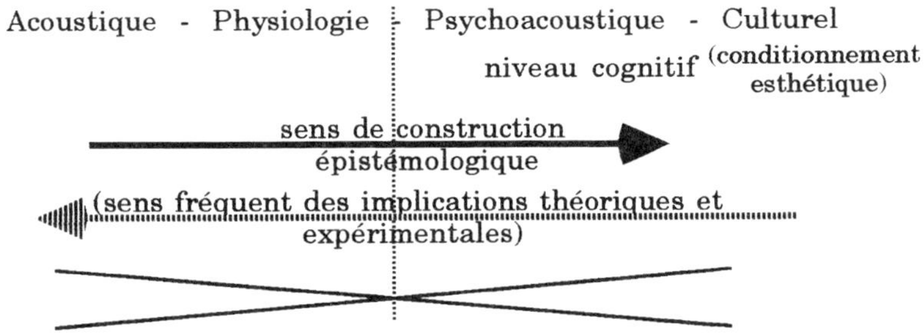

Fig. 38 : Schéma des démarches épistémologiques.

Essai de théorie physique du phénomène harmonique[158].

Nous emprunterons dans cette partie les notations utilisées en théorie du signal[159] et issues de la *Mécanique quantique* de Dirac. Elles ont le mérite principal de limiter la formalisation à des formules principales très simples renvoyant à des éléments mathématiques essentiels. Elles font apparaître en particulier très facilement la double projection temporelle et fréquentielle de tout signal physique.

Le problème de l'harmonie est lié à celui de la superposition de deux signaux temporels. Cette superposition, si elle est réalisée dans l'espace à trois dimensions à partir de sources ponctuelles, donne lieu à des figures d'interférences. Pour ne pas traiter la complexité spatiale du phénomène, on peut se ramener à l'étude d'une superposition ponctuelle dans les conditions de linéarité. L'exemple le plus simple peut être réalisé électroniquement par la sommation de deux générateurs de

---

[158] Ce chapitre et les suivants présentent une certaine difficulté de lecture pour ceux qui ne seraient pas habitués aux notations scientifiques. Nous avons jugé important cependant que l'information soit accessible aux personnes que ce problème intéresse, et nous avons essayé de donner le plus d'explications possible pour que les autres puissent suivre l'essentiel des idées fondamentales qui sont exposées ici et puissent apprécier et comprendre les résultats auxquelles elles conduisent. Les développements purement mathématiques sont signalés par une typographie particulière et peuvent être esquivés.

[159] Pour plus de précisions concernant cette notation, on pourra se reporter par exemple à l'article de Georges Bonnet : *Considérations sur la représentation et l'analyse harmonique des signaux déterministes ou aléatoire* in *Théories et techniques de la détection en acoustique sous-marine et traitement du signal*, Masson & Cie, Paris, colloque de Nice 17-20 Avril 1967. Ces notations sont reprises de LAI (D.C.) : *Signal space concepts and Dirac's notation*, John Hopkins Univ. Rept. N° AFCRC-TN-60-167, 1960, et bien-sûr de DIRAC (P.A.M.) : *Quantum Mechanics*, Clarendon, Oxford, 1958, dans un tout autre contexte.

signaux monophoniques. Cette hypothèse, qui correspond à ce que réalisent les orgues électroniques, conserve au phénomène harmonique l'essentiel de son acuité.

Si $X_1(t)$ et $X_2(t)$ désignent les deux signaux temporels, les conventions auxquelles nous nous référons permettent de les considérer comme des projections sur une base de temps, ce qui s'écrit : $X_1(t) = \langle t | X_1 \rangle$ et $X_2(t) = \langle t | X_2 \rangle$

Du fait de la loi de superposition des petits signaux, le signal résultant s'écrit : $X(t) = X_1(t) + X_2(t)$. (1)

S'il n'y a guère de difficulté à admettre que le signal résultant de la superposition de deux signaux temporels est égal à la somme de ces signaux, les choses deviennent plus délicates quand il s'agit de considérer ce qui se passe au niveau de l'énergie des deux signaux. En effet : l'énergie du signal résultant n'est pas égale à la somme des énergies des signaux qui le composent. Pour s'en convaincre, il suffit de prendre le cas de deux signaux non nuls strictement opposés ; leur énergie à chacun, prise séparément, est non nulle, alors que celle du signal résultant l'est : c'est le phénomène bien connu des nœuds d'opposition de phase dans les figures d'interférence ou de l'anti-bruit actif.

D'après nos notations, l'énergie est donnée par la norme au carré du signal. (Si le signal est donné par une tension u par exemple, l'énergie dissipée par une résistance r est u^2/r).

L'énergie du signal résultant de la somme de deux signaux s'écrit :
$\|X_1 + X_2\|^2 = \|X_1\|^2 + \|X_2\|^2 + 2\langle X_1, X_2 \rangle$ (2)

$\|X_1\|^2$ représente l'énergie du signal 1 ; $\|X_2\|^2$ représente l'énergie du signal 2 ; $2\langle X_1, X_2 \rangle$ prend le sens d'une énergie d'interaction (ou *terme de couplage*).

L'équation (2) est une équation tout à fait fondamentale. Elle est une lointaine parente, si l'on veut, du théorème de Pythagore. En effet, ce théorème, qui énonce que « pour un triangle rectangle, le carré de l'hypothénuse est égal à la somme

des carrés des deux autres côtés », se prolonge, dans le cas où l'angle est quelconque, par l'adjonction d'un terme « produit scalaire » qui est une sorte de mesure de l'orthogonalité (il est nul si l'angle est droit). C'est l'explicitation de ce terme, que l'on appelle en physique « terme de couplage » qui va nous conduire à définir la *concordance harmonique.* L'opération simple de superposition de deux signaux conduit, on l'a vu, à des résultats paradoxaux. En effet, elle n'assure pas la conservation de l'énergie. Les battements, par exemple, ne sont pas autre chose que la fluctuation de l'énergie dans le cas d'un très léger décalage de période entre les deux signaux. L'existence de ces phénomènes, que le terme de couplage explicite, rend difficile la compréhension du monde harmonique à partir des expressions temporelles. On est donc amené à utiliser la projection fréquentielle des signaux, c'est-à-dire leur analyse de Fourier.

Cela s'écrit, toujours avec les notations de Dirac : $X_1(\nu)=\langle\nu|X_1\rangle$ et $X_2(\nu)=\langle\nu|X_2\rangle$.

L'énergie du signal résultant devient alors :

$$\|X_1+X_2\|^2=\int_\nu (X_1(\nu)+X_2(\nu))^2 d\nu$$
$$=\int_\nu (X_1(\nu))^2 d\nu+\int_\nu (X_2(\nu))^2 d\nu+2\int_\nu X_1(\nu).X_2(\nu)d\nu \qquad (3)$$

On définit la Concordance comme étant, à un coefficient près, le *terme de couplage :*

$$C(X_1,X_2)=\int_\nu X_1(\nu).X_2(\nu)d\nu. \qquad (4)$$

Remarques : si ν est réel positif, on s'affranchit des effets de phase. D'autre part, ce qui précède vaut pour des signaux réels *quelconques*.

Nous allons maintenant nous attarder au cas particulier des sons dits « harmoniques ». On désigne par là tous les sons périodiques. Ils sont constitués d'une série de fréquences partielles multiples d'une fréquence fondamentale. Ce sont les sons usuels de la musique, et en particulier de l'orgue que nous avions pris comme exemple au début de ce chapitre. On conçoit que c'est à partir de ces sons que le phénomène harmonique, et particulièrement les notions de consonance et de dissonance, se construit. On peut les modéliser comme étant la superposition des harmoniques successives d'une fréquence fondamentale donnée (sorte de synthèse additive). Cependant, l'épaisseur des pics que constitue chaque partiel, nulle en théorie, s'avère en pratique d'une certaine dimension, du fait de phénomènes physiques de distribution spectrale dont nous discuterons plus loin les origines possibles. La modélisation suivante se propose de tenir compte de cet effet de réalisme.

On peut exprimer le signal comme la somme de ses partiels :

$X(I) = \sum_k a_k G(I_k - I)$ (ici en fonction des intervalles I et I_k) (5)

$$I = \log_2\left(\frac{f}{f_{ref}}\right) \quad \text{et} \quad I_k = \log_2\left(\frac{k.f_0}{f_{ref}}\right)$$

f_0 fréquence fondamentale ; f_{ref} fréquence de référence ;

a_k amplitude des composantes harmoniques (ce qui définit le « timbre ») ;

G courbe en cloche : dans les calculs qui suivent, ce sera une gaussienne :

$$G(I_k - I) = \frac{1}{\sigma\sqrt{2\pi}} e^{-\frac{1}{2\sigma^2}(I - I_k)^2} \quad ; \qquad (6)$$

Cette modélisation permet d'aborder des aspects assez différents du problème global, en particulier dans ce que peut représenter G. On peut proposer deux sortes d'interprétations pour ce terme. Une première rendrait compte de la répartition spectrale de l'énergie : la concordance prendrait alors le sens d'une énergie d'*interaction*, énergie de *couplage*, énergie *mise en commun* dans la fusion spectrale.

Remarque : en cela on se rapproche de la théorie des résonateurs de Helmoltz. En effet, le rapport de l'énergie w reçue par le vibrateur à l'énergie

W reçue à la résonance s'écrit : $\frac{w}{W} = \frac{1}{\left(\frac{M}{2\alpha}\right)^2 + 1}$ avec $\alpha = \frac{h}{k}$ où h est le facteur amortissant et $M = i - \frac{1}{i} \approx 2\log i$; $i = \frac{\omega}{k}$, k étant la pulsation propre du résonateur et ω la pulsation d'excitation. Avec $I_1 - I_2 = \log i$ il vient :

$$\frac{w}{W} = \frac{1}{\left(\frac{I_1 - I_2}{\alpha}\right)^2 + 1} \approx 1 - \left(\frac{I_1 - I_2}{\alpha}\right)^2 \approx e^{-\frac{1}{\alpha^2}(I_1 - I_2)^2}$$

. Il suffit de poser $\alpha = \sqrt{2}\sigma$ pour obtenir la correspondance au second ordre.

Dans une seconde interprétation le terme de couplage se définit aussi comme produit des probabilités de présence de X_1 et X_2 sur la fréquence ν (théorie des distributions), c'est-à-dire comme la probabilité de coïncidence en ν des deux signaux.

Quelle que soit la fonction que l'on assigne à G, le rôle de σ apparaît déterminant. Là encore, il est possible d'assigner à ce terme différentes interprétations dans l'ensemble de la chaîne sémiologique qui part du phénomène acoustique.

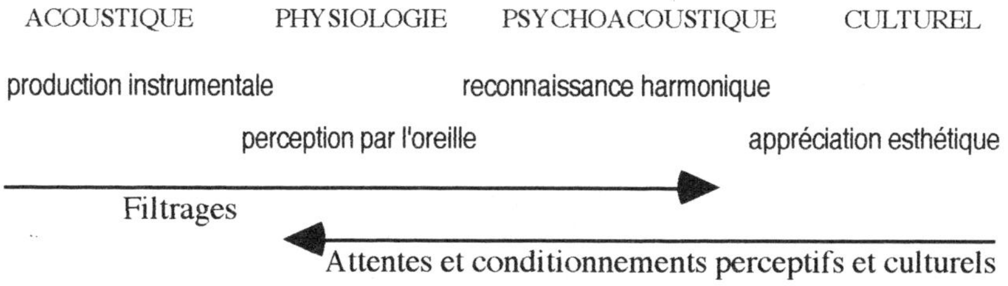

Fig. 39 : Schéma des niveaux possibles d'interprétation de la concordance dans l'élaboration de la conscience harmonique.

Dès le niveau acoustique, l'analyse des spectres instrumentaux montre que le modèle proposé est une bonne approximation de leur comportement fréquentiel réel. Au niveau physiologique, le comportement de l'oreille interne peut être modélisé en première approche par une série de résonateurs de Helmoltz. Son comportement spécifique s'intégrerait sous la forme d'une dépendance de σ et des a_k en fonction de la fréquence et du

niveau d'intensité sonore[160]. En rendant compte du phénomène harmonique à un niveau épistémologique relativement modeste, ce sont ses limites incontournables que nous sommes amenés à cerner. Il ne fait pas de doute que la perception soit un phénomène complexe. Simplement il ne faut pas confondre σ avec des notions aussi peu définissables que la « finesse de l'écoute » ou « l'éducation de la sensibilité de l'oreille », même si un tel rapport peut éventuellement être mis en évidence a posteriori...

Il faut maintenant tâcher de comprendre le rapport entre la courbe G et la courbe standard de Plomp et Levelt, ou du moins les enjeux d'une différence aussi radicale. Pour cela, il convient de revenir à la source du phénomène : l'expérience qui consiste à faire varier continûment l'intervalle entre deux sons purs. Si nous réservons le terme de consonance à la *sensation* produite par ce phénomène, on peut convenir que cette expérience se décompose en trois phases : une première phase pour laquelle les deux fréquences sont tellement proches qu'elles fusionnent, une seconde pour laquelle se produit le désagrément (lié aux sons résultants ?) et une troisième pour laquelle le désagrément s'atténue au point que les deux sons deviennent parfaitement indépendants. Le tableau suivant tente de montrer schématiquement à quoi correspondent ces trois zones dans les deux représentations que nous discutons.

La consonance telle que définie par Plomp & Levelt assimile à une même valeur paramétrique les notions de fusion et d'indépendance. Ce n'est pas le cas pour la fonction G qui, cependant, ne donne a priori aucun repère précis quant à la zone de désagrément. En fait, ces repères apparaîtront avec les calculs concernant les sons complexes. On a là l'illustration de la différence de point de vue épistémologique : les courbes de Plomp & Levelt sont sensées représenter l'évolution d'une sensation, le désagrément, évaluable par un jugement perceptif à connotation

---

160 Le modèle pourrait être complété (masquage...etc.) pour des ordres de précision supérieurs. Toutefois, il convient de n'introduire ces raffinements que dans un second temps, afin de bien cerner leur influence sur le phénomène premier qui est celui auquel nous nous attacherons.

esthétique. La concordance est une grandeur physique dont on peut imaginer la mesure par un dispositif électronique ; la sensation peut alors être mise en rapport après coup avec son intensité.

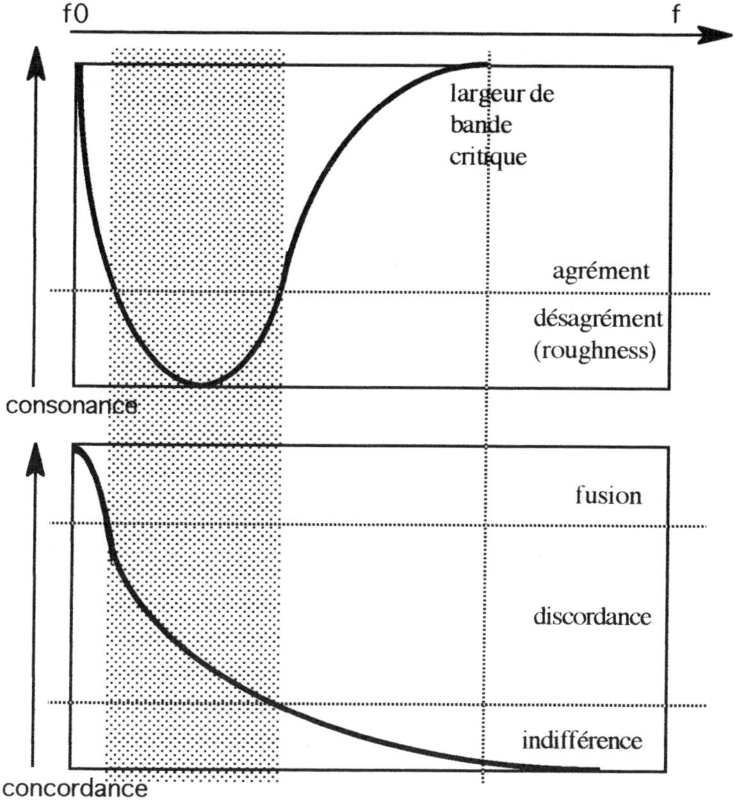

Fig. 40 : Représentation schématique des notions de consonance (d'après Plomp & Levelt) et de concordance.

La concordance, dans le cas de deux sons purs, décrit le phénomène de la « fusion spectrale ». On peut essayer de comprendre cela à l'aide d'un petit schéma mettant en présence deux partiels « d'une certaine épaisseurs ». On comprend bien que plus ils sont rapprochés, plus leur énergie commune sur une bande de fréquence intermédiaire sera importante.

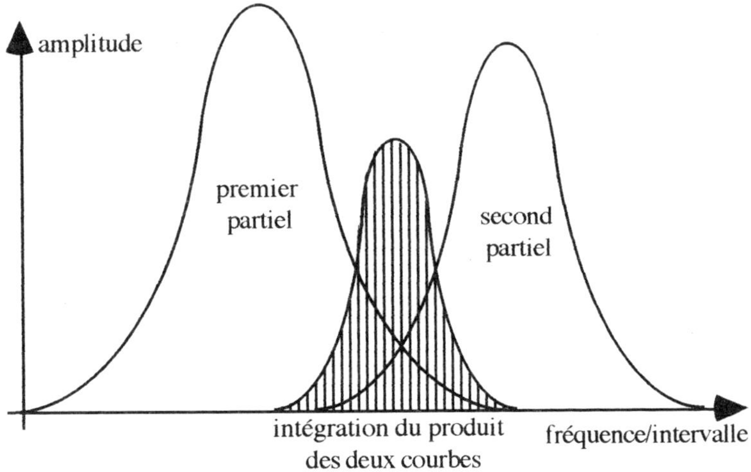

Fig. 41 : La concordance de deux sons purs représente la surface de la gaussienne issue du produit des deux courbes. Elle mesure à quel point les deux sons se sont confondus dans la superposition.

Toujours dans le cadre des notations précédentes, on peut calculer la concordance de deux partiels à l'aide de (4) :

$X_1(I) = a_1 G(I_1 - I)$; $X_2(I) = a_2 G(I_2 - I)$ représentant les deux partiels ; la concordance s'écrit :

$$C(X_1, X_2) = \int_I X_1(I).X_2(I)dI$$

$$= \frac{a_1a_2}{\left(\sigma\sqrt{2\pi}\right)} \int_I e^{-\frac{1}{2\sigma^2}\left((I-I_1)^2+(I-I_2)^2\right)} dI$$

Or : $(I - I_1)^2 + (I - I_2)^2 = \frac{1}{2}(I_1 - I_2)^2 + 2\left(I - \frac{I_1 + I_2}{2}\right)^2$

et donc : $C(x_1, x_2) = \frac{a_1a_2}{\left(\sigma\sqrt{2\pi}\right)^2} e^{-\frac{1}{2\sigma^2}\frac{(I_1-I_2)^2}{2}} \int_I e^{-\frac{1}{\sigma^2}\left(I - \frac{(I_1+I_2)}{2}\right)^2} dI$

soit : $C(x_1, x_2) = \frac{a_1a_2}{\sigma\sqrt{2}\sqrt{2\pi}} e^{-\frac{1}{2\left(\sigma\sqrt{2}\right)^2}(I_1-I_2)^2}$ (7)

Remarque : si on pose $\sigma' = \sigma\sqrt{2}$ on obtient une gaussienne normalisée.

Il n'est pas difficile de généraliser ce que nous venons de voir pour deux partiels au cas de deux sons harmoniques : il suffit de réaliser la sommation des effets de chacun des partiels deux à deux.

$X_1 = \sum_{k \in N} x_{1,k}$ et $X_2 = \sum_{n \in N} x_{2,n}$ représentent les sons harmoniques ;

On généralise le résultat précédent :

$$C(X_1, X_2) = \sum_{(k,n) \in N^2} C\left(x_{1,k}, x_{2,n}\right) = \sum_{(k,n) \in N^2} \frac{a_{1,k} a_{2,n}}{\sigma' \sqrt{2\pi}} e^{-\frac{(I_k - I_n)^2}{2\sigma'^2}}$$

Pour la commodité de la représentation, on trace la fonction C(I) ($I_2 = I$ variable et I_1 fixe pris comme origine). On obtient alors l'expression suivante :

$$C(I) = \sum_{(k,n) \in N^{*2}} \frac{a_{1,k} a_{2,n}}{\sigma' \sqrt{2\pi}} e^{-\frac{\left(\log(k/n)/\log 2 - I\right)^2}{2\sigma'^2}} \qquad (8)$$

Le calcul de la concordance dans le cas de sons harmoniques sert à réaliser tous les diagrammes que nous allons exploiter désormais. Toutefois, un certain nombre de points restent à préciser, et en particulier l'échelle de concordance et le rôle relatif de tous les paramètres qui interviennent dans la formule (8). Ces paramètres sont principalement ceux qui interviennent dans la définition du spectre : le nombre d'harmoniques (n) et la valeur des composantes spectrales (les a_k) qui définissent le timbre dans le cas qui nous occupe de sons continus, mais aussi la valeur de l'indétermination spectrale ($\sigma' = \sigma\sqrt{2}$).

D'après sa définition même, l'unité de concordance est la même que l'unité d'énergie. En acoustique, cette énergie est rapportée à une intensité (souvent exprimée en Watt/m^2) et est

donnée en décibels selon la loi de Weber-Fechner qui veut que la sensation soit proportionnelle au logarithme de l'excitation. Pour des raisons d'homogénéité, il semble pertinent d'en faire autant pour la concordance. Autrement dit, la concordance (en dB) sera représentée sur une échelle logarithmique. D'autre part, pour permettre une comparaison avec certaines représentations historiques, on pourra définir la discordance comme étant l'opposé de la concordance.

Il n'est pas possible de proposer ici des résultats complets concernant l'influence du timbre. C'est un sujet qui à lui seul devrait faire l'objet d'une étude extensive. Nous nous contenterons dans un premier temps de donner une indication de la contribution respective des harmoniques successives en traçant la discordance (-C(I), ou plutôt -10Log(C(I))) pour les premières valeurs des harmoniques (n). Le schéma de la figure suivante peut donc être rapproché de tous les diagrammes historiques que nous avons présentés, et en particulier de celui qui donne la concordance des spectres de deux sons dont l'intervalle varie continûment.

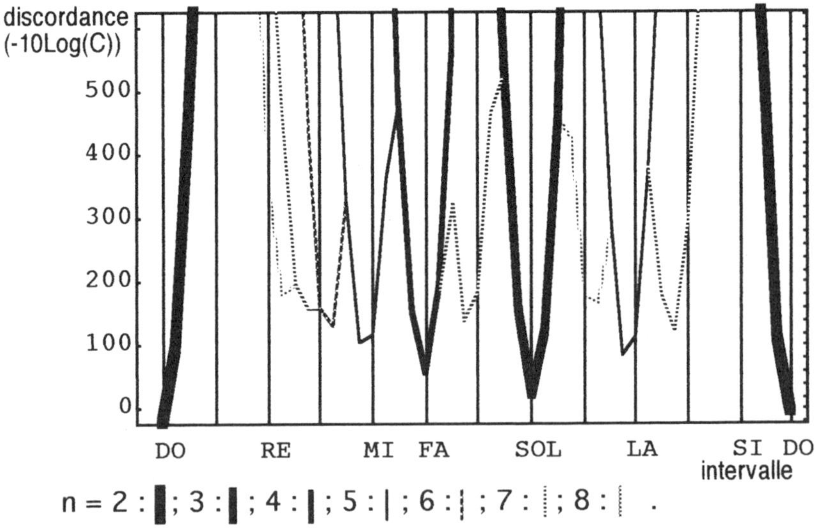

Fig. 42 : -C(I) pour σ=0,002oct et des valeurs croissantes de n.

Nous serons obligés par la suite de donner au spectre que nous utiliserons une allure standard qui corresponde à une modélisation approximative des spectres réels. Helmoltz avait choisi une décroissance des harmoniques en 1/x (x étant le rang des harmoniques). Nous avons préféré choisir une décroissance exponentielle qui correspond mieux au comportement réel des instruments. La pente de cette décroissance, en dB/octaves, sera donc un paramètre commode pour désigner la richesse en harmoniques des sons. La valeur de cette pente n'affecte pas toutefois le comportement relatif des intervalles.

Quoi qu'il en soit, l'influence du timbre est très importante et peut modifier sensiblement l'allure des courbes de concordance. Il faut avoir conscience de cela dans les conclusions que nous tirerons, sans toutefois tomber dans un relativisme exagéré.

La dépendance de la concordance en fonction de l'indétermination spectrale (σ) est une des avancées les plus intéressantes de la notion de concordance dans la compréhension des phénomènes liés à l'harmonie. Par l'intermédiaire du paramètre σ, la notion de concordance dépend des conditions de production du son et de la capacité de discernement de la perception. Un vibrato trop important par exemple, semble écarter toute possibilité d'harmonie micro-intervallique différenciée. L'intervalle de triton (*diabolus in musica...*) est tout à fait caractéristique de la versatilité de la notion de concordance. Dissonance entre deux consonances dans un contexte « pentatonique » (σ de l'ordre de 0,08), il devient une consonance entre deux dissonances dans un contexte « chromatique » (σ de l'ordre de 0,004), et à nouveau une dissonance entre deux concordances dans un contexte « infrachromatique » (σ de l'ordre de 0,002) ! Ce résultat, dans ce qu'il a de paradoxal, montre bien la fragilité des conceptions toutes faites sur le phénomène harmonique. Ils montrent également la nécessité, au delà des avancées théoriques, de mettre en parallèle notre réalité auditive avec les virtualités que suggèrent les calculs.

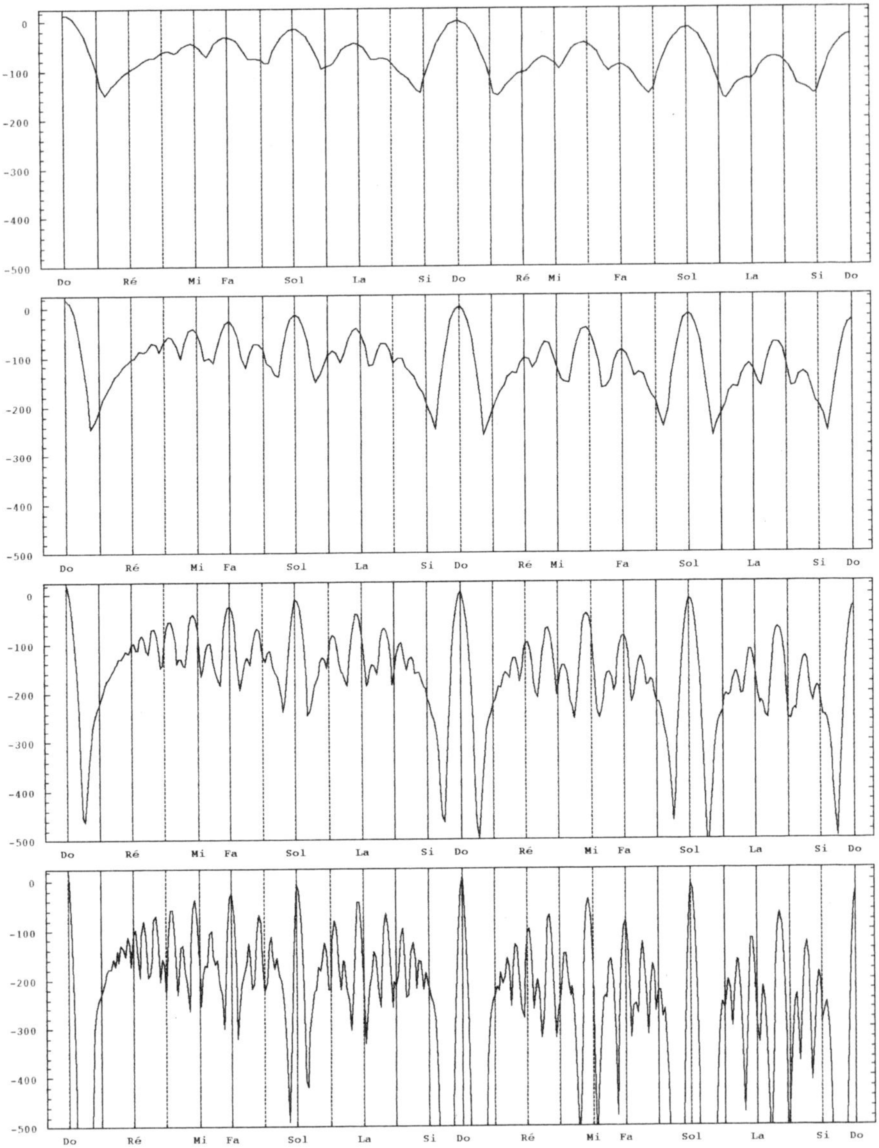

Fig. 43 : Concordance ($C_{dB} = 10\log_{10} C$) dans le cas de deux sons complexes (facteur de décroissance des $a_{1,k}$ de -15dB/oct. pour 20 harmoniques), le premier Do fixe, la seconde note variant sur deux octaves et σ prenant les valeurs (de haut en bas) 0,008 / 0,004 / 0,002 / 0,001 oct.

La théorie musicale, contrairement au sens commun, qui entend dans chaque intervalle une « couleur » différente, a toujours voulu répondre de ces intervalles sur l'axe unique d'une « consonance », ou, pour employer un terme plus vague, d'une « distance harmonique ». Les différentes approches envisagées, même si elles s'accordent sur les grands repères (la quinte, le demi-ton), restent profondément divergentes quant au comportement des intervalles « intermédiaires ». On pourra en juger en observant le tableau suivant où l'on a réuni les principales données historiques sur le sujet. Les trois premiers diagrammes de ce tableau présentent non pas une échelle mais une classification, effectuée dans les deux premiers cas à partir de considérations très simples sur le cycle des quintes et sur le spectre harmonique. L'existence même d'une échelle, c'est-à-dire celle d'une unité de mesure, est en effet extrêmement problématique pour la notion de consonance. Autant nous pouvons éventuellement apprécier le niveau sonore en disant « cet exemple est deux fois plus fort que celui-là » (ce qui n'est déjà pas si évident, malgré la nature clairement unidimensionnelle du niveau sonore...), autant il nous est assez malaisé de dire « cet intervalle est deux fois plus dissonant que cet autre ». La divergence assez manifeste des résultats n'est donc pas très surprenante.

Pour Hutchinson et Knopoff (1978), ce comportement dépend, comme nous l'avons vu, de la hauteur des sons fondamentaux. Le tracé de la concordance permet d'aboutir à une conclusion similaire si l'on admet qu'il y a une relation entre σ et la hauteur. On peut également prévoir que les valeurs de la concordance étant proportionnelles à l'énergie des signaux, un accord sera par exemple d'autant plus discordant qu'il sera joué fort (ou d'autant plus concordant qu'il sera joué *piano*, ce qui correspond à une réalité facile à vérifier dans le domaine de l'orchestration).

La dernière remarque concerne les données des récents travaux de Parncutt (1989). L'imprécision des valeurs psycho-acoustiques de référence semble conduire à une certaine indifférenciation des intervalles. En fait, il n'est probablement pas très réaliste d'appliquer de tels résultats à une écoute musicienne.

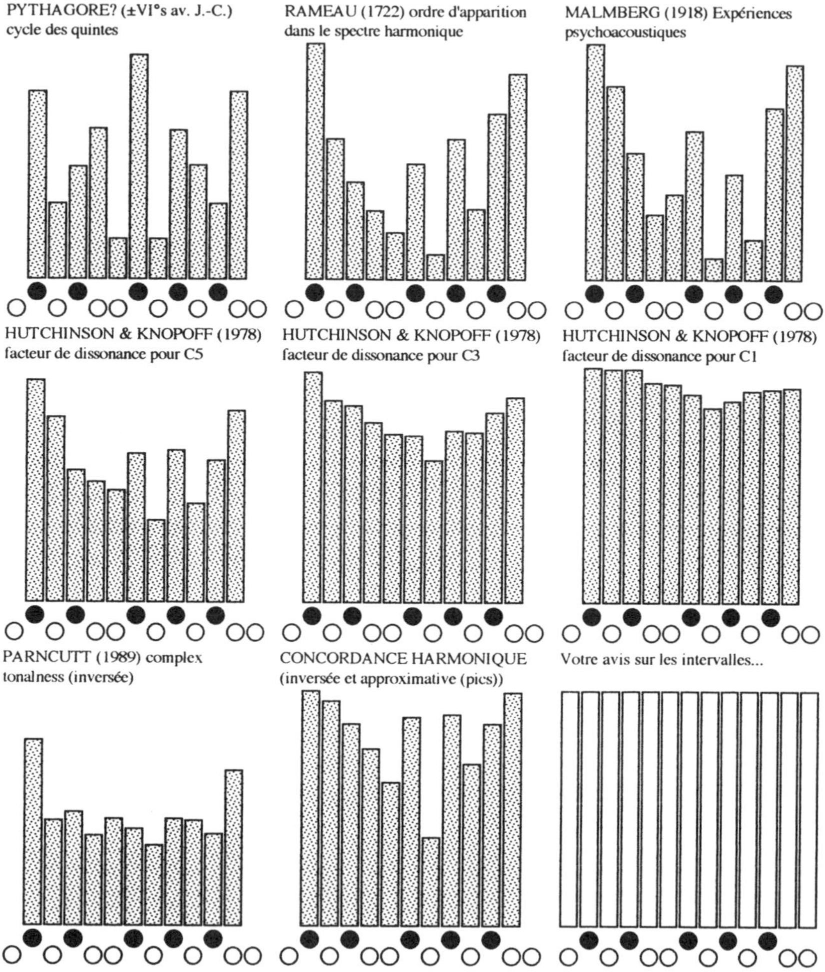

Fig. 44 : Différentes propositions de distances harmoniques entre les intervalles

Maintenant que nous disposons de bases acoustiques solides, il convient de travailler à la mise en correspondance de la notion de concordance avec les données psycho-physiologiques. On aura compris qu'il convient de le faire avec une certaine prudence, et toujours avec la réserve que des valeurs moyennes obtenues sur de petits nombres de sujets ne peuvent pas rendre compte de la spécificité d'une écoute musicienne. La notion centrale d'un tel rapprochement est sans équivoque la sensibilité spectrale (σ). En effet, quelle que soit la précision que puisse atteindre le premier élément de la chaîne, par exemple celle d'un synthétiseur[161], l'oreille donne à σ des valeurs minimales qui limitent la capacité de l'ensemble de la chaîne. Si on observe la position d'un son complexe sur le diagramme de Stevens[162], on constate toutefois que les sons que nous étudions se trouvent sur une partie relativement homogène du diagramme.

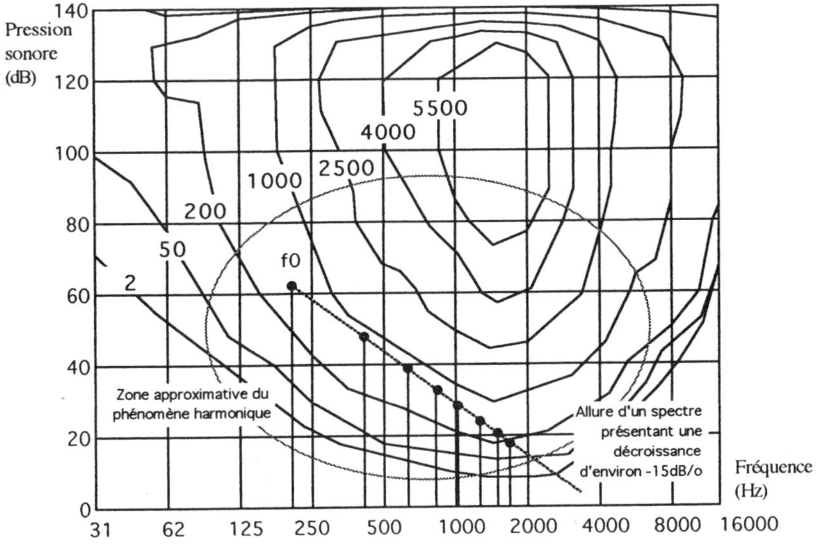

Fig. 45 : Carte du domaine d'audibilité sur un plan représentant la pression sonore (ordonnées) contre la fréquence des sons sinusoïdaux (abscisses). Les courbes indiquent la quantité de pixels sonores perceptibles par unité de surface (d'après Stevens 1938).

[161] la sensation globale de « manque de chaleur » liée à ce type d'appareils, dont l'origine est liée principalement à l'absence de fluctuations, est d'ailleurs souvent compensée par des effets de type « chorus ».

[162] Stevens S. S. et Davis H., *Hearing, its Psychology and Physiology*, John Willey, New-York, 1938, p. 153.

Même si le diagramme de Stevens ne différencie pas les résolutions fréquentielle et dynamique, il nous aide à comprendre deux idées essentielles. La première est que dans le centre du « domaine harmonique » la résolution augmente (σ diminue...) avec la valeur de la fréquence et avec celle de la pression sonore. Cela signifie qu'un accord va d'autant mieux fusionner que son niveau sonore est bas mais également que la concordance va varier suivant si l'accord est dans le registre grave, médian ou aigu. La seconde concerne la position de chacun des composants du spectre : on constate que pour une décroissance logarithmique d'environ -15dB/oct, la résolution reste approximativement constante. Cette seconde constatation permet de justifier d'attribuer une seule valeur de σ pour un spectre donné et donc de simplifier les expressions et les calculs.

Remarque : on peut proposer de tenir compte dans le calcul de la concordance de l'évolution de la valeur de σ en fonction de la fréquence. Dans ce cas les résultats précédents peuvent s'écrire en différenciant les valeurs de σ :

$$X_1(I) = a_1 G_1(I_1 - I), \text{ avec } G_1(I_k - I) = \frac{1}{\sigma_1\sqrt{2\pi}} e^{-\frac{1}{2\sigma_1^2}(I - I_k)^2} \quad ;$$

$$X_2(I) = a_2 G_2(I_2 - I), \text{ avec } G_2(I_k - I) = \frac{1}{\sigma_2\sqrt{2\pi}} e^{-\frac{1}{2\sigma_2^2}(I - I_k)^2} \quad ;$$

$$C(X_1, X_2) = \int_I X_1(I).X_2(I)dI = \frac{a_1 a_2}{\sigma_1\sigma_2 2\pi}\int_I e^{-\frac{1}{2\sigma_1^2}(I - I_1)^2 - \frac{1}{2\sigma_2^2}(I - I_2)^2} dI \quad ;$$

or on a $\left(\frac{I - I_1}{\sigma_1}\right)^2 + \left(\frac{I - I_2}{\sigma_2}\right)^2 = \left(\sigma_1^2 + \sigma_2^2\right)\left(I - \frac{\sigma_1^2 I_2 + \sigma_2^2 I_1}{\sigma_1^2 + \sigma_2^2}\right)^2 + \frac{\sigma_1^2\sigma_2^2}{\sigma_1^2 + \sigma_2^2}(I_1 - I_2)^2$ et

l'expression de la concordance devient :

$$C(x_1, x_2) = \frac{a_1 a_2}{\sqrt{\sigma_1^2 + \sigma_2^2}\sqrt{2\pi}} e^{-\frac{1}{2\sqrt{\sigma_1^2 + \sigma_2^2}}(I_1 - I_2)^2}$$

On pose alors : $\sigma" = \sqrt{\sigma_1^2 + \sigma_2^2}$, ce qui permet d'écrire la concordance de deux sons complexes harmoniques sous la forme suivante :

$$C(X_1, X_2) = \sum_{(k,n)\in N^{*2}} C\left(x_{1,k}, x_{2,n}\right) = \sum_{(k,n)\in N^{*2}} \frac{a_{1,k} a_{2,n}}{\sigma"\sqrt{2\pi}} e^{-\frac{(I_k - I_n)^2}{2\sigma"^2}}$$

Il existe, dans la littérature scientifique, beaucoup de mesures liées à la résolution fréquentielle de l'oreille. Peuvent-elles directement s'apparenter au paramètre σ ? Rien n'est moins sûr. D'autant que différentes mesures sont envisageables dont il n'est pas évident qu'elles correspondent toutes au même phénomène physiologique. On sait aujourd'hui que le modèle de la série de résonnateurs ne correspond pas au transducteur physiologique[163], même s'il peut garder son utilité dans le cadre d'une modélisation fonctionnelle. Dans un article de 1974, B. C. J. Moore[164] revient sur l'idée que le seuil de différenciation fréquentielle soit une fraction de la largeur de bande critique. Il donne des valeurs que nous reproduisons ci-dessous et qui sont utiles pour donner un ordre de grandeur pour σ. Il semble en tout cas qu'il n'y ait en fait pas de rapport entre la notion de largeur de bande critique et celle de seuil de différenciation fréquentiel.

f (Hz)	Δf (Hz)	Δf/f	I=log(f/440)/log2 (oct / 1/2tons)	ΔI=log((f+Δf)/f)/log2 (oct / cents)	CB (Hz)	CB/ Δf
250	0,70	0,0028	-0,816/-9,8	0,0040/4,8	100	143
500	0,83	0,00166	0,184/+2,2	0,0024/2,88	114	137
1000	1,80	0,0018	1,184/+14,2	0,0026/3,12	160	89
2000	3,8	0,0019	2,184/+26,2	0,00274/3,28	300	79
4000	12,9	0,00323	3,184/+38,2	0,0046/5,52	660	51
6000	38	0,00633	3,769/+45,2	0,0091/10,92	1130	31
8000	96	0,012	4,184/+50,2	0,0172/20,64	1650	17

Si l'on reporte l'écart en intervalle en fonction de la tessiture, on obtient la courbe de la figure 46[165].

Ces données nous montrent que l'on peut s'attendre à des valeurs présentant un minimum relativement large dans la zone allant de 220Hz à 3520Hz, minimum de l'ordre de 0,0024 octaves

[163] cf. Pierre Buser, Michel Imbert : *Audition, neuropsychologie fonctionnelle III*, Hermann, Paris, 1987, p. 162 et suivantes.
[164] B. C. J. Moore, *Relation between the critical bandwidth and the frequency-difference limen*, J. Acoust. Soc. Am., Vol. 55, No. 2, February 1974, p. 359.
[165]Les données statistique introduisent une incertitude de l'ordre de 9%.

soit environ 3 cents ou un 35° de ton. Il ne faut pas attendre de ces résultats autre chose qu'un ordre de grandeur de référence dans les valeurs que nous donnerons à σ. Ces mesures correspondent en effet à une tâche attentive sur des sinusoïdes, ce qui est loin d'être le contexte d'une œuvre musicale.

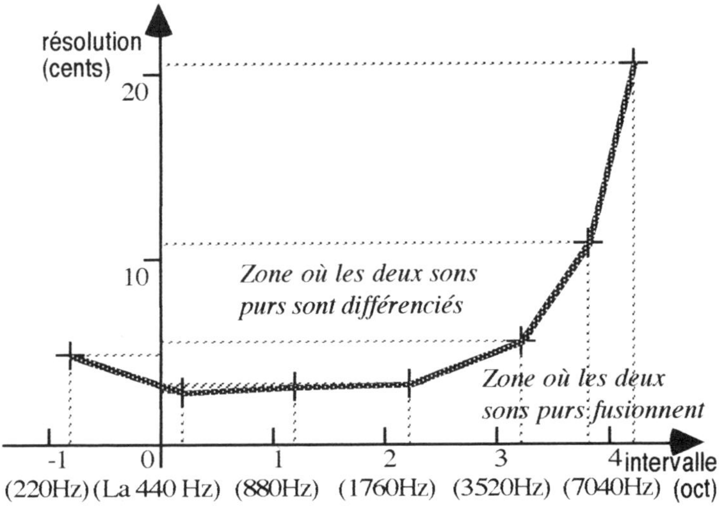

Fig. 46 : Evolution du seuil de différenciation fréquentiel en fonction de la hauteur exprimée en octaves pour deux sons purs (sinusoïdaux) à 60dB SL. (d'après Moore 1974).

Remarque : si en première approximation, on envisage une variation linéaire autour de la valeur de la note repère, on peut écrire les équations précédentes de la manière suivante :

I_1 étant l'origine, $I_2 = I$ variable, σ'' peut s'écrire comme une fonction de l'intervalle.

$\sigma_2 = \sigma_1(1 - pI)$ d'où il vient :

$\sigma'' = \sigma_1 \sqrt{\left(1 + (1 - pI)^2\right)}$, p étant la pente, ou degré de variation.

L'équation précédente devient :

$$C(I) = \sum_{(k,n)\in N^{*2}} \frac{a_{1,k} a_{2,n}}{\sigma_1 \sqrt{\left(1 + (1 - pI)^2\right)} \sqrt{2\pi}} \cdot e^{-\frac{\left(\log(k/n)/\log 2 - I\right)^2}{2\sigma_1^2\left(1 + (1 - pI)^2\right)}}$$

En fait, comme nous l'avions pressenti, les corrections ainsi apportées se révèlent en pratique minimes et ne modifient que très peu l'allure générale de la concordance, aussi nous contenterons-nous de considérer que pour une gamme de fréquence suffisamment centrale et pour des intervalles suffisamment rapprochés, on peut se contenter d'une valeur constante pour l'indétermination spectrale (σ).

Il nous faut maintenant envisager le cas d'un accord comportant un nombre quelconque de notes. Le calcul de la concordance ne pose aucun problème théorique. Par contre le nombre croissant de dimensions pose un sérieux problème de représentation.

Soit $X = \sum_{n} X_n$ le signal résultant de la superposition des n notes.

L'analyse énergétique s'écrit alors :

$$\|X(I)\|^2 = \int_I \left(\sum_n X_n(I) \right)^2 dI$$

$$= \sum_n \|X_n(I)\|^2 + 2 \sum_{i \neq j} C(X_i, X_j)$$

où $\sum_{i \neq j} C(X_i, X_j)$ représente la concordance des n sons.

Remarque : avec des signaux normés, cette concordance correspond à la moyenne arithmétique des concordances des intervalles.

S'il n'y a en apparence aucun problème théorique au calcul de la concordance de n sons, ce calcul étant même relativement simplifié par le calcul préalable de C(I), il y a tout de même une petite réserve quant à ce que représente ce calcul. Il est en effet troublant de constater qu'il dépend du nombre de notes concernées. Ce n'est donc pas un paramètre global qui mesurerait par exemple la « complexité spectrale », mais bien un caractérisant structurel. Du fait de cette incidence dimensionnelle, se pose le problème de la représentation dans le plan. En effet, avec un son fixe, n-1 sons variables et la valeur de la concordance des n sons, il faut un espace de représentation à n dimensions. Il ne sera donc pas possible de représenter la concordance

simplement au delà de 3 sons. Prenons cet exemple, afin de mieux comprendre à la fois le principe du calcul de la concordance et celui de sa représentation.

On prend donc trois sons complexes harmoniques de hauteurs I_1, I_2, I_3 (en intervalle). I_1 reste fixe à l'origine du diagramme ($I_1 = 0$). I_2 varie continûment sur l'axe des x et I_3 sur l'axe des y. La concordance des trois sons sera représentée sur l'axe z (en niveaux de gris) :

$$z(x,y) = C(I_1, I_2, I_3) = C(I_1, I_2) + C(I_2, I_3) + C(I_1, I_3)$$
$$= C(x) + C(y) + C(x-y)$$

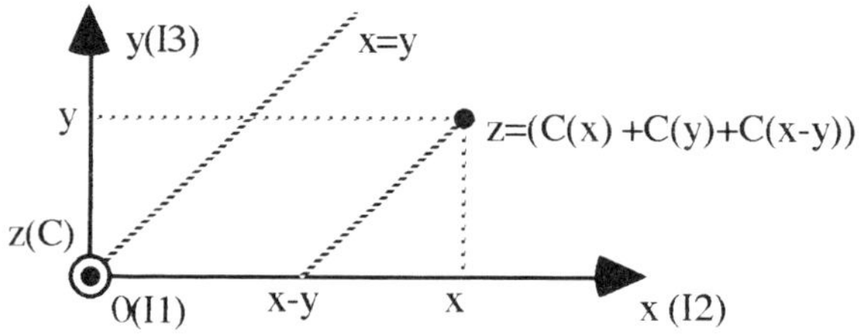

Fig. 47 : Représentation de la concordance de 3 sons.

La symétrie par rapport à l'axe médian correspond à l'impossibilité de distinguer un ordre dans les notes d'un accord (on peut imposer $0 \le I_2 \le I_3$).

Il existe une autre symétrie moins triviale par rapport à l'axe ($y = 1/2\,x$). En effet pour x donné, on a :

$$C(x) + C\left(\frac{1}{2}x + y'\right) + C\left(x - \left(\frac{1}{2}x + y'\right)\right) = C(x) + C\left(\frac{1}{2}x - y'\right) + C\left(x - \left(\frac{1}{2}x - y'\right)\right)$$

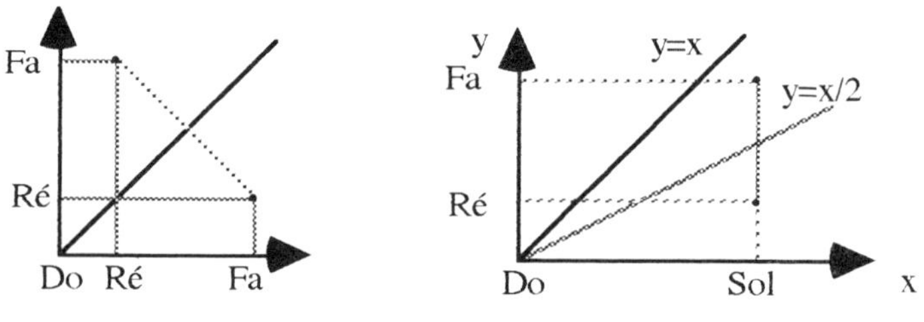

Fig. 48 : Les deux symétries de la concordance de trois sons.

Cette dernière symétrie correspond exactement à l'argument que donnait Rameau pour justifier la consonance de l'accord parfait mineur, c'est-à-dire la symétrie des tierces majeures et mineures à l'intérieur de la quinte. En effet, les accords Do Mib Sol et Do Mi Sol sont composés des mêmes intervalles, et possèdent donc la même concordance.

La figure suivante permet de visualiser la concordance de trois sons en niveaux de gris. On donne en annexe une série de « coupes » fixant deux des sons et faisant varier le troisième.

Fig. 49 : Courbes isoplanes montrant la concordance de trois sons complexes (n= 20, p=-15dB/oct, σ=0,002 oct.).

Au delà de trois sons, la seule manière d'accéder à une représentation est de procéder par « coupes ». Pour quatre sons, il faut fixer deux sons, et présenter une série de coupes en niveau de gris (cf. Annexe).

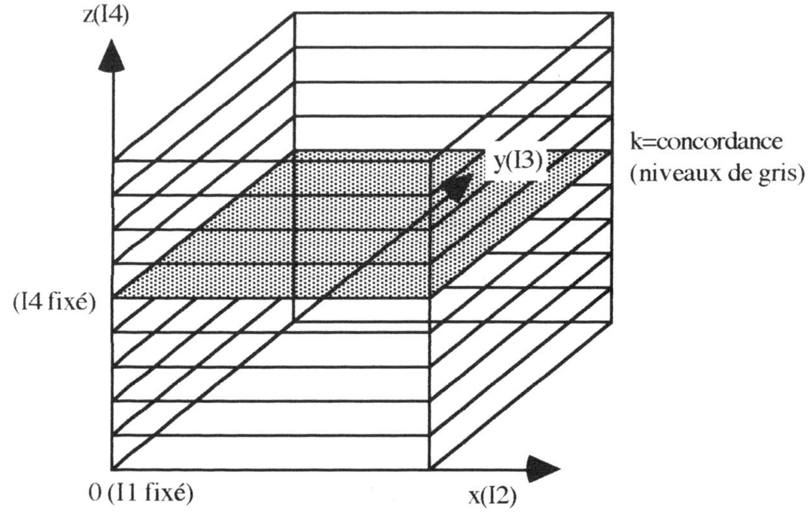

Fig. 50 : Visualisation de la représentation de la concordance par coupes dans le cas de 4 sons. Deux sons restent fixes (ici I1 et I4).

Nous allons montrer maintenant que non seulement la concordance n'est pas contradictoire avec les principales explications historiques de l'harmonie, mais qu'au contraire, elle permet de mieux les comprendre.

La plus importante de ces théories est sans doute celle de la basse fondamentale, qui, bien au delà de l'énoncé qu'en a donné Rameau, sous-tend l'ensemble de la production musicale occidentale. On peut la résumer à l'idée que tout accord possède une « basse », c'est-à-dire une note grave qui est susceptible de s'« allier » avec cet accord, et d'en renforcer la « présence ». On donne page suivante trois exemples, calculés pour σ=0,002 oct., de la concordance d'une note grave avec un accord de trois sons.

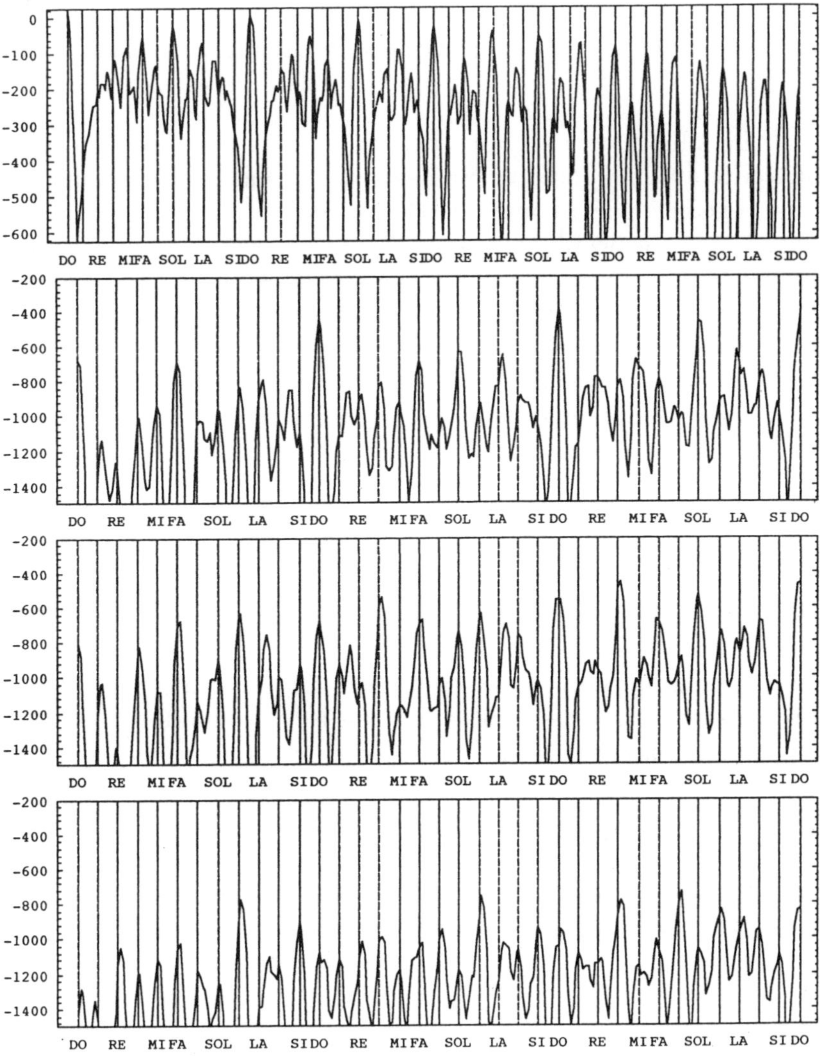

Fig. 51a : Concordance de 2 notes sur 4 octaves. Fig. 51b, 51c, 51d : concordance d'une note avec un accord de trois notes (commençant avec le Do le plus à droite), de haut en bas : Do Mi Sol (51b), Do Mib Sol (51c), Do Mib Fa# (51d). (σ=0,002 oct., timbre à décroissance exponentielle de pente -15dB/octave, n=20)

Plus la concordance est élevée, plus le spectre de la note en question sera redondant avec celui de l'accord. Cette note sera d'autant plus indiquée pour servir de support de basse. Le mode de calcul de la concordance est plus réaliste que celui généralement pratiqué dans le problème des basses virtuelles[166].

De plus, les résultats de ces calculs sont tout à fait cohérents avec les idées de Rameau sur la basse fondamentale. Ainsi, l'accord parfait majeur (Do Mi Sol) admet pour notes de basse les plus concordantes, dans l'ordre, Do à l'octave inférieure ; Do deux octaves plus bas, Sol à l'octave inférieure, La à l'octave inférieure, Sol deux octaves plus bas, La deux octaves plus bas, Mi à l'octave inférieure, Fa deux octaves plus bas... On reconnaît tous les accords issus de l'accord parfait majeur, ainsi que tous les accords de septième (La) et de neuvième (Fa).

On remarque également que quasiment toutes les notes de la gamme chromatique, à de très rares exceptions près tel le Do# à l'octave inférieure, concordent avec la triade Do Mi Sol. Cela est d'ailleurs vrai pour les autres triades. L'accord parfait mineur (Do Mib Sol) admet quant à lui pour notes de basse les plus concordantes, dans l'ordre, Mib à l'octave inférieure, Sol à l'octave inférieure, Mib deux octaves plus bas, Do à l'octave inférieure, Lab deux et trois octaves plus bas, Fa à l'octave inférieure... Le Do, basse fondamentale dans la théorie de Rameau, n'est pas la note qui vient en premier dans l'ordre des concordances graves. On retrouve là le reproche principal fait à la théorie de Rameau. Ceci dit, les notes de l'accord sont privilégiées, et le Do apparaît tout de même en bonne position. On constate également la place importante, là encore, des accords de septième et de neuvième. Pour ce qui est de la triade Do Mib Solb la première remarque est de constater que la concordance est globalement à un niveau beaucoup plus bas. En fait, la concordance des « basses fondamentales » se situe au niveau des accords de septième précédents. Le Lab, qui correspond à l'accord de septième de dominante, prend une position très nettement supérieure à l'ensemble des autres notes.

[166] voir en particulier les travaux de Therhardt et Parncutt déjà largement commentés.

Fig. 52 : Résumé des « basses fondamentales » désignées comme étant les notes les plus concordantes avec les triades Do Mi Sol, Do Mib Sol et Do Mib Solb.

Ce ne sont là bien entendu que des exemples ; il faudrait pouvoir prolonger cette étude de manière systématique, mais ce n'est pas ici le lieu.

La deuxième théorie que nous voudrions évoquer est celle des *harmoniques inverses* de Riemann. Riemann avait fait remarqué que si on prenait, à partir d'une note, la suite des intervalles harmoniques vers le grave, on retrouvait l'accord parfait mineur. C'était de sa part une pure spéculation que de faire de cette coïncidence un principe. En fait, les harmoniques inverses représentent l'ensemble des notes ayant pour harmonique commune la note de tête. C'est une approche très lacunaire de la concordance, mais qui en recèle une intuition partielle.

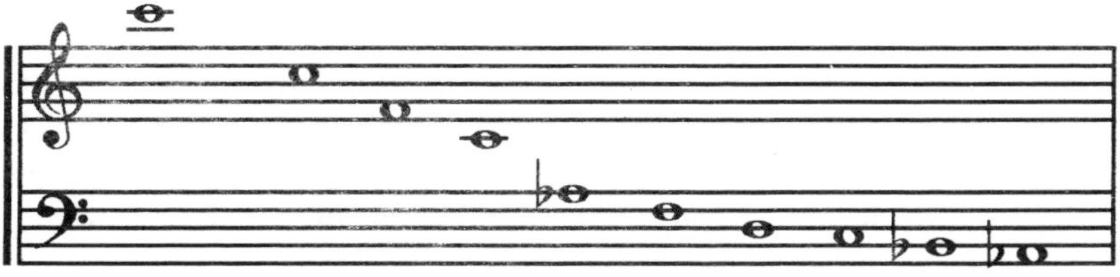

Fig. 53 : La suite des harmoniques inverses de Do (l'ensemble des notes ayant Do comme harmonique commune)

Nous voudrions maintenant aborder un des aspects les plus étonnants de la cohérence de la notion de concordance avec celle de désagrément (« roughness ») telle que l'avait présentée Helmoltz. Terhardt avait déjà montré la très grande similitude entre le désagrément et la « consonance »[167]. On peut établir un rapport direct *de nature acoustique* entre l'hypothèse d'une fréquence de désagrément quasi constante (33Hz selon Helmoltz) et l'évolution de σ en fonction de la fréquence dans le registre grave et médian.

σ (en octave)	σ∏=σ√2 (octaves)	Intervalle de discordance maximum (octave)	f0 pour une fréquence de battement de 33Hz (Hz)
0,008	0,011	0,13	350
0,004	0,0057	0,084	550
0,002	0,0028	0,058	804

Fig. 54 : Tableau donnant les intervalles de discordance maximum en fonction de σ tel qu'ils apparaissent sur la figure 20, ainsi que la zone fréquentielle correspondante si l'on supposait que les battements résultants étaient aux environ de 33Hz.

On peut en première approximation juger des correspondances grâce au tableau précédent, dans lequel on a mis en rapport les valeurs de σ, celles du maximum de discordance telles qu'elles apparaissent dans les courbes et la fréquence centrale pour laquelle ce minimum de concordance donnerait lieu à un battement de 33Hz. En raison d'une assez grande différence entre les valeurs avancées par les expérimentateurs et de la dispersion prévisible de ces données en fonction des individus, il n'est pas question de rechercher ici une coïncidence parfaite. Les valeurs numériques, même si elles demandent à être affinées,

[167] E. Terhardt, *Pitch, consonance and harmony*, Journal of the Acoustical Society of America, 55, 1974, 1061-1069.
E. Terhardt, « The two-component theory of musical consonance », in EVANS E. F. & WILSON J. P. (Eds), *Psychophysics and physiology of hearing*, Academic Press, London, 1977.

sont cependant cohérentes avec l'idée qu'une évolution globale de la précision σ de la chaîne psycho-acoustique en fonction de la zone fréquentielle des intervalles n'est pas sans rapport avec la quasi-stabilité de la période des battements désagréable, au moins dans le registre grave/médium.

Enfin, il n'est pas inintéressant de noter que les principes de définition de la concordance recoupent ces notions fondamentales de la théorie de la forme que sont l'identité et la différence. Que détermine en effet la concordance sinon la partie redondante et la partie complémentaire dans la confrontation de deux spectres ? Le principe de calcul de la concordance peut prendre un sens dynamique temporel en jugeant du taux de cohérence et de rupture mis en jeu dans la succession de deux accords. Nous reviendrons sur ce point important.

C'est un même principe qui régit la concordance harmonique et le « terme de couplage » de la mécanique quantique. Cet effet de théorie pourrait être perçu comme un avatar moderne de l'harmonie des sphères... Pourquoi serions-nous surpris aujourd'hui que le monde sensible prenne en compte des vérités mathématiques élémentaires ? L'élémentaire du vingtième siècle n'est plus celui de Pythagore, et les nombres « naturels » peuvent aujourd'hui céder la place à des nombres « habillés » par les puissantes techniques de calcul que l'informatique met à notre disposition. Le réalisme des conclusions que l'on peut en tirer n'y est pas indifférent. D'une part, la dispersion des concepts mis en jeu au cours de l'histoire autour de la notion de consonance y gagne une incontestable cohérence, mais qui plus est, la bipolarité entre consonance et dissonance n'apparaît plus comme une évidence intangible, et on assiste à une ouverture de la notion par l'intérieur, à ce passage de déterminations externes à une structure fonctionnelle interne dont Bachelard soulignait qu'elle était un moment crucial de la prise de conscience épistémologique.

L'unicité paramétrique en question

Diverses tentatives pour cerner l'évidente complexité du monde harmonique ont été faîtes par les psychologues de la musique[168]. Seashore[169] a proposé les critères de classement des combinaisons sonores suivants :

> 1) la douceur (*smoothness*) ou la rudesse (*roughness*) [ce que nous avons appelé le désagrément]. Quelle que soit notre préférence, nous concluons que la seconde mineure est plus rude que la tierce mineure. Cette qualité est liée aux nombres de battements ;
>
> 2) la pureté relative, dont l'opposé est la richesse, dont les degrés correspondent à ceux de la consonance ou de la dissonance ;
>
> 3) la liaison (*blending*), ou le mélange, est un sentiment de convenance des composantes sonores, qui dépend soit de la douceur soit de la liaison ;
>
> 4) enfin la fusion est un critère emprunté à Stumpf et définissable par la simple possibilité de décider qu'un accord est formé de deux sons ou d'un seul.
>
> [...] Malmberg (1918) avait utilisé les trois premiers dans une expérience de comparaison par paires des douze accords compris dans l'octave. [...] Les trois attributs retenus par Seashore et Malmberg sur lesquels les sujets ont eu à se prononcer ont été choisis *a priori*. Les méthodes ont depuis évolué vers un empirisme plus grand dans le choix même des

[168] On trouvera un résumé de ces tentatives dans le livre de Robert Francès, *Psychologie de l'Esthétique*, P.U.F., Paris, 1968, pp. 57-63.
[169] C. E. Seashore, *The psychology of musical talent*, Bundett & Co, Silver, 1919.
C. E. Seashore, *The psychology of music*, Mac Graw-Hill, New-York, 1938.

attributs soumis à l'expérimentation. Ainsi Van de Geer, Levelt et Plomp (1962)[170] ont utilisé dans cette matière la technique du différentiel sémantique d'Osgood et procédé à une analyse factorielle sur les résultats. Ils proposent à leurs sujets 10 échelles sémantiques en 7 points fondées sur les oppositions suivantes : haut-bas, aigu-arrondi, beau-laid, actif-passif, consonant-dissonant, euphonique-dysphonique, large étroit, simple-multiple, tendu-calme, rude-doux. [...] Après rotation simple trois facteurs ressortent :

Facteur I : saturant fortement les attributs tels que : haut, aigu, tendu, étroit, actif. On peut l'appeler facteur de *hauteur* ;

Facteur II : saturant fortement les attributs tels que : euphonique, consonant, beau. Il s'agit manifestement d'un facteur *d'appréciation* fondé sur l'agrément, le sentiment de convenance.

Facteur III : saturant fortement les attributs suivants : multiple, rude, actif. C'est le facteur le plus proche de la *fusion.*

La consonance semble donc distincte de la fusion car l'échelle de consonance n'est que faiblement saturée en facteur III.

La relation entre les trois facteurs et les propriétés des accords jugés est la suivante : entre la hauteur moyenne des composantes de l'intervalle et le facteur I la relation est linéaire. Et l'on voit qu'à la hauteur s'associent des connotations telles que la tension, l'acuité (au sens spatial), l'étroitesse, l'activité.

Entre le facteur III et la grandeur de l'intervalle il y a une certaine relation : plus la distance entre les deux sons

---

170 Van de Geer J. P., Levelt W., Plomp R., *The connotation of musical consonance*; Acta Psychol., 20, 1962, pp. 308-319.

augmente, plus leur combinaison présente de fusion, c'est-à-dire d'unité, de douceur, de passivité et inversement.[171]

Il nous a paru important de reprendre ici les premiers éléments connus de tentative de différenciation des accords. Ils ne concernent à vrai dire que des sons purs sur un intervalle maximum d'une octave, mais au delà de l'aspect fruste des expériences, si on le compare à la richesse des possibilités musicales, la nature du questionnement méritait qu'on s'y arrête quelque peu.

Le principal problème posé reste la caractérisation des accords et le rapport entre jugement psycho-esthétique et paramètres acoustiques. L'unicité paramétrique de la concordance, telle qu'elle a pu apparaître jusqu'à présent doit être levée. On pourrait conclure dès à présent que chaque accord a une personnalité qui lui est propre. Cet argument ne saurait toutefois dispenser d'une réflexion sur la manière de paramétriser de façon globale les accords. La concordance est, comme nous l'avons vu, un paramètre qui mesure l'énergie de couplage entre plusieurs sons. La répartition de cette énergie n'est pas indifférente, de même que pour le timbre. La position globale de l'accord et l'ouverture de sa tessiture doivent aussi être prises en considération.

On peut définir beaucoup de grandeurs autour de la concordance, liées aux principaux paramètres statistiques, par exemple l'écart type des concordances des intervalles, ce que l'on pourrait appeler la *cohérence harmonique,* et qui mesure l'homogénéité des tensions harmoniques au sein d'un accord, ou bien encore la *coïncidence absolue* qui mesurerait la présence de partiels communs à *toutes* les notes de l'accord.

Cette paramétrisation permet d'envisager une typologie des accords distincte a priori de celle que nous a léguée la culture occidentale. Au delà d'une confrontation entre les données de la physique et celles de la perception et de l'histoire, l'extension

[171] Robert Francès, op. cit. pp. 58-60.

d'une telle typologie à la micro-tonalité ouvre de considérables perspectives. Nous donnerons nous-mêmes quelques exemples de réalisations musicales s'appuyant sur ces résultats.

La coïncidence absolue est donnée par :

$$D(X_1,\ldots,X_n)=\int_I \prod_{k=1}^{n} X_k(I)dI$$

Remarque : la coïncidence absolue correspond, pour des spectres normés, à la moyenne géométrique.

La cohérence est définie comme l'écart type des concordances de chaque couple de sons d'un accord.

$$C_h(X_1,\ldots,X_n)=\sqrt{\frac{n\sum_{k\neq l}\left(C(X_k,X_l)^2\right)-\left(\sum_{k\neq l}C(X_k,X_l)\right)^2}{n(n-1)}}$$

On a représenté à la suite la cohérence spectrale dans le cas de trois sons et dans la limite d'une octave. Pour tenter d'appréhender à quoi peut correspondre intuitivement ce paramètre, prenons l'exemple des triades Do, Do#, Fa et Do, Mib, Fa#. Elles ont une concordance à peu près équivalente ; par contre, le second accord présente une cohérence des intervalles bien plus importante que le premier. Cet exemple permet de comprendre également que si l'on pénètre ainsi des caractéristiques importantes des accords, cela ne pourra pas gommer la part culturelle dans la personnalisation de certaines combinaisons sonores qui sont à l'œuvre à l'écoute...

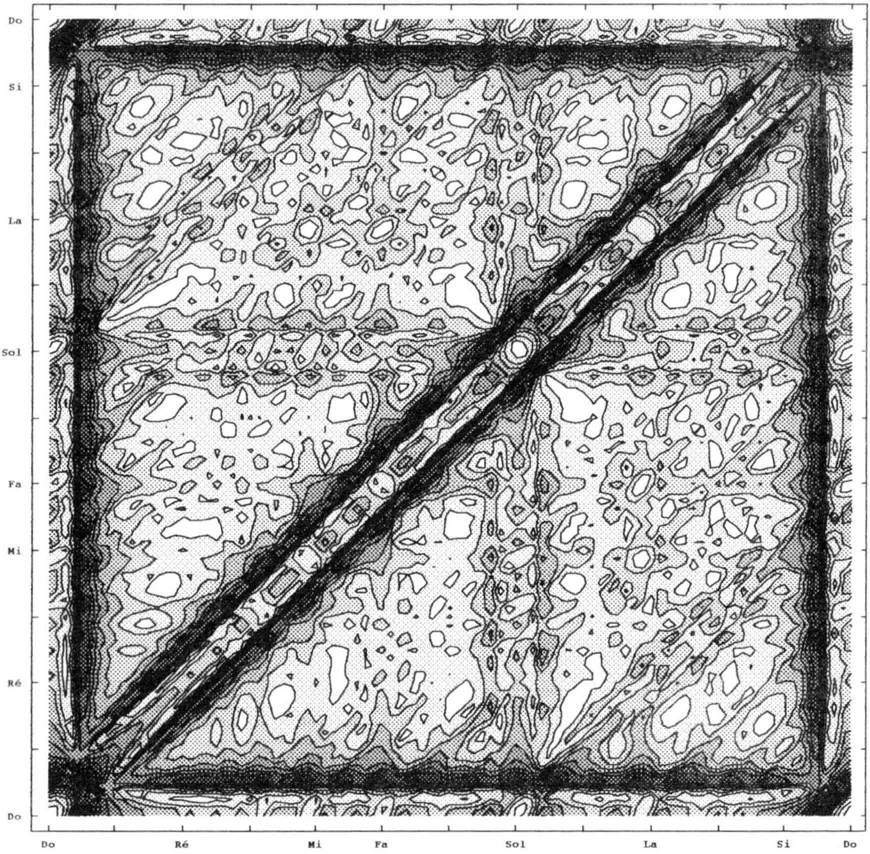

Fig. 55 : La cohérence de trois sons, représentée pour deux octaves, dans les mêmes conditions que la concordance.

La relation dynamique

Le modèle d'implication-réalisation de Meyer est principalement basé sur cette idée qu'un accord (et en particulier l'accord de dominante) appelle sa résolution au moins autant que pour les gestaltistes le cercle doit achever de se refermer. La cause principale en serait la force de conditionnement de la culture musicale. Il paraît donc tout aussi intéressant, après nous être consacré à l'étude « statique » de l'harmonie, de sonder ce que l'acoustique peut nous apprendre sur la transition entre deux accords, et à plus long terme sur la « dynamique » d'une suite d'accords.

La concordance est aussi un outil intéressant pour évaluer les écarts d'énergie mis en jeu dans une transition entre deux états. En effet, dans le passage d'une note à une autre, cas élémentaire de ce qui nous occupe ici, la transition pourra être considérée comme d'autant plus « douce » que l'énergie restée commune entre les deux spectres est grande, autrement dit que la concordance est élevée... C'est là que l'on aboutit à un paradoxe qu'il est essentiel de bien analyser. En effet, la transition la plus fréquente en musique tonale est ce qu'on appelle le mouvement conjoint, mouvement d'un ton ou d'un demi-ton, intervalles qui sont justement parmi les moins concordants. Cela souligne à quel point les considérations mélodiques peuvent sembler suivre une autre logique que celles qui concernent l'harmonie.

En fait, de même que la concordance n'était pas un critère d'intérêt harmonique (les accords les plus concordants étant aussi les plus « creux »), elle n'est pas non plus un critère d'intérêt mélodique. L'intérêt, c'est-à-dire à la fois la curiosité et la satisfaction de l'esprit, cherche sans doute son chemin entre l'évident et le quelconque. Pour illustrer ce problème qui relève plus directement de l'esthétique et pour comprendre les enjeux mêlés du contrepoint et de l'harmonie, on trouvera ci-dessous le tableau des harmoniques de la basse cadentielle type IV, V, I.

Cet exemple permet d'apprécier à quel point il est difficile de saisir la part du « mouvement » des voix (énergie « cinétique » ?) et la part de mise en commun des spectres (énergie « potentielle » ?). Le langage tonal retrouve tout naturellement le chemin d'une double économie : celle du mouvement pour l'horizontal, et celle du concordant pour le vertical.

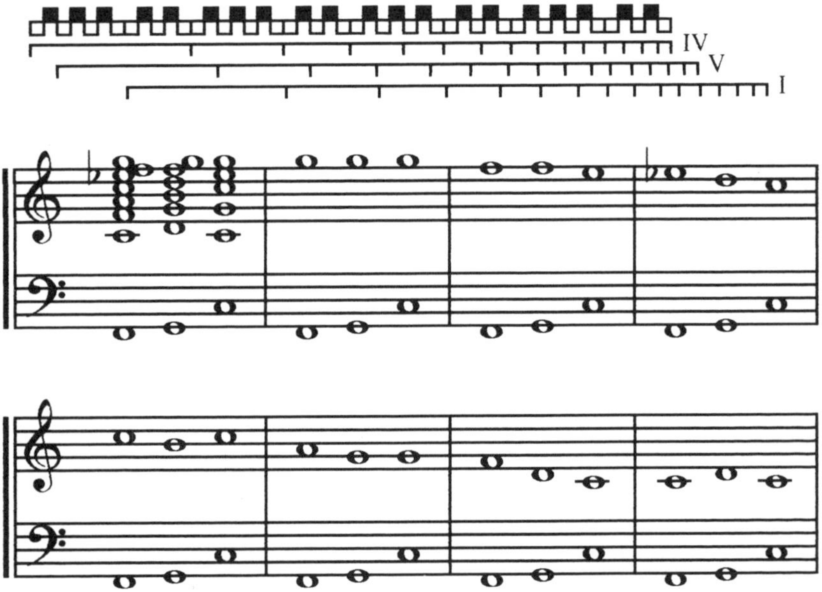

Fig. 56 : Spectres et mouvements internes dans la transition IV, V, I.

Au delà de ces considérations spécifiques, on peut imaginer un outil analytique qui permette de donner une idée des lignes de force de toute évolution harmonique. Nous avons déjà évoqué ce problème en montrant combien les concepts de la théorie de la forme, redondance et nouveauté, étaient proches de ceux mis en œuvre par la concordance. Le schéma suivant se propose de résumer les éléments de mesure des transitions dynamiques dont nous disposons sur l'exemple de deux accords de trois notes.

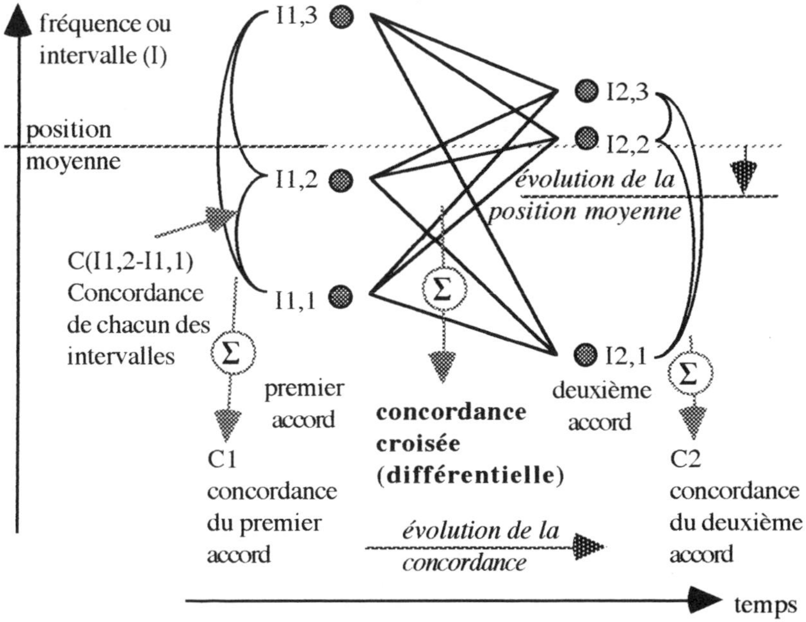

Fig. 57 : représentation schématique des rapports mis en jeu dans la mise en relation séquentielle de deux accords.

On voit se dessiner à travers les idées précédentes la possibilité d'une analyse harmonique qui ne serait pas dépendante des liens externes et qui pourrait d'une part mettre en relation les données de la tradition musicale avec les éléments de l'acoustique, d'autre part permettre d'engager une réflexion prospective utile à la musique contemporaine, en particulier, comme nous l'avons déjà dit, dans le domaine des micro-intervalles.

Le tableau suivant synthétise l'ensemble des paramètres qui peuvent désormais être caractérisés dans une transition harmonique quelconque, en dehors de tout référent culturel, et avec une précision aussi grande que l'on veut. Il reste encore bien entendu à mettre en œuvre un tel outil dans l'analyse des partitions, mais également à explorer les capacités de contrôle compositionnel qu'il autorise.

premier accord	transition	second accord
$(I_{1,1} ; I_{1,2} \ldots I_{1,n})$ hauteurs primaires		$(I_{2,1} ; I_{2,2} \ldots I_{2,n})$ hauteurs primaires
	$(I_{2,1}-I_{1,1} \ldots I_{2,n}-I_{1,n})$ mouvement des voix	
$C_1=\Sigma C(I_{1,k}-I_{1,l})\ k\neq l$ concordance primaire		$C_2=\Sigma C(I_{2,k}-I_{2,l})\ k\neq l$ concordance primaire
	C_2-C_1 évolution de la tension harmonique	
$\Sigma I_{1,k}/n$ hauteur moyenne		$\Sigma I_{2,k}/n$ hauteur moyenne
	$\Sigma I_{2,k}/n-\Sigma I_{1,k}/n$ évolution de la hauteur moyenne	
$ET(I_{1,k}-I_{1,l})\ k\neq l$ écart type des intervalles		$ET(I_{2,k}-I_{2,l})\ k\neq l$ écart type des intervalles
	$ET((I_{2,k}-I_{1,k})$ $-(I_{2,l}-I_{1,l}))\ k\neq l$ mouvement de voix type	
$Ct_1=ET(C(I_{1,k}-I_{1,l}))\ k\neq l$ écart type des concordances (cohérence)		$Ct_2=ET(C(I_{2,k}-I_{2,l}))\ k\neq l$ écart type des concordances (cohérence)
	$Cd=\Sigma C((I_{2,k}-I_{1,k})$ $-(I_{2,l}-I_{1,l}))\ k\neq l$ concordance différentielle	

Fig. 58: Tableau montrant les paramètres statiques et dynamiques associés dans la transition de deux accords.

La perception harmonique n'est en fait qu'un élément de l'ensemble du mécanisme cognitif que nous avons décrit précédemment. Mais il est précisément l'élément qui restitue la profondeur polyphonique à ce qui a pu paraître comme une réduction très linéaire. En fait, nous nous bornerons à proposer ici, comme pour le modèle cognitif général, un schéma de principe qui a pour seul objectif de dégager quelques concepts élémentaires capables d'éclairer le fonctionnement effectif, fonctionnement dont le degré de réalisme pourra être vérifié après coup. Ce qui est recherché, c'est la possibilité la plus simple permettant de réaliser les fonctionnalités dont nous connaissons par ailleurs l'existence et la très grande performance.

L'hypothèse de base de cette proposition, c'est l'existence, déjà envisagée par Helmoltz, d'un « analyseur de spectre » composé d'une série de capteurs spécialisés dans une fréquence donnée, ayant grosso-modo les caractéristiques d'un résonateur. Nous ne rentrerons pas dans les données physiologiques justifiant ou nuançant cette hypothèse. Ce qui nous intéresse, c'est de penser à quoi peut bien ressembler le réseau neuronal qui traite cette information pour en faire ce qui arrive à notre conscience, c'est-à-dire un ensemble de sons dont la tessiture, le timbre, ...etc. sont reconnus d'une manière extrêmement performante. En fait, nous allons montrer que la notion de concordance peut être comprise également comme un modèle d'implantation des réseaux de neurones particulièrement adapté à la reconnaissance de hauteur et la reconnaissance de timbre, voire la reconnaissance d'accords. L'idée même d'une réalisation sous forme de réseaux de neurones permet de comprendre la très grande dépendance du système global à un entraînement plus ou moins intensif, et donc la difficulté de donner des valeurs définitives à des éléments psycho-physiologiques extrêmement dispersés.

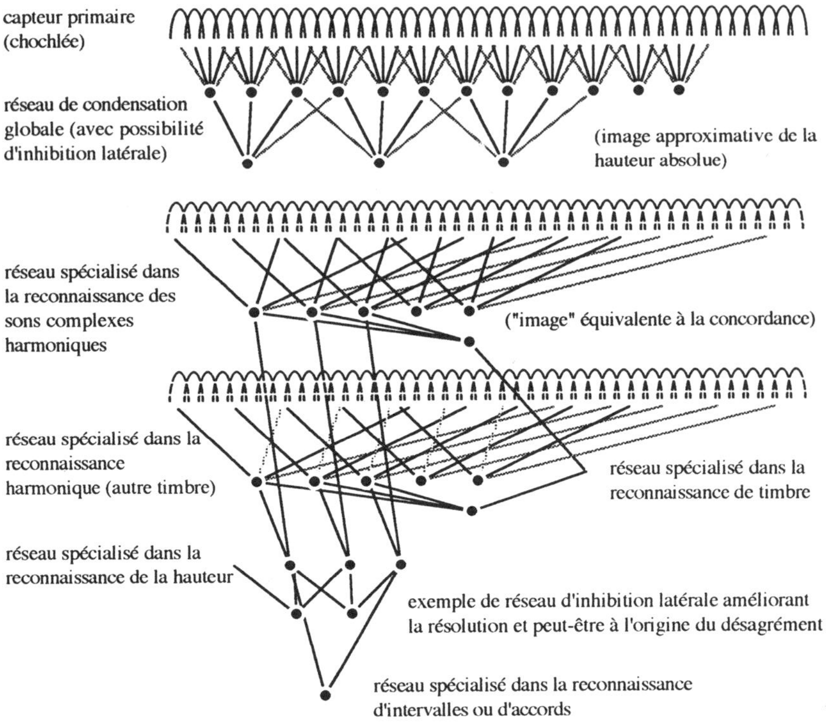

Fig. 59 : Représentation schématique des réseaux neuronaux permettant d'établir, à partir de l'« image » fournie par une série de capteurs spécialisés (résonateurs de Helmoltz formant un analyseur de spectre), d'autres images correspondant à une vision globale du spectre ou à une spécialisation harmonique ou timbrique. On peut imaginer aussi des réseaux d'inhibition latérale qui, en apportant une amélioration de la résolution, pourraient être également à l'origine du désagrément.

L'écheveau ainsi tissé peut paraître complexe, mais cette complexité n'est rien par rapport à celle que tissent effectivement nos neurones. Le résultat du calcul de la concordance d'un son complexe harmonique variant sur toute l'étendue du spectre avec le son quelconque présenté à l'oreille donne la même « image » que celle recueillie par un réseau de neurones reliant entre eux des capteurs situés dans la zone des fréquences harmoniques, avec les coefficients dédiés à un timbre spécifique. Ce calcul effectue déjà une bonne détection de hauteur et il peut être amélioré avec un ajustement des seuils de détection et des inhibiteurs latéraux.

Cette étude consacrée à une nouvelle approche des fondements de l'harmonie mériterait des développements qui débordent le cadre de cet ouvrage. Il faudrait également un nombre considérable d'exemples pour confronter la théorie avec la pratique musicale, aussi bien analytique que compositionnelle. Le chapitre suivant esquissera quelques pas dans cette dernière direction. La notion de concordance ne révolutionne peut-être pas tant les résultats que les concepts. Pour la première fois dans l'histoire de la musique, on peut penser le phénomène de l'harmonie d'une manière parfaitement générale, en dehors, en particulier, du carcan du chromatisme, et sur d'autres bases que la spéculation, ou le sentiment esthétique. Cette universalité n'est-elle pas d'une certaine manière anti-esthétique ? La concordance est une mesure, pas une norme : elle ne dit rien de ce qu'il faut faire ou ne pas faire ; elle qualifie le possible, elle ne disqualifie pas l'intuition. Affiner la description, c'est faciliter le jugement, ce n'est pas juger. Si la concordance n'implique rien sur le plan esthétique, elle ouvre cependant certaines portes à l'imaginaire. C'est une partie de ces chemins que nous voudrions parcourir maintenant.

VI. Le fini et l'infini : l'harmonie en ses sphères

L'harmonie fait partie de ces expériences magiques qui sont en soi des ouvertures de la conscience. Je me souviens, tout petit garçon, de ces doigts malhabiles posés sur le piano de ma tante ou sur le vieil harmonium au fond de l'église. D'un seul coup, par la vertu de la polyphonie, le son devenait incroyablement complexe et changeant. Je pouvais rester des heures devant le miracle d'un accord... Puis, avec l'érosion de l'âge, les accords sont devenus de moins en moins « parfaits », et de plus en plus riches et excitants. L'homme n'arriverait-il à son propre temps qu'en refaisant en lui l'histoire du monde ?

Harmonie et combinatoire

La vision de l'espace polyphonique que nous venons de développer est très proche de ce que les physiciens appelleraient un « espace des phases ». Les accords de n sons forment en effet un espace « de positions » de dimension n. Cet espace polyphonique est en général limité par la tessiture et par l'échelle

envisagée. Il offre donc un nombre fini de possibilités, même si leur nombre croit extrêmement rapidement. L'exploration de ces possibilités est dénombrée par la combinatoire.

Le cas particulier d'une échelle chromatique (ou infrachromatique à degrés constants) va nous permettre d'illustrer l'exploration combinatoire de l'espace des accords (ou « des positions »). Limitons-nous au cas où n=3, où toutes les voix sont équivalentes et ont une tessiture comprise entre 0 (la note la plus grave) et Te (la note la plus aiguë).

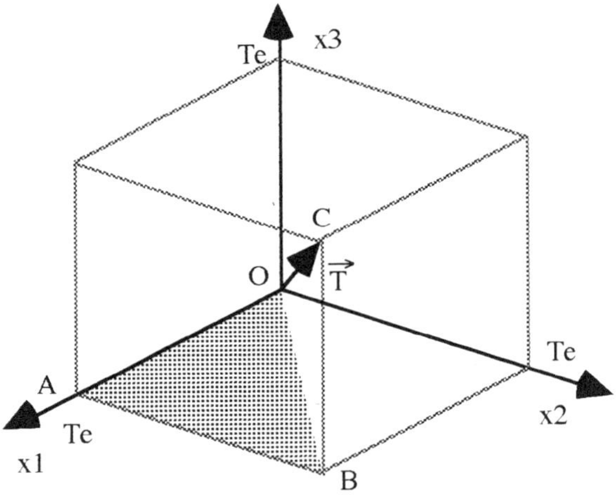

Fig. 60 : L'espace des accords dans le cas de trois sons limités à une tessiture Te.

Si seule la fonction harmonique nous intéresse, c'est-à-dire l'entité « accord » en dehors de toute considération de figuration, on peut imposer x1>x2>x3, ce qui limite l'ensemble au volume OABC. D'autre part, tous les accords situés sur une droite parallèle au vecteur $\vec{T}$ sont équivalents par transposition. Si l'on admet une seule paramétrisation par accord, il ne reste plus, pour représenter l'ensemble des accords de notre espace que le triangle OAB (grisé sur la figure). Si M est le nombre de notes dans l'échelle comprises entre 0 et Te, on est passé d'un espace complet de M^3 possibilités à un espace réduit de $C_M^2 = \frac{M(M-1)}{2}$.

Entre deux accords points de l'espace des positions, on peut définir un vecteur de transition. Les vecteurs sont par définition des « classes d'équivalence de bipoint », mais un même vecteur peut représenter, appliqué à des accords différents des réalités qui n'ont musicalement aucun rapport.

Le plus élémentaire de ces vecteurs est le vecteur transposition de k degrés de l'accord sur l'échelle. Dans un espace chromatique, ce vecteur peut s'écrire : $\vec{V} = k.\vec{T}$ où k désigne l'intervalle de transposition et $\vec{T}$ le vecteur de composantes $(1,1,1,...)$. Pour bien comprendre la difficulté dans la nature vectorielle des transitions, on peut donner le petit schéma suivant :

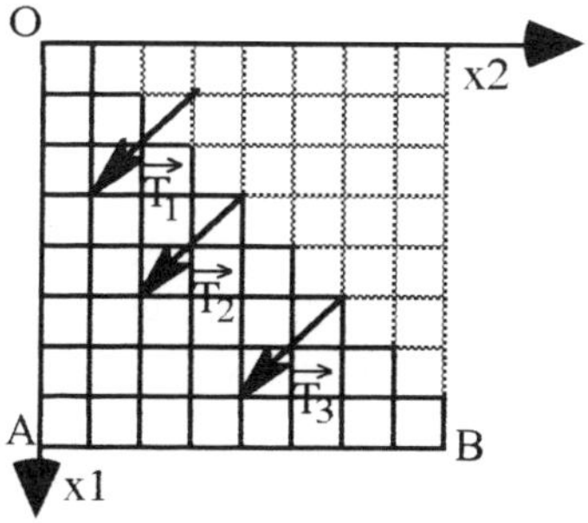

Fig. 61 : Un même vecteur peut cacher des transitions bine différentes...

Les vecteurs $\vec{T_1}$, $\vec{T_2}$ et $\vec{T_3}$ sont égaux, pourtant les transitions qu'ils représentent ne sont absolument pas équivalentes : $\vec{T_1}$ est un échange de voix, alors que $\vec{T_2}$ et $\vec{T_3}$ partent et aboutissent sur des accords différents (même s'ils sont identiques par transposition).

Le dénombrement des transitions est donné par $C^2_{\text{card(Espace des positions)}}$.

Cet espace polyphonique peut être muni d'un paramétrage dont la concordance fournit un bon exemple. Un passage musical polyphonique est alors un chemin constitué à partir d'un accord initial et d'un certain nombre de transitions échelonnées dans le temps. Le paramétrage peut servir alors de « potentiel » (à rapprocher de l'analogie avec la « gravité » employé pour désigner l'attraction tonale par exemple...).

J'ai été très tôt fasciné par ce problème de la combinatoire harmonique. L'interdit qui pesait, dans la tradition issue du sérialisme, sur l'usage de certains accords dits « classés », m'avait toujours parue très dogmatique, voir castratrice... C'était d'ailleurs plus pour moi la preuve d'une insuffisance conceptuelle que le signe d'une véritable nécessité musicale. Schœnberg lui même ne s'y trompait pas quand il écrivait en 1926 :

> Mais aujourd'hui, fort de mon expérience, je pense que l'usage des accords consonants redeviendra légitime le jour où on aura trouvé le moyen technique de satisfaire ou de neutraliser ce qu'ils exigent sur le plan formel[172].

Il écrivait également (en 1934) :

> Il n'est pas prouvé d'autre part que le nouveau schéma harmonique soit étranger aux lois de la tonalité et il est aisé d'imaginer que le concept de tonalité puisse être élargi jusqu'à englober toutes les combinaisons de sons[173]

Les deux assertions de Schœnberg ne sont pas sans présenter quelque contradiction. En effet, l'étalon de mesure de ce nouveau système dont il rêve doit-il être la tonalité ? Les systèmes que l'on a pu opposer à la tonalité au cours du vingtième siècle ont montré leur partialité et leur indigence. Le modèle du système tonal dépasse sans doute en taille et en complexité ce qu'il est donné de réaliser à un individu. Consensus probable de la nature et de l'histoire, la tonalité apparaît comme référence pour toute musique future, et nous n'échapperons pas à cette obligation de modestie. Toutefois, les lignes qui viennent voudraient donner quelques exemples de fonctionnements harmoniques absolument indépendants du système tonal.

Une des premières implications des espaces polyphoniques que nous venons de décrire, c'est de considérer que l'unité

---

[172] Arnold Schœnberg : *Le style et l'idée*, Buchet/Chastel, Paris, 1977, p. 203.

[173] ibid. p. 217. Léonard Stein faisait remarquer que l'on retrouvait cette idée chez Honegger...

musicale n'est pas la note, mais un objet déjà structuré en accord. autrement dit, la mélodie ne se réduit pas à être une suite de notes : c'est une séquence d'objets musicaux qui ont une complexité bien plus grande, et en particulier une « valeur de couleur » particulière et fondamentale. Le premier musicien qui m'ait révélé ce point essentiel est Thelonius Monk.

La première forme sous laquelle cette idée s'est déployée dans ma musique pourrait être qualifiée de « sérialisme harmonique ». De l'œuvre de Schœnberg, j'étais en effet fasciné par la volonté de totaliser les possibilités du monde sonore. Ainsi, nombre de mes premières pièces font-elles appel à des « séries harmoniques », c'est-à-dire des séries d'intervalles (accords de deux notes). Donnons un exemple, extrait de *Prélude et éclaircie*, une pièce pour clavecin de 1990.

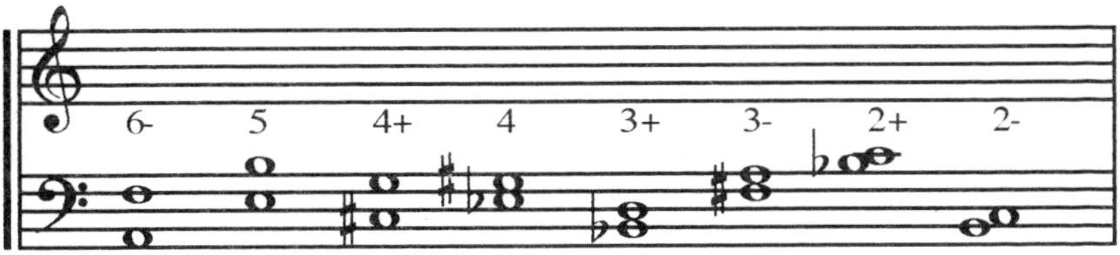

Fig. 62 : Une des « séries harmoniques » de Prélude.

Ce genre de série répond à deux contraintes : la présence de tous les intervalles et la description du continuum chromatique. De telles caractéristiques musicales permettent un jeu très particulier de contrastes harmonico-mélodiques à court terme. Mais elles ne prennent pas en compte le potentiel concordant des intervalles, sauf à donner à la série une orientation particulière qui reste très tendue étant donné le faible déploiement temporel.

Le deuxième exemple de sérialisme harmonique que je voudrais donner ici concerne des accords de trois sons. A l'origine, il s'agissait de faire se mouvoir trois voix dans l'ambitus très restreint d'une octave, en passant progressivement d'accords consonants à des sonorités plus tendues. N'ayant pas à ma disposition à l'époque un outil comme la concordance, j'en avais imaginé une version extrêmement simplifiée : chaque intervalle était affecté d'un poids et l'accord était caractérisé par la somme des poids des intervalles qui le constituait. C'était une approximation compositionnelle arbitraire, mais dont la mise en œuvre avait le mérite d'être assez simple.

Fig. 63 : Les poids affectés aux intervalles.

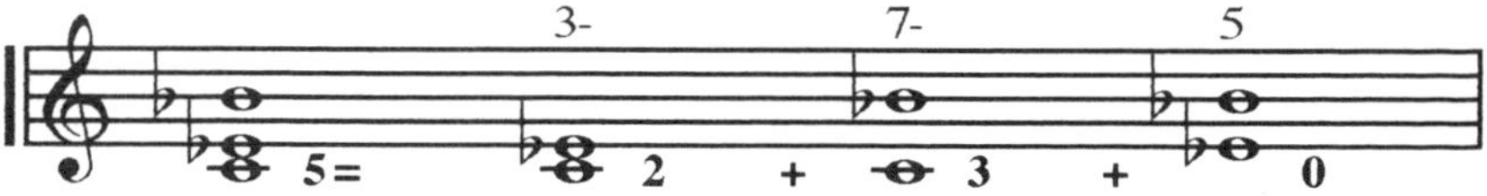

Fig. 64 : Le mode de calcul du coefficient affecté aux accords.

Dans les limites imparties à la tessiture, la combinatoire permet de réaliser (10x9)/2=55 accords qui sont représentés systématiquement dans le tableau de la figure 63. Le coefficient de chaque accord sert ensuite de gradient pour le passage des accords à plus faible coefficient (2 central de l'accord Do-Fa-La entouré sur la figure 63) aux accords dont le poids est plus important. La trajectoire définie sur l'espace des accords correspond à une circulation dans le sens inverse des aiguilles d'une montre qui génère un certain type de comportement contrapuntique. Cette trajectoire est, selon notre vocabulaire formel, un modèle qui structure un objet musical dont les caractéristiques les plus remarquables sont le passage continu progressif et insensible d'un accord « consonant » à un cluster. La présence d'une pédale (Do) n'est sans doute pas sans incidence pour limiter les ruptures harmoniques des transitions.

Fig. 65 : Début du tracé dans l'espace réduit des positions de la séquence harmonique de la figure 62.

Il faut écouter cet exemple pour bien saisir à quel point notre perception se laisse glisser au fil des accords d'un monde à l'autre. Un tel objet musical pourrait n'être qu'anecdotique si on n'en saisissait pas la portée intellectuelle et historique. D'abord, c'est une suite d'accords intégrant des accords classés (tous les accords classés, d'ailleurs...) sans avoir recours à la tonalité, et sans que la tonalité n'apparaisse de manière involontaire à la perception. On ne peut pas s'empêcher d'autre part de trouver dans cette séquence une sorte de condensé de l'histoire de la musique occidentale, que l'on décrit souvent comme l'intégration progressive des dissonances. Ici toutefois, la liberté demeure de parcourir à sa guise dans l'un ou l'autre sens. Ce qui peut apparaître comme l'élément le plus dramatique, c'est l'achèvement des possibilités combinatoires, et l'aporie qui est représentée là à un arrière goût de « fin de l'histoire ». Ce serait toutefois faire une bien grossière erreur d'interprétation : la combinatoire qui s'achève ici est la combinatoire statique des accords issus du chromatisme ; le potentiel combinatoire des enchaînements, leur mise en place rythmique, sont à peine exploités, et il sont considérablement plus importants...

Fig. 66 : La suite harmonique issue du parcours défini figure 65 dans l'espace réduit des accords.

Il y a, dans ce petit exemple, bien plus qu'une métaphore de l'histoire de l'harmonie : peut-être la métaphore du nécessaire passage, en cette orée du troisième millénaire, de l'exploration d'un espace immobile, désormais exploré jusqu'à ses confins, à celle d'un espace d'organisation et de relations encore bien mal connu. Le temps de l'expansion spatiale, dût-il être projeté en dehors de l'univers terrestre, ne doit-il pas laisser la place à celui d'une attention tout à fait neuve sur les modes d'existence dans la finitude du monde ?

Avant de conclure, je voudrais donner deux exemples d'utilisation de la procédure précédente dans un contexte musical. Le premier est extrait d'une série de pièces pour piano et récitant : *Vivance.* Il reprend une séquence construite de manière exactement similaire à la précédente. Cette pièce correspond à l'évocation poétique d'un paysage...

Fig. 67 : Extrait de Vivance, *pour piano et récitant, septième porte, porte de chrysolite.*

Le second exemple est beaucoup plus complexe dans son élaboration car il fait appel à une échelle à quarts de ton, et à une progression contrapuntique dont la continuité n'est pas facilitée par la présence d'une pédale. Il est issu de mon premier quatuor à cordes : *La cinquième tentative*.

Fig. 68 : Extrait de La cinquième tentative, *pour quatuor à cordes, mesures 16 à 27.*

Un rythme d'espace et de temps

Il ne faut pas se contenter de voir dans tout cela une *image* de la métamorphose. La réflexion musicale par laquelle nous sommes passés conduit à envisager le terme de métamorphose non comme le résidu, mais comme l'essence même de l'acte sonore. Quelle que soit leur valeur emblématique, nous sommes encore loin d'avoir abordé autre chose que des parcelles de cette pensée musicale dont nous voulons rendre compte.

Nous n'avons encore donné que très peu d'importance au rythme. Il s'agit là d'une notion qui, entre pulsation et durée, résume le caractère temporel des figures sonores d'une manière déterminante. Dans notre terminologie, le rythme serait un peu la part de temps pur du modèle. Or notre manière d'aborder ce temps pur, d'en maîtriser la conception et la notation, passe par une transcription de ses raisons intimes, c'est-à-dire, selon l'ambiguïté propre à la *ratio*, de ses proportions.

La musique, comme gigantesque machine à convertir l'espace en temps et le temps en espace, n'est rien si on la compare à notre propre corps. J'ai toujours été fasciné par l'idée de cette « musique intérieure », une musique qui ne serait pas à l'échelle de nos gestes, une musique inaccessible à notre perception directe, mais perpétuellement disponible à notre méditation, moyennant un effort de notre écoute intérieure, une attention microscopique de nos sens. Tous ces flux, ces rythmes infimes, cette collision perpétuelle d'informations, sont autant d'éléments d'une gigantesque métaphore. La vie et la musique y retrouvent une inspiration commune. Cette superposition de souffle, de circulation sanguine, d'influx nerveux... mêlant les éléments jusqu'à l'intelligence du monde n'est-elle pas le modèle sous-jacent et à jamais inaccessible d'une gigantesque micro-polyphonie ? Il y a, pour chaque note confiée à l'écriture, une nostalgie de ce grand ordonnancement bouillonnant qui nous constitue et dont la conscience, cette voix intérieure qui résume chaque instant, occulte délibérément le foisonnement, aveugle et sourde qu'elle est finalement à son être le plus profond. L'idée de pénétrer au cœur de cet univers à la fois entièrement disséminé et magistralement ordonnancé constitue un des principaux enjeux de la partition d'*Intime/Ultime*.

Au départ, pourtant, il y avait une gageure bien différente : celle de réaliser une sorte de petit concerto pour violoncelle avec une formation réduite à quatre instruments, la flûte, la clarinette et le violon venant s'adjoindre au soliste. Envisagé pour une telle formation, le sens dramatique du conflit issu de l'idée du concerto se révélait en contradiction avec l'exigence de fusion propre à la musique de chambre.

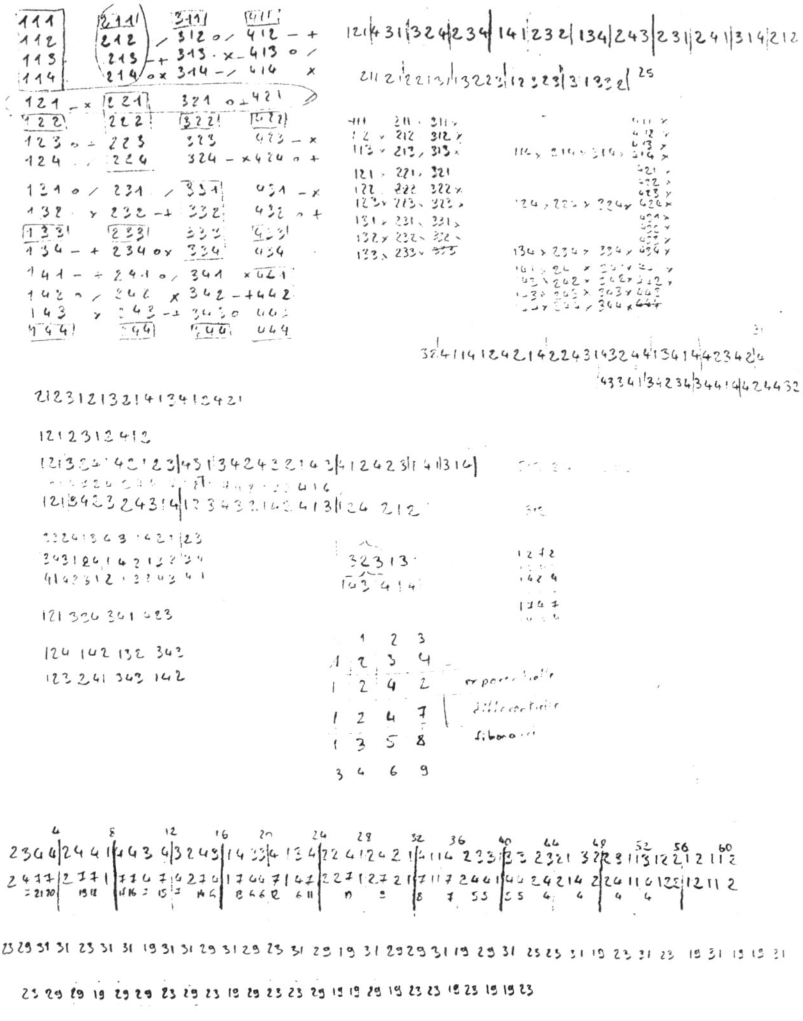

Fig. 69 : Une des pages de brouillon d'Intime/Ultime.

L'idée initiale se trouvait donc être double, et cette dialectique entre une opposition soliste/tutti, mimant une scission radicale entre le moi et le monde, et la totalité organique d'un petit ensemble de musique de chambre, retrouvant la richesse d'un monde intérieur, laissait aussi apparaître celle qui existe entre la conscience rationnelle, unique et volontaire, et un fond sensible inévaluable, capable de comprendre ses flux et ses articulations dans le foisonnement de ceux de l'univers. Toute la structure de la pièce exploite la contradiction entre ces deux démarches. Un jeu entre l'énoncé et la perte de cet énoncé, entre l'idée même de dialectique et un certain accomplissement du temps délibérément ignorant de tout questionnement, pouvait dès lors s'immiscer dans le processus de la composition.

Le brouillon de la partition reproduit ci-dessus illustre au delà de tout ce que je pourrais dire ce dont *Intime/Ultime* est une tentative pathétique. Trace de la genèse d'une démarche qui partait de la double contrainte de l'énumération et de l'ordonnancement, cette page met à nu les étapes d'une élaboration parfaitement abstraite — arithmétique — de la rythmique d'une pièce. La lecture intuitive, plastique, d'un tel document, nous renseigne plus que tout autre discours sur leur portée esthétique. Ce qui se façonne sous nos yeux comme un tableau abstrait, c'est en quelque sorte le code génétique de la musique, et c'est l'idée que tout va découler d'un arrangement de symboles — 1, 2, 3, 4 — comme dans un jeu combinatoire à la fois monstrueux et superbe.

A partir de quatre valeurs simples (1, 2, 3, 4), il est possible d'obtenir une suite incluant toutes les combinaisons de ces valeurs par série de trois. En construisant systématiquement une telle suite, on peut lui donner une orientation qui permet de dériver progressivement d'un type d'élément à un autre.

2 1 1 2 1 2 2 1 3 1 1 3 2 2 3 1 2 3 2 3 3 1 3 3 2 4 1 1 4 1 2 4 2 1 4 2 2 4 3 1 4 3 3 4 1 3 4 2 3 4 3 4 4 1 4 4 2 4 4 3 (2 1 ...)

Remarque : il y a $4^3=64$ possibilités de construire des séries de 3 valeurs issues des 4 valeurs initiales, il en reste 60 en excluant les 4 séries à élément unique 111, 222, 333, 444, ce qui fait que la série précédente, qui se boucle sur elle-même comprend 62 chiffres.

Ici encore, comme dans les séries harmoniques, et comme dans les formes fractales du chapitre III, ce sont les contraintes contradictoires de minimalisation des éléments constitutifs et de diversification maximale de leur déploiement qui donnent à l'objet un caractère tout à fait spécifique. On a affaire à des sortes de « carrés magiques », mais des carrés magiques pensés pour le temps et pour l'économie de la perception. Le minimalisme du matériau initial, la complétude d'une combinatoire intermédiaire, l'évolution globale d'un pôle à l'autre des caractéristiques de cette combinatoire, sont les principales caractéristiques formelles liées à l'emploi de tels procédés. Ces objets parfaits, à la fois étrangement efficaces dans ce qu'ils projettent d'implication logique, et particulièrement agaçants dans la réduction qu'ils opèrent des possibilités, doivent toujours être remis en scène dans la forme globale d'une pièce. Que ce soit par superposition ou par imbrication, un travail particulier de l'écriture vient souvent brouiller l'effet très volontaire et quelque peu violent que peuvent présenter ces éléments. Quel que soit, d'ailleurs, le mode d'utilisation de la trame précédente, c'est son caractère régulateur, autant que son principe de cohérence génétique, qui est utilisé. Dans *Intime/Ultime* en particulier, la trame est responsable de l'imperceptible glissement global qui s'opère dans toute la partie centrale (lettre G).

D'un point de vue esthétique, ce type de modèle doit, pour être mis en perspective, être confronté d'une part aux modèles arithmétiques simples, ceux que Messiaen a utilisés par exemple, et d'autre part aux modèles proliférants issus de la pensée sérielle ou stochastique. Il y a une rupture conceptuelle importante avec les premiers comme avec les derniers. Cette rupture n'est pas seulement une sorte de consensus ou de synthèse entre le nombre simple du géomètre et le nombre pléthorique globalisé du statisticien. C'est aussi la recherche d'un monde répondant à d'autres nécessités que l'évidence ou la complexité, la recherche d'une sorte d'intelligence des choses qui se démarque à la fois du chiffre pur et de l'innombrable, de la brutalité de l'énoncé et du délire de la profusion. Intermédiaire, ici encore, entre deux figures de néant, le choix de telles figures cherche dans une sorte de prélangage, de morphogénèse, le lieu d'une médiation entre l'identité de soi et la diversité du monde.

On peut évidemment se demander si une idée de cet ordre est perceptible à l'écoute, s'il ne s'agit pas là d'une pure *fabula*. Le cristal dans sa gangue, ou l'œil de l'animal, dans son pelage, marquent d'un éclat infiniment précis ce lieu où s'interpénètrent l'intérieur et l'extérieur. La surface de la musique s'ouvre peut-être aussi parfois sur un tel instant. Mais cet instant appartient à chacun. L'auditeur profite de cette porte ouverte ou n'en profite pas. Le compositeur peut au mieux la pressentir et en indiquer l'existence. Dans *Intime/Ultime*, le temps conduit distraitement l'écoute. Saccadé, éparpillé, reconstruit, il reconstitue les digressions neuronales de notre perception de la musique. Le jeu instrumental lui-même nous parle de ce geste qui va de l'intérieur vers l'extérieur, puis revient à ce qui n'est jamais vraiment identique à son origine. Expiration et inspiration des instruments à vent, va et vient de l'archet dans le mouvement du corps qui s'ouvre et se replie sur lui-même. La dernière partie de la pièce signifie-t-elle autre chose que cette immense respiration étendue à l'ensemble du quatuor ? La flûte et la clarinette parlent alors d'une même voix, happée par de longs moments de silence, ou plutôt de longs moments pendant lesquels nous prenons conscience d'un infini à venir et d'une fin inexorable.

> « C'est une musique à écouter plus que jamais les yeux fermés. Une musique dont le monde est avant tout un monde intérieur. La pensée, comme le son, doit y paraître à l'état naissant, dans le dépouillement de son existence la plus nue. Alors, au sein même du dépouillement, la présence se fait sentir de tout un tohu-bohu de circulations et de rythmes, échangés au gré de la plus profonde des respirations. Et pourtant, entre le frisson qui parcourt la surface des sons et l'oscillation douloureuse et grave de la conscience, quelques phrases abandonnées à leur destin semblent tirées à bout portant entre deux infinis irréconciliables. »[174]

[174] Extrait de la notice de la pièce.

Au delà ?

La séquence précédente peut bien entendu être interprétée dans l'espace des hauteurs. La partie de piano de *Dilemmes*, une pièce de 1995 pour soprano et petit ensemble, donne une bonne idée de l'intérêt de cette transposition temps/fréquence. On trouvera ci-dessous l'échelle résultant, dans un monde chromatique, de la séquence prise comme suite d'intervalles.

Fig. 70 : Deux échelles déduites de la séquence minimale non-répétitive.

Les accords de la « cadence » qui suit la première partie sont caractéristiques des propriétés de la séquence : chaque accord de quatre sons en a trois de communs avec le précédent et avec le suivant, ce qui assure, malgré la dispersion dans les registres, une grande continuité de couleur ; par contre, il n'y a pas un seul accord qui soit répété, ce qui donne une grande richesse de sonorités ; enfin, l'évolution de la séquence se traduit par une ouverture progressive des accords des positions serrées aux positions plus ouvertes, ce qui se traduit bien entendu par une évolution de la densité harmonique. Les gammes intercalées (Mesure 113) sont elles aussi construites sur l'échelle.

Fig. 71 : Extrait de Dilemmes *(mesures 110 à 118)*

Cette séquence n'a dans *Dilemmes* qu'un rôle de contraste formel. Nous reviendrons plus loin sur l'origine de cette partition et sur certaines particularités de son organisation. Mais elle nous offre, pour conclure cette séquence sur l'harmonie et la polyphonie, un exemple très intéressant d'organisation du matériau.

Le problème qui se pose aujourd'hui de l'utilisation du piano dans un ensemble de chambre est son incapacité à produire des micro-intervalles, sauf à avoir recours à des instruments spécifiques ou à des accordages qui obligent la mise à disposition de plusieurs instruments, bref sauf à bénéficier de moyens financiers assez considérables... Dès lors se pose le problème de la coexistence, dans l'écriture, de deux mondes harmoniques dont on a toutes les raisons de penser qu'ils sont esthétiquement incompatibles. La matrice qui génère la quasi intégralité de la partition de *Dilemmes* est reproduite page suivante. Elle fait appel, comme on peut le voir, à des séries d'intervalles, exécutables dans le monde harmonique du piano (notes blanches). Par contre, chacun de ces intervalles est prolongé par une série de notes (en noir) qui sont des micro-intervalles choisis pour leur concordance harmonique avec l'intervalle considéré.

Prenons, pour mieux comprendre, l'exemple de l'intervalle Do-Mi. Dans le diagramme de concordance de trois sons tracé ci-dessous (s'agissant d'un des tout premiers usages que j'ai fait de ces diagrammes, c'est en fait un diagramme de discordance...), Do et Mi sont des intervalles fixes et on peut repérer les intervalles infrachromatiques présentant un minimum (c'est-à-dire, donc, un maximum de concordance...). Dans ce cas, on constate que Ré+, Fa+ et La+ sont particulièrement indiqués.

Signalons au passage que certaines de ces concordances infrachromatiques sont bien meilleures que ce que donneraient des intervalles chromatiques proches (par exemple La# ou Ré#...). Ceci pour préciser que même si les demi-tons sont globalement plus concordants, « quart de ton » ne rime absolument pas sytématiquement avec « dissonant », et l'incompatibilité des deux mondes suggérée plus haut n'est peut-être qu'un effet de myopie.

Fig. 72 : Matrice harmonico-mélodique de Dilemmes.

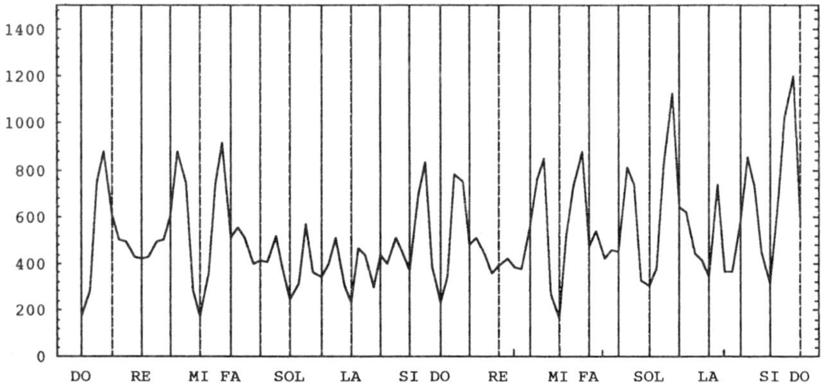

Fig. 73 : Discordance d'un son variable avec l'intervalle Do-Mi.

Fig. 74 : Exemple de trajectoire contrapuntique déduite de la matrice précédente par continuité des notes appartenant à la sphère micro-intervallique. (On peut retrouver ce contrepoint dans la première partie de Dilemmes)

Cette matrice joue si l'on veut le rôle de la palette pour un peintre. Elle détermine un ensemble complexe de relations mélodiques et harmoniques, basées — ici encore — sur la complémentarité ou sur l'homogénéité, sur des rapports entre valeurs de contraste et valeurs de continuité. Chaque ligne de cette matrice détermine, dans un registre donné, une série d'intervalles qui présente la double propriété d'une complétude chromatique et intervallique. Chacun de ces intervalles, qui entretient donc des liens de différentiation très forts avec tous les autres, est prolongé par une deuxième série de notes qui lui donne une aura très ambiguë. A partir de ce tableau, la partition dérive des situations sonores, dont la réalisation contrapuntique citée en exemple, qui résume harmoniquement tout le début de la pièce, peut donner une idée parmi bien d'autres...

La matrice originelle, à la fois génératrice et régulatrice, source de prolifération et gardienne des limites, moteur et cohérence, assure l'équilibre dans le temps et dans l'espace des forces contradictoires, met son énergie à la disposition du tourbillon où elles s'épanchent. Elle ordonnance l'éclatement comme la densification. Pourtant, ses ramifications lui échappent, sa filiation rencontre d'autres réalités. La pensée se retrouve sans doute dans cette métaphore, dans la distance qui s'instaure entre le schéma qu'elle doit se donner pour s'établir sur la fluide complexité du réel et la liberté dont elle doit faire preuve pour accéder à l'inconnu qui est son destin. Cet aller-retour entre l'assise et l'envol est le lieu de la vigilance du présent, le lieu de l'instinct et de la vie.

Ainsi, notre savoir n'est pas fait pour se circonscrire en lui-même mais pour indiquer de nouvelles directions à nos questions essentielles. Nous avons tenté au fil de ces pages de donner une idée de ce que peut devenir la réflexion sur l'harmonie dans la musique à venir.

Au delà... tout reste à inventer.

VII. Synesthétique : la conjonction Image/Musique

Le terme de synesthétique est un néologisme. Il désignera pour nous la part de l'esthétique consacrée à l'étude des interactions que les arts exercent l'un sur l'autre, à l'explicitation de ce qui, dans l'art, naît du rapport entre des formes d'expression différentes. Jusqu'à présent, nous nous étions contentés d'aborder ce que nous avons appelé les liens « internes », propres à l'objet musical, même si à chaque fois, ils ont été mis en rapport avec leur extériorité. Ainsi, les notions de forme et de structure ont-elles été abordées dans un cadre cognitif[175]. Ainsi, la notion de concordance, qui est liée à des propriétés acoustiques, intrinsèquement musicales, n'est pas conceptuellement équivalente à la subjectivité de la consonance. A partir de ce chapitre, nous allons nous intéresser à ce qui, dans l'acte musical, est extérieur au musical. Nous en parlerons plus, évidemment, en compositeur qu'en scientifique.

La réflexion d'un auteur se tisse sur plusieurs niveaux de réalité. Les aspects les plus immédiats ne sont pas toujours les moins chargés de sens. Après avoir traversé tant d'équations et de théorie, s'introduire dans la pensée créatrice exigeait pour le

[175] Nous avons traité dans d'autres ouvrages plus spécialement le rapport au sens des choix formels et structurels…

moins un changement de ton. On pourra y voir une plongée dans le réel après l'abstraction intellectualisante, ou au contraire un retour du fantasmatique arbitraire et personnel après les rigueurs concrètes de la méthode. Au fond, peu importe. Ce qui est en jeu dans une pensée, c'est sa totalité. Et puis, qui peut prétendre pouvoir fixer les limites de l'art ?

Tout ce que nous avons dit du cognitivisme musical ne vaut-il pas en effet bien au delà du cadre strict de la musique ? De même, le fait de donner tant d'importance à une recherche sur l'harmonie ne dénote-t-il pas une quête qui dépasse la simple résolution d'un problème physique ? Lier dans une interrogation commune la conscience et l'idée d'harmonie ne met-il pas en avant un réseau de préoccupations qui établit une certaine *intelligence* entre les sphères de l'existant ?

Il y a plusieurs arts, et il n'y a qu'un art. Il y a plusieurs sens et une seule sensibilité. Séparer pour réunir, scinder pour synthétiser constitue peut-être le mécanisme par excellence de notre vitalité. La « synesthétique » ne doit pas s'abuser : ce que perçoivent les oreilles *n'est pas* ce que perçoivent les yeux. La distinction nécessaire qu'est capable d'opérer notre intelligence doit converger aussitôt dans une conscience de l'événement même. Quel qu'en soit le support, notre émotion demeure notre émotion.

L'interrogation que nous voulons porter ici est sans commune mesure avec la théorie Baudelairienne des correspondances. Il n'y a pas métaphore : la diversité des réalisations plastiques, sonores ou littéraires s'effectue à partir d'un centre commun dont nous tâcherons de sonder l'origine. Ce n'est pas non plus une de ces rencontres que l'histoire facilite pour mieux comprendre les enjeux de ses soubresauts. Elle refuse l'illusion d'un artefact théorique enveloppant, comme celui qui croit cerner dans une formule simple l'impressionnisme ou l'expressionnisme. L'utopie d'une réduction quasi mathématique aux fondements élémentaires, dans la tradition de ce qu'auraient pu concevoir Schœnberg et Kandinsky, s'avère elle aussi insuffisante. Ce que nous voulons traquer ici, au delà des évidentes complicités qui traversent les arts, ce sont les ressources de l'acte artistique, c'est la nécessité qui anime sa venue au monde, l'intuition qui l'oriente vers la forme la plus pertinente de son expression.

Après Kandinsky...

Le premier tableau abstrait — du moins revendiqué comme tel — de l'histoire, s'appelait *Composition*. Ce n'est pas une coïncidence. Kandinsky a d'ailleurs lui-même beaucoup réfléchi à ce que la peinture pouvait retrouver des chemins de la musique, art qui passe pour plus spontanément abstrait parce qu'il ne se limitait pas au figuralisme. Pour le dictionnaire, composer serait « former un tout par l'assemblage de plusieurs parties ». L'acte de construction (former [...] par assemblage) et le rapport structurel qui en découle (un tout [...] de plusieurs parties) donnent de la composition une vision purement formaliste qui ne correspond pas exactement à celle de Kandinsky. La définition que donne ce dernier comprend une valeur spirituelle essentielle :

> *La composition est la subordination intérieurement conforme au but*
> 1. des éléments isolés
> 2. de la construction
> *à la fin picturale concrète*[176]

Le « but », la « fin picturale concrète », peuvent-ils être toutefois des projets musicaux ? Quand, dans les *Fondements de la composition musicale*, Schœnberg s'attache à définir le concept de forme, il tient les propos suivants :

> Au sens esthétique, le mot forme désigne une pièce *organisée*, c'est-à-dire dont les éléments fonctionnent comme ceux d'un organisme vivant. [...] En outre, on ne peut comprendre que ce qu'on peut garder à l'esprit. Les limites

[176] Wassily Kandinsky : *Point et ligne sur plan*, Gallimard, Paris, 1991, p. 41.

> mentales de l'homme l'empêchent de rien saisir qui soit trop étendu. Ce sont donc les subdivisions appropriées qui facilitent la compréhension et déterminent la forme.[177]

Cette fin concrète, ramenée par Schœnberg aux limites humaines, hissée par Kandinsky à une valeur spirituelle, est donc un moteur fondamental de la composition, du côté de la peinture comme de celle de la musique. Nous allons essayer de suivre, sur un tableau parallèle, comment cette problématique peut se retrouver dans la définition des éléments isolés. En cela, nous ne ferons que prolonger une démarche initiée par Kandinsky lui-même dans *Point et ligne sur plan*. Dans la construction de cette géométrie croisée de la peinture et de la musique, l'enjeu sera en grande partie de comprendre que la géométrie (valeur objective, logique, théorique, « extérieure » aurait dit Kandinsky) est en communion directe par notre sensibilité avec la peinture ou la musique (ces valeurs subjectives, intuitives, artistiques... « intérieures »).

> Hormis sa valeur scientifique, qui dépend d'un examen précis des éléments particuliers de l'art, l'analyse de ces éléments constitue un pont vers la vie intérieure de l'œuvre. L'opinion, répandue aujourd'hui encore, qu'il serait fatal de « disséquer » l'art, et que cette autopsie mènerait inévitablement à la mort de l'art, résulte de l'ignorante dépréciation des éléments mis à nu et de leurs forces primaires.[178]

Reprenons donc ce parallèle à partir des termes de Kandinsky.

D'un côté, la peinture	*De l'autre, la musique*
l'Espace	*le Temps*

[177] Arnold Schœnberg : *Fondements de la composition musicale*, Jean-Claude Lattès, Paris, 1987.
[178] Wassily Kandinsky : *Point et ligne sur plan*, op. cit. p. 16.

Déjà, cette distinction, « apparemment claire et justifiée », est rejetée par Kandinsky :

> Par mon passage définitif à l'art abstrait, j'ai trouvé l'évidence de l'élément temps dans la peinture et je m'en suis servi depuis dans la pratique.[179]

Il est tout aussi évident que l'espace est une notion essentielle à la musique[180], ne fût-ce que par la définition de l'espace fréquentiel...

le point

1. une entité (dimension et forme)
2. une unité bien définie[181]

la sonorité première du point est variable selon ses dimensions et sa forme[182] (ce qui montre la différence entre le point et la notion de pixel dans la théorie informatique, notion valable aussi, d'ailleurs, pour la musique)

l'instant

S'agit-il de la note, comme le laisse entendre Kandinsky ? Il faut dire que le point de Kandinsky n'a rien à voir avec le point mathématique (le point serait un petit disque...), et cela vaut sans doute aussi pour l'instant, auquel cas, les dimensions et la forme pourraient être assimilés à la durée (courte) et à l'intensité...[183]

la couleur		*le timbre*		
Blanc-Jaune-Rouge-Bleu-Noir		blanc		noir
chaud	**froid**[184]	bruit	sons	silence

---

[179] Wassily Kandinsky : *Point et ligne sur plan*, op. cit. p. 39.
[180] Cf. en particulier le colloque qui s'est tenu en Sorbonne en janvier 1997 à l'initiative de Makis Solomos sur le thème : « L'espace : musique-philosophie »
[181] Wassily Kandinsky : *Point et ligne sur plan*, op. cit. p. 39.
[182] ibid. p. 34.
[183] cf. pour cette question *Point et ligne sur plan*, op. cit. p.119.
[184] ibid. p. 75.

altitude			aigu (brillant...)
Blanc			
Jaune	Rouge	Bleu	
		Noir	
	profondeur[185]		grave (sourd...)

Notons que la distinction chaud et froid des peintres est exactement inversée par rapport à ce que les physiciens appellent température de couleur : un métal chauffé passe du noir au rouge puis au jaune au blanc au bleu et revient au noir... Le bruit, en tant que spectre continu, serait un peu l'équivalent du blanc, qui exige la présence d'un grand nombre de fréquences lumineuses, le silence et le noir se retrouveraient sur l'absence de rayonnement. Mais si le silence est bien absence de geste en musique, le noir peut être aussi au contraire présence d'un signe sur la page blanche du peintre... De toute façon, les analogies timbre/couleur, et les innombrables théories qu'on a voulu faire (avant et après Messiaen) à leur sujet, en particulier en arguant de la nature ondulatoire des phénomènes, sont de pure fantaisie. En effet, les capteurs de la vue et ceux de l'ouïe n'ont rien à voir dans leur fonctionnement et aucune correspondance ne peut être établie au niveau des gammes de fréquence. Si nous vivons une communauté de pensée entre couleur et timbre, c'est par l'intériorisation uniquement.

ligne	*ligne mélodique*

Kandinsky a lui-même illustré ce sujet d'une façon assez pittoresque[186]. Le terme de *ligne*, figuré dès les premières notations musicales par l'usage des neumes, appartient à une série de parallélismes que le langage a assimilé. Citons le *trait*, sur lequel nous aurons l'occasion de revenir, et l'usage, plus récent, chez les psychologues, du terme de *surface* musicale pour désigner le détail de l'écoute, superficiel...

[185] ibid. p. 76.
[186] ibid. p. 52-54.

Après cette revue des éléments simples, nous allons tenter l'analyse de ce que Kandinsky appelle « l'action réciproque des éléments simples en assemblages élémentaires »[187].

tension

Il y a de multiples sens du mot tension dans l'œuvre de Kandinsky. Retenons l'exemple significatif qu'il donne du rapport d'une forme au plan originaire :

> une forme gagne en tension autant qu'elle s'approche des limites du plan originaire, jusqu'au moment où cette tension cesse subitement quand cette forme atteint cette même limite [...] Ou bien, les formes proches du Plan Originaire augmentent la résonance dramatique de la construction[188]

tension

Le terme de tension est très souvent utilisé en musique pour désigner la dramatisation « harmonique ». Ce n'est évidemment pas le seul usage qui peut être fait. Dans ce cas, il est tentant par exemple de comprendre la tonalité principale comme plan originaire (marquant les limites initiales et finales). Notons que l'effet de bord noté par Kandinsky existe d'une certaine manière si l'on observe (pour le parcours tonal, mais également sur les diagrammes de concordance) que c'est au voisinage des principales consonances (octaves, quintes...) que se situent les discordances les plus importantes.

Avec la *tension*, une somme de termes liés à la notion esthétique d'*harmonie* est utilisée dans un champ comme dans l'autre. Citons en vrac la *résonance*, la *consonance* et la *dissonance*, le *contraste*...

---

[187] ibid. p. 79.
[188] ibid. p. 172.

> Dans mon *Spirituel dans l'art*, je définis l'harmonie moderne comme la rencontre et le conflit dramatique des éléments isolés. [...] Ainsi, des sphères différentes agissent spontanément de concert dans mes tableaux. [La] diversité des surfaces conférait à mes toiles une profondeur qui remplaçait remarquablement la profondeur née de la perspective.[189]

Kandinsky décrit également la démultiplication des possibilités expressives par l'apport d'éléments supplémentaires à l'organisation. « La multiplication », écrit-il, « est un facteur puissant pour augmenter l'émotion intérieure et, en même temps, elle crée un rythme primitif qui est, de nouveau, un moyen pour obtenir une harmonie primitive dans tout art.[190] » On retrouve là un deuxième élément important dans l'organisation des éléments simples :

rythme

Pour Kandinsky le rythme est lié à la *répétition*. Il distingue la *régularité*, liée pour lui à un *renforcement quantitatif*, et l'irrégularité qui provoque un *renforcement qualitatif*.[191]

rythme

Dans l'engagement corporel, gestuel, qu'indique la notion de rythme, la peinture et la musique trouvent probablement une des sources les plus profondes de leur convergence.

symétrie

symétrie

Il y non équivalence absolue des rythmes par symétrie, que ce soit pour la peinture ou pour la musique. La symétrie est l'exemple même d'équivalence géométrique théorique démentie par la perception intérieure. Pour s'en convaincre, un petit exemple graphique et un petit exemple musical :

---

[189] Wassily Kandinsky : *Regards sur le passé*, Hermann, Paris, 1974.
[190] Wassily Kandinsky : *Point et ligne sur plan*, op. cit. p. 43.
[191] ibid. p.114.

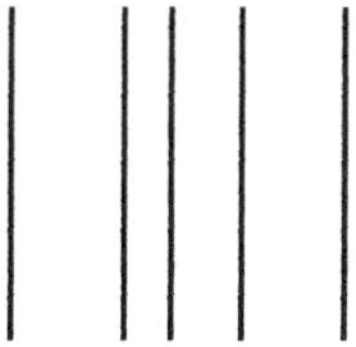

séquence : rythme perçu comme temps

petite série perçue comme « chromatique ».

strates : rythme perçu comme multiplication de l'espace

le rétrograde sonne presque "tonal" du fait de la présence de la sensible et de la quarte ascendante finale

Cet expérience du renversement, pratiquée par les peintres pour déceler les problèmes d'équilibre des tableaux, est une des démonstrations les plus évidentes de l'impossibilité de réduire le plan originel à une pure géométrie. les polarités haut-bas, droite-gauche sont constitutives de notre perception esthétique et interviennent fondamentalement dans les flux internes d'énergie.

Les tableaux de symétrisation contrapuntique de la série donnés par Schœnberg (renversement, rétrogradation, renversement du rétrograde) sont un bon exemple pour saisir les implications du plan originel en musique. La symétrisation dans le temps notamment renouvelle complètement l'aspect de la figure, non du fait de la figure, mais du fait des polarités caractéristiques du plan originaire musical.

Il faudrait encore prolonger cette investigation que nous n'avons fait qu'ébaucher. On s'aperçoit toutefois déjà que si la divergence concrète entre les deux arts apparaît nettement au niveau des éléments simples qui les constituent, et cela du fait des chemins perceptifs incompatibles qu'ils empruntent, cette divergence tend à s'estomper au fur et à mesure que l'on pénètre les faits d'organisation, laissant entendre qu'il serait possible de dégager de grandes lois organiques de l'artistisation au delà de correspondances terme à terme. Si le terme de *forme* est difficilement transposable, peut-être finalement du fait de sa proximité à ses objets respectifs, les notions de *modèle* et de *structure* sont, elles, parfaitement identiques d'un domaine à l'autre. Je voudrais en donner une illustration personnelle avec une pièce pour laquelle la conjonction d'une activité picturale et son équivalence musicale a été poussée dans des retranchements où cette poésie commune apparaîtra d'emblée.

Trois esquisses[192]

Il y a la mer et il y a la forêt.

Et je désigne là non pas deux lieux, mais deux rapports au monde. Voir ne signifie pas la même chose sur l'infinité océane et dans l'antre boisée. Le danger ne s'annonce pas avec les mêmes symptômes.

Notre perception s'adapte à la feuille qui crisse comme au tumulte des flots, à l'infinité papillonnante du feuillage comme à celle, cosmique et abyssale de l'horizon marin. Abordant tous les univers avec le même regard, nous les quittons chacun avec la vision qu'il a imprimé en nous. De la multiplication de ces expériences naît une approche singulière. Et cette approche revient en miroir dans nos actes et dans nos œuvres. Elle dépasse les consignes que nous pouvons recevoir ou donner.

Je me suis proposé ce pari, à partir de trois esquisses dessinées à la hâte au cours d'une visite de la fondation Maeght à Saint-Paul de Vence, de décrypter, ou plutôt d'affabuler, trois

[192] Texte intégral de la notice de la pièce.

univers artistiques. A l'origine, il s'agit de ceux de Joan Mirò, de Max Ernst et d'Alberto Giacometti. J'ai éprouvé suffisamment fortement la nécessité de préciser que ces trois artistes étaient respectivement espagnol, allemand, et italien. La carte qui se dessine derrière chacune de leurs œuvres ne recouvre aucun nationalisme évident. Elle relève pourtant à mes yeux d'un hasard sans innocence. Il nous reste à comprendre que l'essentiel, dans le réalisme, c'est l'imagination. Ces trois esquisses correspondaient à la fois à trois arrêts fortuits d'une promenade éblouie et à trois haltes nécessaires devant des points d'ancrage fondamentaux. Il fallait, pour en comprendre toute la sève, pour en savourer toute l'écume, leur donner l'occasion d'une autre vie, leur permettre de se retrouver, en tant que forme et en tant qu'émotion, dans une sorte de métempsycose synesthésique.

Avant de pouvoir aborder cette aventure artistique, prise entre décomposition et recomposition, il m'a paru indispensable de parler de l'acte qui la déclencha, et d'en parler non pas en faisant l'analyse de son résultat, résultat dont il ne nous appartient pas de faire ici la critique, mais en tentant le compte rendu, fidèle jusqu'à la rêverie, de son élaboration singulière et de sa pratique. Je ferais donc un *éloge du trait*, ce trait qui, écriture ou dessin, notation ou évasion, a depuis toujours accompagné ma réflexion artistique. C'est de sa connivence profonde avec la pensée créatrice que je voudrais témoigner.

Le trait réalise en effet la double révélation du lieu et de l'instant. Plus que la trace à laquelle on voudrait le réduire, il est le témoin privilégié de la conscience, telle qu'elle se déroule à elle-même, en présence des êtres et des choses. Ce qu'il élude, et ce qu'il circonscrit, c'est ce qu'élude et ce que circonscrit l'esprit ; la manière dont il valide la profondeur d'une surface, le mouvement qu'il restitue à l'immobile, dans la chaleur de ses intentions et de son charme, parlent des raccourcis et des extrapolations, de l'expectative et des hésitations de l'esprit, tourné qu'il est vers ce qu'il appréhende.

Le trait est d'abord ce point vivant, à la fois trajet de l'œil et de la main, qui a pénétré l'épaisseur du temps et de la mémoire pour inscrire une parole commune au monde et à la conscience, médiateur intense entre l'éphémère d'une sensation et le provisoire d'une notation. Ce même trajet que Husserl envisageait comme une chute, devenu trajectoire, c'est-à-dire ayant connu, dans la limite de la surface blanche qui lui est impartie, son commencement et sa fin, propose à qui le regarde à nouveau cent mille autres cheminements. Pourtant, ce qu'il restitue du geste qui s'est imposé et de l'émotion qui l'a nécessité est unique. Le point vivant qui traçait dans la blancheur silencieuse de la page une parcelle incarnée du chant universel devient une aire sensible où se reconnaissent et se découvrent, où se régénèrent, les visions simultanées et parallèles que nous nous faisons de l'existence.

Il ne s'agit pas de nier ce qu'il y a dans le trait de convention et de conformité. Rien plus que lui ne re-présente. Chargé de symbole dans tous les sens de son étirement, chargé d'images dans tous les replis de la mémoire, il est le danger même et le risque savoureux de la réminiscence. A travers la restitution d'un contour, il y a le choix du point de vue qui le rend manifeste. Au delà de la fidélité au réellement vécu, il y a l'insistance du désigné, qui est précisément ce qui reste à vivre d'éternité dans l'instant devenu trace. Aide par excellence de la mémoire, le trait est aussi le moteur idéal de l'imagination. Et c'est dans l'articulation qu'il accomplit de ces deux fonctions fondamentales de notre pensée que se révèle sa véritable vocation.

Quand on parle de trait en musique, c'est pour désigner ce geste qui devient figure, ce parcours qui devient objet, livré comme un bloc à son acte même et aux images auxquelles il renvoie. Cela ne va pas sans quelque virtuosité instrumentale... Mais en quoi consiste la virtuosité si ce n'est en cette capacité à rendre l'improbable évident, l'inaccessible présent ? Le trait trouve dans cette magie toute sa raison d'être.

Le trait tient ses pouvoirs de sa courbe et de son épaisseur. En poussant ses vertus jusqu'à l'empâtement, jusqu'à la coupure, Picasso et Matisse ont sans doute été les plus grands magiciens du trait de ce siècle. Avec Messiaen et peut-être Boulez. Dans la grande solitude où il sépare l'espace en deux, où il crée deux espaces à partir d'un même néant, le dextre et le sénestre, le midi et le septentrion, l'avant et l'après, il est à la fois frontière et ligne de fuite. Il défie nos repères et il les utilise. Il lui faut un rapport secret avec lui-même ou avec ce qui l'entoure pour accéder à l'écart, à la distance, au rythme. Dès qu'il devient pluriel, dès que parle sa densité, le rapport s'établit entre la logique par laquelle il se génère et l'effet selon lequel on le perçoit. Répartition ou dispersion, selon qu'il s'observe à l'intérieur ou pas du cadre qu'il se donne, le trait déchiqueté en autant de fois lui-même s'essaie contre nature à être surface en se faisant raies ou points.

Le trait ne saurait donc être vraiment ce qu'il est sans une certaine sobriété de ses moyens, sans une rapidité minimale de son exécution. Méditation active devant l'observé, il doit conserver la fraîcheur de l'intuition première. Il s'était arrêté pour penser ce désir qui l'a fait naître. Il s'arrête sur ce qu'il faut d'inachevé pour laisser à penser. C'est pour cela que le trait n'est jamais aussi pleinement lui-même que dans l'esquisse.

Pour autant, il n'est pas que l'ébauche de ce qui devrait être, un commentaire, ou une dégradation, de la perfection. Il est l'incise, avec ce que cela peut comporter d'offensif, de tranchant. S'il se reprend, c'est pour mieux se connaître. S'il dévie, c'est pour échapper à la tyrannie de sa précision. Poussé dans ses derniers retranchements, jusqu'à une certaine impertinence, il jubile. S'il peut parfois être grossier, c'est pour mieux accourir à son but. Mais dès qu'il se repose de cette précipitation, il sait se faire définitif dans son propre inachèvement. Je ne le sais que trop : quelle que soit la sincérité avec laquelle je l'abandonne à sa passion, le trait revient toujours me signifier ce que je suis. Même livré à d'autres circonstances, à un autre dessein, il reste, malgré moi, ma signature.

Fig. 75 : (Pages suivantes) partition des trois esquisses.

COCKTAIL

Joan Mirò (Espagne)

trois éléments

deux personnages

arbres (troncs - feuillages)

Le taureau - oiseau

pierre (sols - murs)

L'œuf - poisson

bleu transparent (eau - ciel)

un trait continu - contour arrondi et ferme

mouvement souple et clair
avec une grande précision dans
le tracé des lignes mélodiques
B
Vc
s.v.
sul tasto
legato
normal
mf vibr. sub.
N
sul pont
pizz
arco
bien équilibrer les sonorités
de manière à former un
timbre homogène
dans la résonance
pont
arco pont
ff sub.
pp subito
(jeté)
sim

LICHEN

Max Ernst (Allemagne)

le monde

moi

offensif - fragile

déchiqueté (cf. Aristote)

l'idée d'une ouverture

un vertical

intérieur - extérieur

cercle - quart de cercle

l'œil sexe - armé d'immenses mains - à la conquête de la connaissance

grande confrontation dans le temps et l'espace

L'homme a *naturellement* la passion *de connaître* et la preuve *que ce penchant existe en nous tous,* c'est le plaisir *que nous prenons aux perceptions des sens*

B
Vc
sul tasto
sul pont
normal
parlando
l'homme a
la passion
et la preuve
c'est le plaisir
Gh: glissando d'harmoniques
ppp sul pont
na- tu- relle- ment
de connaître
que ce pen- chant ex-
flautato
T: en tapant fortement sur la touche avec les doigts
ppp sul pont
-iste en nous tous
son soufflé
que nous prenons aux per- cep- tions des sens
sautillé
col legno sul tasto
pizz
son éolien à la limite de l'émission
Gh arco col legno
ppp sul pont
slap
son brisé
Gh sul pont
l'homme a naturellement la passion de
slap lourée
(son soufflé)
connaître et la preuve que ce pen- chant existe en nous tous
dim
rall

RICTUS

Alberto Giacometti (Italie)

trois surfaces

trois personnages

vide

vertical crispé

explosant en bouquet

solennel intime

répandue et fluide

passer un corps entier dans le fil de l'instant

lento
assez librement
B
NM
Vc
pizz
arco
sul pont
un poco dim ...
son fendu
avec une certaine nonchalance
ossia
jusqu'au bout du souffle
jusqu'au bout de l'archet

Répétons-le : nous ne prétendons transcrire ici de la réalité que la fable que nous nous en faisons. Les trois esquisses qui précèdent adaptent leurs moyens au sujet qu'elles se sont donné. *Cocktail*, c'est la fraîcheur parfois un peu acide de Juan Mirò. L'homme y est un personnage qui voit le monde à travers les rondeurs de ses propres formes, à travers la ligne claire qui rend sa matière transparente. *Lichen*, c'est l'arborescence végétale réinscrite sur la surface de l'arbre. L'homme symbolique, tragique et spirituel de Max Ernst inscrit son ombre dans une trouée de verdure sèche qui augure de son infini en reflétant, dans un mimétisme décharné, sa vanité. Il fallait le début de la Métaphysique d'Aristote — *L'homme a naturellement la passion de connaître...* — pour rendre compte avec des mots de l'ampleur de ce drame muet et pathétique. *Rictus* c'est torturer les trois figures de Giacometti avec la même violence que l'hésitation superficielle de la terre a mis pour s'élever en bronze arrogant et filiforme. Il y a entre cet homme douloureux et serein, trois fois énoncé, et l'espace exubérant qui rejaillit par devers lui et à ses pieds, une contradiction magnifique.

De ces trois moments, la musique ne voudrait être qu'un calque rigoureux, préparé en dehors de toute considération autre que formelle. Suivre trait pour trait le déroulement de l'image, c'était approcher d'assez près, dans mon idée, les caractères et les enjeux dont nous venons de prendre rapidement conscience. Et quand je dis trait pour trait, on aura compris que l'expression n'est pas de simple convenance. Car c'est bien par une assimilation de la nature du trait, en musique et dans les croquis, que la transmutation pouvait s'opérer sans fausse discursion, sans distorsion intellectuelle. Les repères en étaient simples : Bergson les dénonçaient comme des artefacts de la pensée incapable d'appréhender le temps autrement qu'en termes d'espace. Mais ici, c'est l'espace qu'il faut restituer à sa temporalité, et c'est l'acte de voir qu'il faut comprendre dans la succession de ses désirs et de ses attardements. L'horizon se dessine par un parcours simple du son, et les pans de mur, les troncs d'arbres scandent le rythme qui en disperse la monotonie. La profondeur des plans, les masses, les courbes et leur inclinaison sont autant d'extrapolations de ces repères fondamentaux. Tout paysage n'est finalement pour l'homme qu'un jeu entre l'étendue qu'il appréhende et l'élévation qui le détermine. La musique redéploie les hésitations des formes, leurs redondances, en autant d'intervalles. Chaque distance s'inscrit dans le temps et dans l'espace de la partition, chaque point du tracé retrouve ainsi son sens en tant qu'événement.

Peut être convient-il de donner quelques exemples plus précis de la manière dont ce transfert s'est opéré lors de la réalisation pour les instruments. Chaque trait a été reporté scrupuleusement, avec bien sûr la liberté nécessaire pour que la musique reste conforme à ce qu'elle peut attendre de ses propres moyens. Il n'est pas question de décrire minutieusement chaque note, mais de donner quelques clefs pour chacune des trois esquisses. Il fallait, pour *Cocktail* restituer la souplesse d'une courbe continue. C'est par l'intermédiaire de modes micro-intervalliques en expansion rendus dans des courbes mélodiques legato. *Lichen* est plus riche en matériau pictural. Les traits déchiquetés de la végétation sont restitués par des battements mouvants, réalisés avec les modes précédents alternés. Les pierres du petit muret sont autant de paroles de la métaphysique. La grande sculpture détachée sur le ciel se retrouve dans le mouvement descendant des glissandi. Enfin, les trois figures verticales de Giacometti dans *Rictus* se retrouvent presque visuellement dans la partition par les traits ascendants très contrastés des deux instruments sur un mode particulièrement dense du point de vue intervallique. Ce geste instrumental restitue la matière et la violence nerveusement déchiquetée que l'on imagine dans le geste du sculpteur. Ce n'est pas méconnaître la somme de méditation et de sensibilité qui accompagne les figures de Giacometti. C'est rendre compte de la densité d'existence de ces figures dans un lieu, dans la sérénité végétale, liquide et lumineuse de l'architecture qui lui sert d'écrin.

Ce ne sont là, on s'en doute, que des linéaments. Mais ils permettent de saisir comment peuvent s'envisager concrètement des transferts qui ressortent a priori de la convention la plus arbitraire. Ici, ce ne sont pas les critères extérieurs qui doivent mener un jeu de correspondances, mais une manière commune de vivre deux modes d'expression. Car chaque élément mimétique, rapportant le geste pictural au temps musical, rencontre le chemin d'une conscience particulière de la présence au monde, et de la présence en acte du monde à soi-même.

Quelle est la racine ultime à partir de laquelle s'épanouit la diversité des modes de l'expression ? Et l'unicité de cette source commune ne serait-elle pas simplement un fantasme ? Admettons que ce soit la poésie, pour lui donner un nom. Alors la poésie se diffracte pour nous montrer que ses propres racines sont des images et des sonorités. C'est vers cet autre aspect des synesthésies, abordant les rives infiniment complexes du langage, que nous allons désormais nous tourner.

VIII. Synesthétique : la conjonction Musique/Poésie

J'ai écrit la musique avec des mots avant de l'écrire avec des notes. La notation musicale a longtemps été un obstacle à la réalisation des sensations sonores qui se présentaient, souvent avec un franc réalisme, à mon esprit. Jean-Luc Hervé a évoqué à ce sujet l'expression d'« images sonores »[193]. C'étaient tout autant des fragments d'une narration intime, faits d'évocations autant que de trouvailles. J'ai connu aussi des mots qui venaient tout habillés de leur musique. Je vivais dans cette sorte de temps mythique du lyrisme où le chant prenait naissance en moi de la façon la plus spontanée qui soit. Et puis le moment est venu où la mémoire de mes doigts et de mes lèvres n'était plus suffisante. La mélodie, les rythmes, les accords, tout était devenu trop complexe. Il fallait écrire. J'ai appris à écrire, mais le chant, ce chant là, s'est tu. J'avais composé plus d'une centaine de chansons avant celle-ci qui fût la dernière :

> Il est blessé, blessé jusqu'à la mort,
> L'homme qui a touché à ses limites.

---

[193] Jean-Luc Hervé : « de la forme aux images sonores » in *Musique contemporaine : positions actuelles en Espagne et en France*, Doce Notas Preliminares, Madrid, 1997.

Sa quête s'est muée en une fuite
Sans fin sous les coups de boutoir du sort ;
Le long déroulement d'un long ressort
Le pousse l'épuise et le précipite.

Noyé de souvenirs brumeux, de charmes,
De sortilèges épuisants et pâles,
Sa conscience élargie est une opale
Que la soif rendit terne. Or nulle larme
Échappée du regard ne retînt l'arme
De l'envie de forcer la vie en râle.

Vingt ans il proclamait force est de vivre ;
Vingt ans le temps humain n'est pas longtemps,
Le monde devenu petit attend,
Il tourne chaque page de ce livre
Doré : ivre de son refus d'être ivre -
Amoureux de son désir d'aimer tant.

Il écarta les sphères écrasantes
Pour laisser libre cours aux trajectoires
De son jeu. Le temps ne fait pas l'histoire
Ou si peu. Et la minute apaisante
Laisse l'âme écorchée n'osant pas croire
Qu'ainsi depuis toujours les oiseaux chantent.

Evidemment, la transcription de ce texte sans la musique qui lui est intimement liée renvoie certainement le lecteur à un état d'esprit qui n'est pas exactement celui qui fredonne en moi avec ces vers. Mais il reste sans doute quelque chose dans la parole ainsi privée, de la *musicalité* qui l'a rendue nécessaire. C'est cette *musicalité* que nous voudrions désormais mettre en avant, c'est-à-dire non pas le rapport frontal qu'exige la musique entre la virtuosité de sa technique et sa capacité d'expression, mais l'ensemble des ramifications latérales qui autorisent, par exemple, les sonorités et les images d'un poème à suggérer un état d'âme qui est celui-là même qui rend une musique nécessaire. Il n'y a pas, en ces matières, d'univocité. Mais il n'y a pas non plus d'équivoque. Au fond, quand la poésie a parlé, on sent trop fort l'inutilité de tout discours pour risquer de s'empêtrer dans la vanité des explications et des commentaires. Il ne peut plus s'agir que d'œuvrer poétiquement à la compréhension d'un monde tout à la fois terrible, fascinant, monstrueux, superbe, foisonnant et inachevé...

Parole du sonore.

Nous avons déjà cité la pièce numéro VII de *Vivance* dans le chapitre sur l'harmonie[194]. Des multiples connivences entre la lettre et la note, *Vivance* met en scène celle qui existe entre texte parlé et musique. Avant de voir comment, dans la dernière des pièces, s'opère la fusion de la musicalité de la parole avec le jeu instrumental, il n'est peut-être pas inutile de présenter le contexte artistique dans lequel cette partition a été élaborée.

Le terme de vivance a disparu de l'usage et même des dictionnaires contemporains. La disparition d'un mot laisse toujours un vide qui n'est pas que lexical, mais qui est aussi sémantique. On trouve dans le *Dictionnaire de l'ancienne langue française et de tous ses dialectes* de Frédéric Godefroy les trois acceptions suivantes : durée de vie, vie résistante (vigueur), et manière de vivre. Ce terme a toujours évoqué pour moi une manière d'appréhender la vie qui aurait mis l'accent sur la démarche de l'homme dans l'existence, plus que sur la brutalité de son origine, de sa fin, ou de son destin ; sur le quotidien, l'immédiateté des choses et des êtres, plus que sur le drame. L'absence du mot lui-même était le signe d'un manque — plus ou moins conscient — dans l'ère des conceptions du monde que nous nous faisons. C'était une part de sens qui était tombée en déshérence. Rendue à notre réflexion, cette part de sens réconciliait la spiritualité avec ses sources matérielles, dans un rituel à la fois parfaitement neuf, universel, et conscient de traverser le temps. Cet accord de l'homme au monde est bien différent des notions de progrès historique ou de dialectique

[194] cf. le chapitre intitulé *Harmonie et combinatoire*.

maître-esclave qui paraissent dominer les idéologies de nos civilisations. Aussi, le choix du piano pour écrire cette pièce était en soi un choix tout à fait antinomique. Le piano ne représente-t-il pas en effet, du moins fantasmatiquement, ce clavier suprême de la maîtrise absolue des hauteurs, des nuances, du timbre, de l'expression...

Ecrire pour le piano à l'envers de son évidence, c'était d'abord se passer de l'expressionnisme inhérent à son désir d'universalité cosmique. En d'autres termes, c'était le ramener à une modestie qui lui révèle les potentialités de son microcosme. L'idée était d'ailleurs inscrite dans celle de la série de poèmes qui allait servir de confident à l'écriture pianistique. Le texte fait écho à un passage de l'apocalypse de Jean. Le saint y décrit les douze portes de la Jérusalem céleste, portées par douze piliers (ou assises, comme dans la traduction ci-dessous), chacun étant taillé dans une pierre précieuse différente, dans la grande tradition des initiations mystiques.

> Les assises de la muraille de la ville sont parées de toute pierre précieuse ; la première assise est de jaspe, la deuxième de saphir, la troisième de calcédoine, la quatrième d'émeraude, la cinquième de sardonyx, la sixième de sardoine, la septième de chrysolithe, la huitième de béryl, la neuvième de topaze, la dixième de chrysoprase, la onzième d'hyacinthe, la douzième d'améthyste.[195]

Le monde inerte des minéraux, pris dans l'apocalypse comme symbole de puissance et de connaissance (du fait même des termes savants qui servent à désigner les pierres) est confronté dans le poème à l'ensemble du monde sensible, tel qu'il est vécu, et non pas tel qu'il se donne à voir. Le rapport s'établit parfois sous la forme d'un jeu symbolique, lié à la couleur, à la forme ou à l'aspect des pierres, dans une méditation semblable à celle de l'enfant devant les galets ou les coquillages. La pierre devient alors le point d'ouverture ou se cristallise le rapport perceptif et symbolique, ramenant à la surface du vécu l'aura

[195] Apocalypse 21,19 - 21,20 traduction Osty.

multiple des sensations. Elle n'est plus cette partie d'un tout régulateur et monumental. Elle inaugure une modalité qui lui est inhérente, une forme unique, autonome, qui n'est pas le résultat d'une variation à partir d'un même procédé, mais qui est à elle même sa propre règle et son propre genre. L'imaginaire joue indéfiniment à partir d'éléments infimes pour élargir les horizons de la conscience.

Les douze textes sertissent onze miniatures pour le piano, miniature devant être compris ici non seulement au sens traditionnel de brièveté dans le temps, mais également dans le sens d'une restriction des moyens sonores à une seule des sept octaves dont dispose l'instrument. Le potentiel que recèlent ces douze sons est alors mis en évidence par un véritable travail d'orfèvrerie musicale, à la recherche du meilleur éclat, de l'architecture sous-tendue par ce monde infime, des lignes de force de l'harmonie, du rythme, des intervalles et des durées.

On imagine que l'interprète est aussi, devant la raréfaction du matériau et des mouvements, amené à un rapport tout à fait différent à son instrument. L'œuvre, suite d'étude sur les modes de jeu, se construit vers l'intérieur. Dans la sensualité du contact élémentaire des doigts avec l'ivoire, dans l'infinie subtilité des innombrables ramifications nerveuses et musculaires qui installent l'évidence sonore à partir de presque rien, c'est la capacité du son du piano à se différencier qui est mise à l'épreuve.

Il serait trop long d'analyser ici en détail chacune des onze pièces qui composent le recueil. Il y en a une cependant que l'on peut peut-être mettre au centre du rapport entre musique et poésie. D'abord, c'est la seule des onze pièces dont la musique soit écrite pour « accompagner » le texte, ou disons plutôt pour fusionner avec lui. Elle procède par anamorphose directe, c'est-à-dire qu'elle recherche un mimétisme complet, à la fois au point de vue du rythme qu'à celui de l'intonation. C'est ce que l'on peut constater sur l'exemple des premiers systèmes.

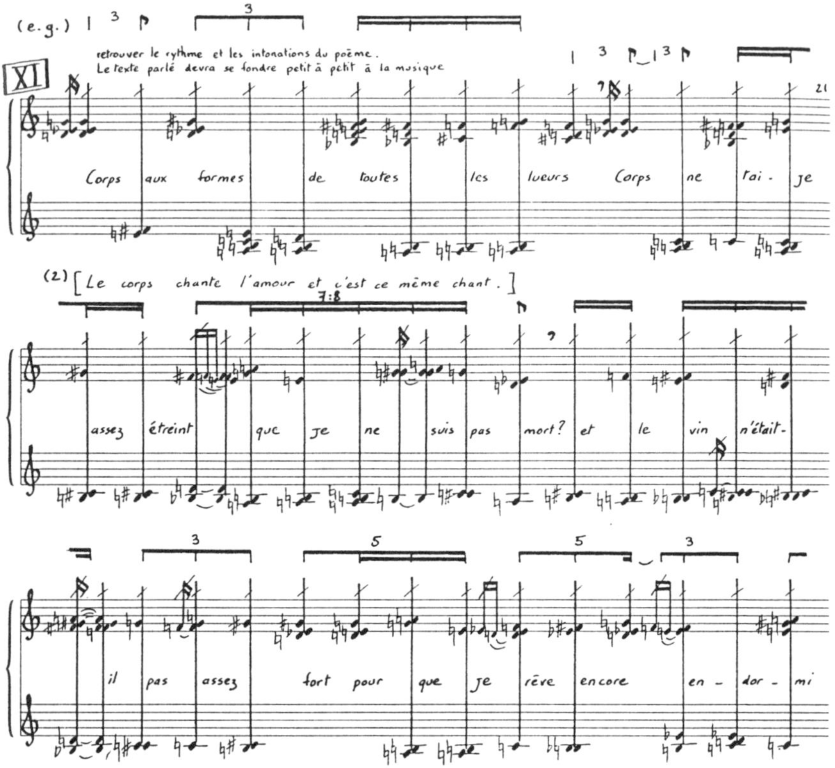

Fig. 76 : Les trois premiers systèmes de la neuvième miniature pour piano et récitant extrait de Vivance.

Par exemple, le demi-ton harmonique Ré-Mib accompagne systématiquement les phonèmes en « or » et le ton La-Si ceux en « e », de même que les plosives en « t » sont soulignées par l'accord de tierces majeures Sib-Ré-Fa#. Il va sans dire que ces équivalences, favorisées par le jeu des assonances au sein même du texte, sont parfaitement arbitraires, ou si l'on préfère, parfaitement intuitives. Le rythme est quant à lui directement dérivé de la prosodie. La restriction de la tessiture à une octave maintient le registre dans des médiums où les accords-clusters retrouvent et prolongent une couleur harmonique et rythmique propre à la langue. Quand, dans la coda, une basse s'écarte des accords, elle ne fait que renforcer, en l'élargissant à toute la richesse de timbre de l'instrument, les ressources déclamatoires nées dans la concentration redondante et roulante instaurée par la cohésion entre le jeu du piano et la voix du récitant. Le texte, directement converti en notes, donne ainsi l'occasion à la musique de se revivre comme parole, de se découvrir poésie, de tirer du babil de la langue, dans une étreinte où le mot « corps » est replacé au centre de sa propre résonance, le temps d'un moment amoureux de lui-même.

Plasticité sonore du langage

La convergence entre musique et poésie passe par le chant, mais toute l'histoire de la musique démontre l'indépendance, voire l'indifférence, des valeurs textuelles, principalement d'ordre sémantique, et de la musique qui l'accompagne, c'est-à-dire qui lui procure un vêtement sonore commode mais combien souvent convenu. Les *Florilèges de la patience et de l'exaspération* représentent en quelque sorte une tentative de penser le texte comme une composition musicale, avec les contraintes propres à la maîtrise des sonorités. Ce qui n'est souvent pour le poète qu'une résultante intuitive, un supplément d'âme, devient alors le moteur même de la génération du poème. Autrement dit, le son ne doit pas être une résultante du sens, mais le motif de son surgissement. Les sociétés initiatiques de l'antiquité, comme l'orphisme, étaient conscientes du pouvoir de liaison sémantique de l'homophonie.

> Si les mots se rapprochent ou se ressemblent ainsi phonétiquement, c'est qu'il y a entre eux une liaison, une alliance secrète qui est bien plus qu'une homophonie. Il en est ainsi, également, entre les mots *gnôsis* — connaissance — et *génésis* — naissance, parenté qu'il est possible d'illustrer en français en liant naissance et co-naissance. Ainsi, chez les orphiques, de la parenté entre le mot *sôma* (le corps) et le mot *sêma* (le tombeau) : le corps est un sépulcre où l'âme est enfermée, et seule la *télété*, l'initiation, pourra la libérer.[196]

L'homophonie a alors valeur de crible du langage, crible où le sens se révèle comme une divination. Lacan, dans un tout autre contexte, avait tenté d'élever le jeu de mot à une telle valeur de révélateur de l'inconscient linguistique. Mais le jeu des *Florilèges de la patience et de l'exaspération* n'est pas de l'ordre du

[196] Jacques Lacarrière : *Orphée Hymnes Discours sacrés*, Imprimerie Nationale Editions, Paris, 1995, p. 15.

calembour. Il s'agit bien plutôt d'une épreuve initiatique qui tend à la maîtrise de la langue dans tous ses aspects les plus mystérieux et les plus intimes.

Nous avons donné le nom de *polyrimes* au principe de construction des quatre premiers poèmes des florilèges. La rime est en effet le premier élément qui a imposé aux poètes une maîtrise formelle de la langue imposant de respecter une valeur d'appel des sonorités dans le cadre d'une métrique stricte. Les polyrimes sont en quelque sorte à la rime ce que la polyrythmie est au rythme... Il s'agit tout simplement de faire rimer un poème avec des métriques différentes. Sur l'exemple suivant, on peut constater des rimes de 13 (tel que le poème est écrit), 12, 11, 10, 9, 8 et 7 pieds :

en peu de mots on aurait pu définir la mer,
rébus puant, déconfit, réunir ce luminaire
décrépit, fichu, punir d'un trait les grands faussaires
furieux, prémunir des cent chaluts préfiduciaires
ce déni rupestre. Salée, car il répugnèrent,
n'irriguant l'effet qu'à pléthore, à la nourrir d'air.
Je fis démanteler le grand soupir déifié. L'air
pur dont il fallut l'imprégner fit dans l'atmosphère
rétive où les saphirs trop précis fixant la terre
viendrait finir leur course maints récits puissants. Plaire
cela résiste. Ils purgent leur déréliction. Vert
lumineux. Trait dément. Sens-tu revenir l'enfer ?

On peut suivre certaines de ces rimes sur la transcription suivante :

en peu de mots on aurait pu dé**fi***nir* la mer
rébus puant, déconf**it**, réu*nir* ce luminaire
décrépit, **fi**chu, pu*nir* d'un trait les grands faussaires
furieux, prému*nir* des cent chaluts pré**fi**duciaires
ce dé*ni r*upestre. Salée, car il répugnèrent,
n'irriguant l'e**ff**et qu'à pléthore, à la nourr*ir* d'air.
Je **fis** démanteler le grand soup*ir* déi**fié**. L'air
pur dont il fallut l'imprégner **fit** dans l'atmosphère

rétive où les sa**phi***rs* trop précis fixant la terre
viendrait **f i***nir* leur course maints récits puissants. Plaire
cela résiste. Ils purgent leur déréliction. Vert
lumineux. Trait dément. Sens-tu reve*nir* l'enfer ?

Fig. 77 : Le début de la troisième pièce des florilèges de la patience et de l'exaspération.

On conçoit qu'une telle contrainte fige quasiment la moitié des syllabes du poème, quand il n'y a pas contradiction entre deux rimes (on peut le constater sur l'exemple précédent avec la jonction, ex generis, de la rime en **-fi** et de celle en *-nir* sur le mot sa**ph*ir***). Un tel exercice permet de prendre la mesure de la plasticité sonore de la langue française.

La musique corrobore entièrement la logique mise en place par le poème. Le phonème est repris comme valeur de timbre, mais également d'ornementation, de hauteur, voire de cellule thématique. [Pour reprendre l'exemple précédent, on pourra suivre sur la partition le trille sur Sol (Fa#) aigu qui caractérise la syllabe *-nir* et le glissando Si - Sol qui accompagne la syllabe *-fi*.]

Ce qui tente de s'instaurer, c'est une connivence fondée sur ces couleurs communes qui se répondent de loin en loin, identiques, mais jamais semblables. Le jeu combinatoire n'est pas ici forcé : il a tout le naturel du temps, et il se déploie de lui-même sur les différentes périodes des événements, pris dans la scansion qui l'accompagne, ces coups percutés extrêmement violents du piano, et l'apparition progressive, comme arpégée, des notes aux autres instruments.

Les autres poèmes choisissent des périodicités différentes. Celui qui est retranscrit ci-dessous donne par exemple des polyrimes sur les mètres 5, 6, 7, 11 et 13 (et évidemment sur les multiples dont 10 et 12). Plus les mètres sont courts, plus l'effet de redondance sonore sera important.

> Une musique suffit aux mots que tout sublime
> fige. L'ombre sur moi je fis tourner. Suis-je abîme ?
> défi ? Consumé-je toute fissure ? la cime
> me confirme. Un jour me noie. Il suffit d'une rime
> conçue. Je figure à l'insu de la figurine
> ouvragée, raffinée, superbe, en ce jeu minime
> masque ancien qui me fige. Gardez tout! Je supprime
> la fin. J'ai reçu. Je fis. Tout relais surestime
> le but. Je suffoque, seul, fixé sur le sort. Digne :
> je fis surtout la route de Firenze. Un infime

dégoût finit de me résumer. Que chante l'hymne
sur le conflit dont s'insurge la voix ? Fière estime
prends vie! L'acte fissure ce que dit le sublime.

On peut repérer par exemple les rimes à courte distance :

Une musique *su*f**fit** aux mots que tout *su*blime
fige. L'ombre *su*r moi je **fis** tourner. *S*uis-je abîme ?
dé**fi** ? Con*su*mé-je toute **fi**s*su*re ? la cime
me con**f**irme. Un jour me noie. Il *su*f**fit** d'une rime
con*çue*. Je **f**igure à l'in*su* de la **f**igurine
ouvragée, raf**f**inée, *su*perbe, en ce jeu minime
masque ancien qui me **f**ige. Gardez tout! Je *su*pprime
la **f**in. J'ai re*çu*. Je **fis**. Tout relais *su*restime
le but. Je *su*ffoque, seul, **f**ixé sur le sort. Digne :
je **fis** *su*rtout la route de **F**irenze. Un in**f**ime
dégoût **f**init de me ré*su*mer. Que chante l'hymne
*su*r le con**flit** dont s'in*su*rge la voix ? **F**ière estime
prends vie! L'acte **fi**s*su*re ce que dit le *su*blime.

Il ne faut sans doute pas confondre les polyrimes avec un procédé oulipien, même si on peut y déceler une semblable volonté de faire « réagir » la langue à une contrainte de type formel. Le procédé est ici régulateur et non générateur. Il demande à être transcendé pour ne pas rester un pur exercice de style. Ce qu'il met en avant, c'est la capacité d'un objet poétique à devenir, par la contradiction entre un choix très précis de phonèmes et la fluidité de l'élocution qui les restitue dans un énoncé particulier, une sorte de microcosme linguistique et sémantique. Là se définit une altérité, un dépassement de soi. Le dialecte et l'exploit — le très évident et le très complexe — se côtoient dans cette formidable présence à soi-même où advient l'acte poétique.

Viens, pose la pierre, et engage l'entière obole
du silence. Hier défunt, résumant, roche à parole,
le métier enfantin de rayer le temps, console
en piétinant les roses. [...]

LES METAMORPHOSES D'ORPHEE

Il y a bien sûr ce galet qui roule dans la bouche. Le plaisir sensuel de la langue, dans les volutes et le ressac qu'elle suggère à nos gorges et à nos palais, est aussi inépuisable que l'onde. Sur un autre plan, il y a le charme de l'ellipse, la rencontre de sonorités guidant une rencontre de mots, et cette rencontre favorisant l'éclosion de ce que l'on pourrait appeler des « images sémantiques ». La musicalité devient une sorte de deuil perpétuel de sa propre identité sensible. Elle naît de ce qu'elle n'est plus. La musique du son laisse la place à une musique du sens. Mais il s'agit à chaque fois d'un sens incertain, miraculé, un sens à jamais ouvert sur les infinies possibilités de ses résonances, un sens qu'aucune analyse ne pourra jamais circonscrire. La synthèse qui s'opère est à la fois immédiate, et elle passe pourtant par un réseau infini de choses vécues. Prenons l'exemple du « métier enfantin de rayer le temps », tel que nous le trouvons dans le début du poème précédent. Il y a là deux conjonctions contradictoires : métier et enfantin, rayer et temps, dédoublée en deux autres relations sous-jacentes : métier et rayer, enfantin et temps. Et pourtant, peut-être du fait même de ces contradictions apparentes, des éléments fondamentaux de notre manière de vivre certaines émotions esthétiques, certains plaisirs créateurs, se trouvent condensés dans cette expression. Le métier enfantin de rayer le temps, c'est la composition... du moins est-ce ainsi que j'ai longtemps compris ce vers. Un métier — pour la nécessité de développer une minimale *techné*—, enfantin — pour la dose d'innocence, la capacité d'émerveillement, que l'on doit conserver en le pratiquant —, un métier enfantin qui consiste à rayer ce qui ne connaît aucune épaisseur, aucune matérialité : le temps. Mais au delà de la composition, c'est l'activité musicale toute entière qui peut tenir dans cette périphrase, avec la gravure des anciennes partitions, les tracés horizontaux ou verticaux des sonagrammes, rayures dans tous les sens de la convention qui les autorise. C'est aussi le geste sous-entendu : maniaque peut-être, agressif ou rêveur – c'est selon – consciencieux et recueilli ; avec cette précision un peu tendue, cet aigu un peu violent, c'est évidemment aussi ces milliards de sillons qui ont propagé la musique tout autour du monde du temps des moyens de reproduction mécaniques qui avaient encore cours dans notre enfance, et que la maladresse du geste ornait de cet indésirable petit clic ou de ce grésillement importun qui se révèle aujourd'hui plein d'un charme nostalgique. Bref, dans la rumeur infinie des évocations, dans le miroir des contradictions apparentes, quatre mots mettent en branle, avec le sourire discret de la poésie, ce que celle-ci aurait sans doute volontiers appelé « la petite musique du sens ».

Cette intimité des mots, loin d'être le fait de ces coïncidences arbitraires et absurdes qu'affectionnaient les surréalistes, est beaucoup moins vague et imprécise qu'il n'y paraît à l'énumération de ses virtualités. L'illusion du langage comme code bi-univoque, si elle semble éclater vers une subjectivité multiple, renaît de cette explosion en quelque sorte renforcée. Ce qui est désigné atteint une précision extraordinaire de l'expression, car dans la condensation des timbres et les réseaux de sens, dans la focalisation de leurs pouvoirs d'évocation réciproques, se dessine une configuration unique où le sens rejaillit dans sa plus grande pureté, dans une sorte d'unicité jubilatoire.

Piété de langue folle,
Perdure, arôme souillé, l'enfer élu d'un rôle
sans pitié. Rien que l'empierrement paierait, pistole
comptant, le temps perdu là à répudier l'envol.
Dans le guêpier géant des héros, et à l'école
des guerriers fous, ancestraux, encrier vide ou vérole
épiée, s'ouvre, arrogante à lier, l'amante corolle.
Lierre érotique et arbousier céleste. On enrôle,
Rome rêvée à piètres gages, rochers, boussoles,
pendus, sans répits et sans phare. Obéir te désole.
Reviens!
Janvier érode les nuits fraîches du saule.

Les cinq pièces des *Florilèges de la patience et de l'exaspération* ont été chacune un moment privilégié dans le cheminement de ma réflexion sur cette idée de passage entre texte et musique. Pour ces *Florilèges*, la patience fut sans doute celle qu'on déploie dans un jeu, quand on en goutte le déroulement jusqu'à sa réalisation finale ; l'exaspération était celle du désir, dans l'érotisme particulier à chaque poème, désir de beauté, désir d'une réalité sublime, et, presque immédiatement consécutive, la chute dans la torture du doute, dans l'impossibilité d'atteindre. Une des pièces est retournée ainsi à une version purement instrumentale, pour violon et piano.

Fig. 78 : Un extrait des Florilèges de la patience et de l'exaspération *: « L'ombre sur moi je fis tourner. Suis-je abîme ? défi ?... »*

La partie chantée, essentiellement rythmique, se trouvant retranscrite pour le violon, il était manifeste pour moi qu'une valeur spécifique de l'articulation et du phrasé liée à la prononciation du texte devait se retrouver dans le jeu instrumental. La notation musicale aurait pu permettre à force de surcharges de retrouver des équivalents de ce code prosodique sous-jacent. Mais cela aurait été au prix d'un malentendu radical. Ce qui est ici demandé à l'interprète, c'est bien plus que la conformité à un texte musical. Le texte sous-entendu ne demande pas à être « théâtralisé » de manière délibérément et exagérément expressive. Avec toute la violence et toute la tendresse nécessaire, l'interprète doit être amené non pas seulement à « faire chanter », mais aussi à « faire parler » son instrument. Aux valeurs épurées du son, il apprendra à substituer celles, plus bruiteuses et plus souples, de ces nouveaux « phonèmes ». Le souffle, l'articulation, les percussions d'attaque, l'enveloppe timbrale... toutes ces ressources appartiennent aux instruments comme elles appartiennent à la voix. La musique du vingtième siècle a largement exploré les nouvelles possibilités de timbre et de techniques de jeu. Il reste bien souvent à les articuler, c'est-à-dire à leur donner une continuité d'existence sur un autre plan que celui du déploiement des effets.

L'inversion des rôles...

Nous avons abordé successivement la dérivation de la musique à partir du texte et la dérivation du texte et de la musique d'une structure commune. Il fallait pour finir aborder aussi le problème à l'envers, c'est-à-dire parler de l'écriture du texte à partir de la musique. C'est une expérience assez peu pratiquée, et je ne l'ai moi-même abordée que relativement tardivement.

L'inversion des rôles, le retournement des situations, a toujours été lié pour moi au moment fascinant où « quelque chose » se révélait. La composition de *Dilemmes*, dès le départ, est marquée par ce désir essentiel de renouvellement. Nous avons déjà parlé abondamment des particularités harmoniques de cette partition[197]. Elle me fut commandée par Michel Pozmanter pour l'ensemble *Aïsthésis* peu de temps après que cet ensemble ait exécuté une autre partition qui avait pour titre *Antilemme* et dont nous reparlerons. La première esquisse de l'œuvre résumait quelques idées essentielles dans un tableau synoptique qui est à l'origine du titre et que nous redonnons ci-dessous. Ce tableau, que nous avons repris tel quel, avec ses lacunes et ses excès, traduit bien à quel point la musique se pense à travers un certain nombre d'oppositions fondamentales. Les oppositions statiques

[197] cf. le chapitre intitulé *Au delà...*

renvoient à la spatialité des dimensions considérées. Les oppositions dynamiques font jouer les oppositions statiques dans le temps. Les oppositions conceptuelles ou perceptuelles décalent l'évidence cartésienne des dimensions pour ouvrir d'autres champs de conscience. Ce qui différencie fondamentalement la musique de la littérature et de la poésie, c'est probablement la nécessité qui est la sienne de se penser à travers une systématique d'une toute autre nature que le code linguistique. Quand on parle pour la musique d'une plus grande universalité de son langage, c'est, sans le dire — ou sans le conceptualiser — à une systématique de cette nature que l'on fait allusion. Préalable à toute réalisation sonore, elle l'est également a fortiori à toute velléité de code. C'est pour cela qu'il est toujours plus évident de savoir la musique qu'impliquent les mots que le contraire...

dimension musicale	*opposition statique*	*opposition dynamique*	*oppositions conceptuelle / perceptuelle*
fréquence	grave/aigu (souterrain/ tendu)	ascendant/ descendant	registre/tessiture
temps	lent/rapide (long/court)	accéléré/ralenti	durée/tempo
dynamique	piano/forte	crescendo/ decrescendo	intensité dramatique/ intensité sonore
timbre	timbré/détimbré (riche/pauvre)	attaque/résonance	bruit/son
orchestre	peu/beaucoup (instruments) ici/ailleurs	rare/dense simple/complexe	ne pas être/être rupture/continuité dissonant/consonant (la mort/la vie)
forme	début/fin	initial/ultime	passé/avenir rationnel/irrationnel homorythmique (homophonique)/ polyrythmique (polyphonique) (la contrainte/la liberté)

Fig. 79 : Tableau synoptique des principes dimensionnels pré-compositionnels mettant en évidence certaines de leurs ramifications dialectiques

Chacune des oppositions que nous venons d'évoquer n'a pas d'existence séparée. Elle est forcément associée à *toutes* les autres. Aussi est-il très difficile de penser une musique *à partir* des oppositions du tableau, même si l'on peut trouver des figures emblématiques ou des descriptions combinatoires qui les explicitent. Le projet initial, tel que je l'avais formulé un instant, devait ressembler à une sorte de périple initiatique où la pièce passerait successivement par des réalisations poussées à l'extrême de chacun des termes du tableau. Il reste bien quelque chose de cette idée dans la partition, mais aucun système préalable n'en a figé l'avènement. La pensée musicale exige de dépasser la trivialité dimensionnelle qui la cerne dans une rencontre du moment qui la fait vivre.

Qu'entendons-nous par description combinatoire ou par figure emblématique ? Ce sont en quelque sorte des formules qui condensent certains états musicaux dans une expression où ils atteignent le maximum de ce que l'on peut attendre d'eux. Ainsi trouve-t-on dans Dilemme l'usage des figures formelles de plus grand contraste décrites au chapitre III. Le travail du rythme, même fondé sur une binarité obsessionnelle, rencontre d'autres modes d'écriture que nous allons ici décrire plus amplement, car ils sont probablement essentiels à l'engendrement du texte.

Le tableau ci-dessous résume les durées accessibles à la notation rythmique rationnelle[198]. On a représenté les lignes d'homorythmie (fractions constantes donc même durée) par des niveaux de gris. La combinatoire simple qu'induit ce tableau donne les limites que peut atteindre la transcription synchrone d'une polyrythmie dans le cadre de la notation rationnelle. Elle donne aussi la mesure de la complexité croissante que peut atteindre la notation, en dehors de la surenchère des valeurs ajoutées et des fractions imbriquées.

---

198 i.e. sous forme de « ratio », c'est à dire de fraction entière n/m. La tradition musicale parle ici de notation « irrationnelle », ce qui est un contresens manifeste avec la signification mathématique de ce terme.

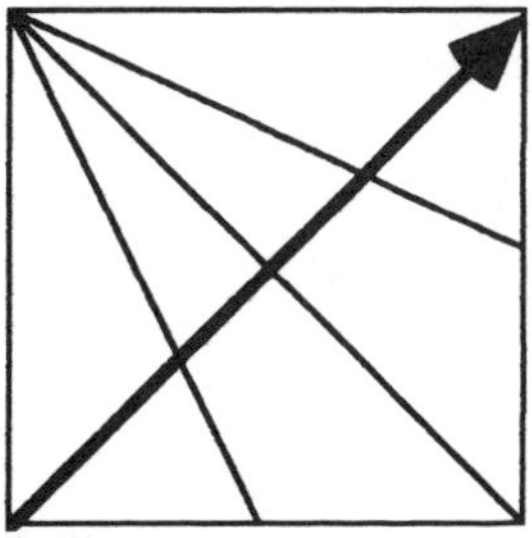

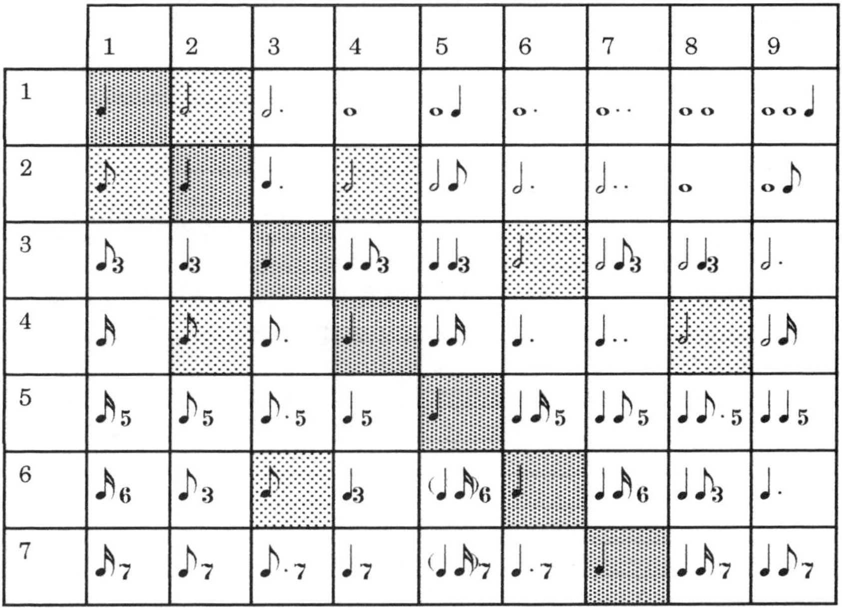

Fig. 80 : Extrait du tableau des durées accessibles à la notation rationnelle.

La proximité ou l'éloignement suivant l'axe transversal donnent la mesure des différences de périodicité, quand les zones connexes marqueront la possibilité de phénomènes de battements plus ou moins accentués et complexes selon la valeur croissante des termes de la fraction rationnelle. Ce tableau est employé pour la régulation de toute la partie finale de la partition. A partir de l'idée simple d'une alternance de notes, la densification polyrythmique permet de générer des textures dont naît la sensation d'un déroulement spiral, d'une progression qui est à la fois un épanouissement et un évanouissement.

Le germe de cette idée musicale est issu d'un passage de huit mesures, à la lettre C d'*Antilemme*. Il trouve son apogée dans la partie finale de *Dilemmes*, [mesures 218 à 305], et en particulier sur les dernières paroles chantées qui alternent les sonorités vocaliques dans un jeu de phonèmes très serré. Il faut être conscient que l'euphorie qui s'exprime là tient beaucoup au contrôle harmonique de la polyphonie, contrôle indispensable pour donner une marche sous-jacente à ce qui pourrait n'être qu'un gigantesque chaos.

*Fig. 81 : Huit mesures extraites d'*Antilemme *[lettre C].*

Fig. 82 : Extrait de la fin de Dilemmes *[mesures 297-299].*

Ecrire pour la voix, ce n'est pas forcément chercher à la mettre en avant. Le respect d'une tradition lyrique et les données acoustiques qui assignent à l'expression vocale, de par sa souplesse et sa richesse de timbre, une capacité de saillance bien supérieure à celle des autres instruments, ne sont pas en soi des motivations esthétiques. Il peut s'avérer tout aussi intéressant de donner à la voix un rôle subliminal. Sa capacité de connivence avec les réseaux de la sensibilité et de la pensée est immédiate, et ne justifie pas un expressionnisme inutile. A travers cette « mise en vibration » du corps qui est l'origine même de nos émotions les plus essentielles se dessinent les liens les plus formidables avec le sens.

La partie vocale de *Dilemmes* a été écrite d'un bout à l'autre comme n'importe quelle partie instrumentale. Le texte a donc été rédigé postérieurement. Il pouvait tenir compte ainsi des données purement musicales de la partition, et éventuellement aussi de sa portée conceptuelle. A vrai dire, l'inversion du rôle d'inspirateur du texte à la musique, pourrait ne rien changer à la perspective de leur adaptation réciproque. Certes, la conception simultanée des deux modes d'expression demeure sans doute le meilleur gage de leur fusion, si tant est que cette fusion soit le seul projet valable d'une telle synergie. Ce qui était peut-être beaucoup plus chargé d'aventure dans *Dilemmes*, c'était le fait que l'acte poétique soit placé dès le départ dans une situation d'*incertitude du sens*.

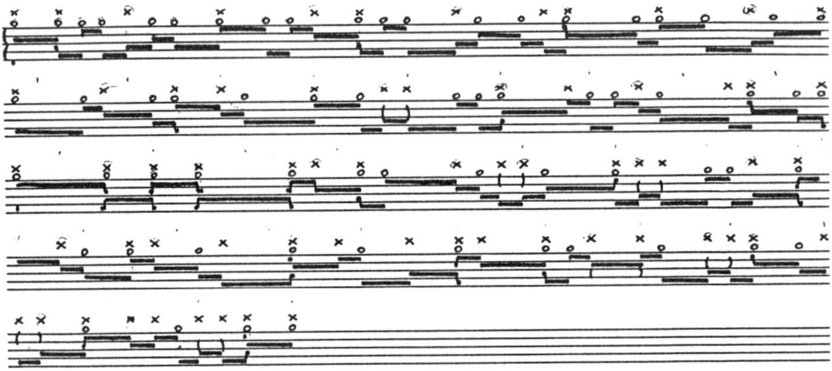

Fig. 83 : Grille rythmique utilisée pour un passage de Dilemmes *[à partir de la mesure 128].*

Toutes les grilles dont nous avons donné un aperçu — et la figure 81 ci dessus en est un nouvel exemple — laissent ouvertes une série de choix qui sont de l'ordre de ce que j'appellerais « les divinations essentielles ». Dans ce marc étrange, dont il faut lire les conjonctions exceptionnelles comme une forme sublime du hasard, dans l'absence de préconception du résultat sonore, dans la griserie qui en résulte, dans le vertige de l'inconnu qui se dévoile, dans le danger de ce qui n'existe pas encore, se situe la part la plus fascinante du bonheur de l'œuvre d'art. L'échiquier dessine, par les vertus de notre jeu, des arabesques incertaines. Les *déchiffrer* ne serait rien : il faut encore les *connaître*, en éliminer les linéaments impossibles, déclencher des révélations inattendues, amener les syllabes de la simplicité aux lumières de l'improbable, à cette unique et rare justesse qui est l'expression même de leur vérité. Et que cette vérité, cette justesse, soit le fruit d'une indétermination, voilà qui ne fait qu'aiguiser la proximité de l'œuvre avec l'indétermination de l'existence, avec le mystère de la vie. On touche là une des métamorphoses — une des illusions — les plus essentielles à l'artiste : transformer la

matière des faits en réalité spirituelle, commuer un objet, une trouvaille, en poésie.

Fig. 84 : Extrait de Dilemmes [Mesures 128-130].

Comment ne pas évoquer ce passage de l'*Amour fou* de Breton :

> Toujours est-il que le plaisir est ici fonction de la dissemblance même qui existe entre l'objet souhaité et la *trouvaille*. Cette trouvaille, qu'elle soit artistique, scientifique, philosophique, ou d'aussi médiocre utilité qu'on voudra, enlève à mes yeux toute beauté à ce qui n'est pas elle. C'est en elle seule qu'il nous est donné de reconnaître le merveilleux précipité du désir. Elle seule a le pouvoir d'agrandir l'univers, de le faire revenir partiellement sur son opacité, de nous découvrir en lui des capacités de recel extraordinaire, proportionnées aux besoins innombrables de l'esprit.[199]

L'ensemble du texte de *Dilemmes* est donc en quelque sorte ainsi « trouvé ». Arbitraire et insensé, jamais vraiment

[199] André Breton : *L'amour fou*, Gallimard, Paris, 1937, pp. 21-22.

automatique cependant, le tissage de son et de phonèmes amène un autre tissage entre de phonèmes et de sens. L'effet de « déduction » — dans ce qu'il suppose d'obédience à une volonté, une logique extérieure intériorisée — poussé dans ses dernières arcanes, diverge en quelque sorte, ou, pour employer un terme issu de la théorie des catastrophes, « bifurque ». C'est à partir de cette bifurcation qu'il y a « divination ». Un monde en apparence incohérent ou absurde, connexe, sans doute, avec les péripéties de l'inconscient, vient supplanter la logique première, la logique explicite, pour renvoyer à une logique « seconde », implicite, et qui affleure en sous-main dans ce qui vient là au monde. Le besoin de cette dérivation pourra donner le sentiment d'être une impuissance à atteindre directement au but. Il fait pourtant partie d'un jeu fondamental et nécessaire, par lequel « l'apparition » se retarde, et sans lequel le plaisir ne saurait se dégager de l'éphémère qui est sa nature première. Le lieu de ce bonheur est aussi celui où le plus personnel entre en résonance avec le plus universel, où le trouble le plus profond approche le sentiment le plus lumineux, le lieu où les dilemmes se retournent et s'annulent, se défient et se compensent, se défigurent et se connaissent.

Seule avant l'ombre
Son - otage (du temps) -
ma vie effacée de la mémoire du monde
hantera l'imaginaire du néant
long instant - vide
hurlant de douleur et de joie
sans fin

brusquement
le signe secret de la nuit
masque *le silence de* l'air
l'ombre vous parle
doucement
l'arche violente construite *(en dépit de tous les présages funestes)*
dans ce lieu somptueux
- superbe -

sera déchiquetée par le chien noir des étoiles

Sur cet immense tapis rouge et bleu cerné d'or
Je vois *(est-ce un songe ?)* l'oiseau lumière
pris dans cette spirale - l'oiseau blanc - *autour de lui*
des volutes de flammes - où que ma tête se tourne -
le feu - l'univers change - je vois l'éclatante
lueur de la mort, je vois des désastres *sans nombre.*

(l'eau et le feu - la lumière et l'ombre - terre et ciel -
guerre et paix - son contre silence - le haut et le bas
- vie mort - temps contre temps - corps contre corps
- l'autre et le même) *l'autre est le même*

amour
Partir ou rester là
je sens en moi comme une force inconnue et immense
Oublier la peur sourde *(et ses images séduisantes)*
je sens l'aorte infime se dilater
Vers quel rêve ?
je sens venir l'heure
La fin
éclatante
Je suis seule entourée d'or et de feu.

Nous avions ouvert les portes une à une jusqu'à ne plus rien savoir du jour ou de la nuit
Nous avions gravi les marches d'escaliers sans fin
Des échelles de toutes tailles partaient dans toutes les directions s'appuyant désespérément les unes sur les autres
Les racines des arbres pendaient dans le vide, à la recherche de l'humidité de la terre
Des branches, échappées par l'embrasure des portes, s'élançaient vers la lumière
Et cette même quête, double, continuera-t-elle encore longtemps à disloquer mon âme ?

Je ne sais pas à qui je pense *en fermant les yeux*

Seule à seule avec l'aveu aveugle
Aveux arraché à l'éclat effacé
L'éclat volé au ciel
Monde d'ombre son de son émoi étoilé
Silence identique en moi aux voix qu'on doit aux oiseaux
Tant d'angoisse et tant d'euphorie
Ce dilemme me tue et me fait vivre

Fig. 85 : (page suivante) Fragment d'un tapis conservé au Musée du Louvre et représentant le combat du Phénix et d'un dragon.

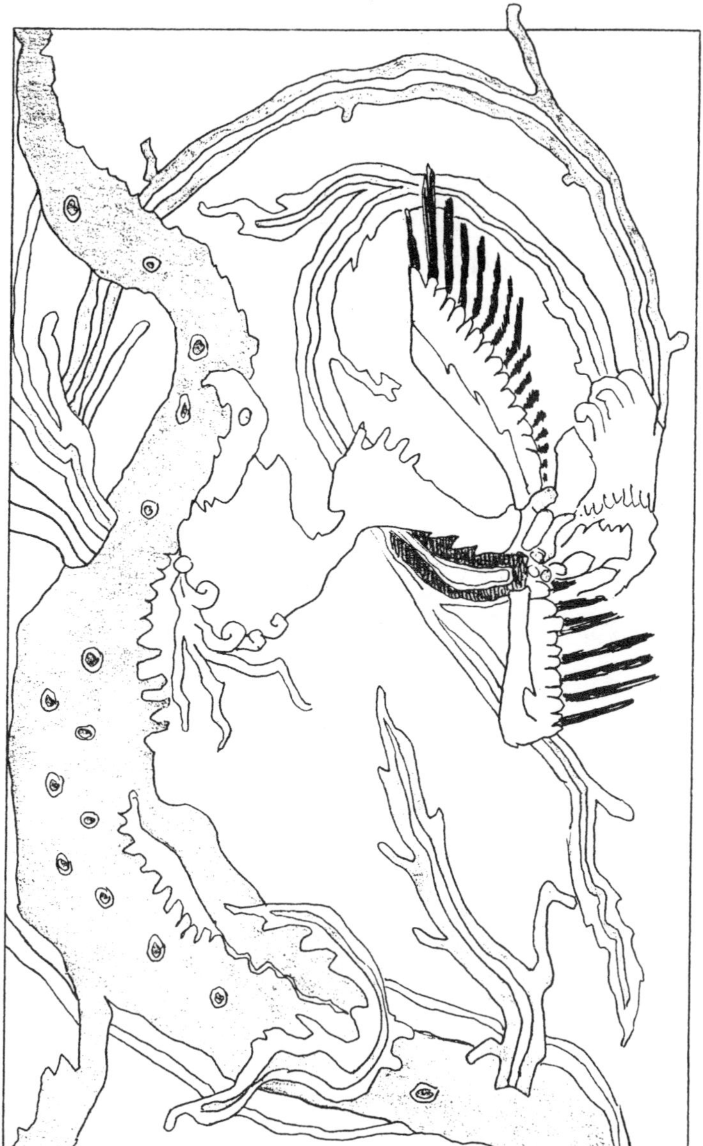

IX. Métamorphose du mythe

Le texte de *Dilemmes* s'écrit sur plusieurs plans de réalité. Et ces plans correspondent à des fonctions du langage très différentes. Le premier serait peut-être celui de la présence au monde. L'acte initial y est poussé au paroxysme. Le temps est un non-lieu. L'éternité un intervalle entre le son et le cri. Le hurlement cette plénitude du vide, cette indifférenciation souveraine entre le plaisir et la douleur. Le deuxième plan, et donc la deuxième fonction du langage, est d'essence narrative ou dramatique. La rupture, la séparation, n'est plus constitutive mais elle devient dynamique, elle s'inscrit dans une histoire, histoire dont les contours définissent un acte initial et une attente relative à cet acte. La violence naît de la mise en temps de ce nœud initial. Ce qui se superposait dans l'être se juxtapose dans le temps, s'arrache, par le temps, à son essence. L'irrésolu devient combat. Le troisième plan est le plan de l'image. La fonction d'être devient voyance. Le combat se transpose à partir du réel et de son rêve, gagne la sphère mythique, s'y reflète, se comprend. Cette vision — et la compréhension qui en résulte — est antérieure à toute interrogation. L'interrogation replonge la vision dans l'existence. La cruauté du monde est sans doute d'exiger de la vie d'abandonner une dimension pour en aborder une autre. Les antagonismes constitutifs de l'univers — l'univers réel comme l'univers mental — sont aussi les couples d'un contraste nécessaire, un contraste qui ne se résume pas à un concept unique, statique, absolu, mais devient le moteur d'une action, interviennent dans le temps comme les deux forces opposées à l'origine de toutes les formes de vibrations, et en particulier, bien sûr, les vibrations sonores. Le plan de l'image s'anime, il s'immerge dans le flux du vivant, et l'amour s'abandonne à l'existence. Le dernier plan, enfin, est celui du souvenir, de la distance, de l'éloignement dans le temps, et c'est celui de l'oubli autant que de la mémoire. Dans *Dilemmes*, il n'est pas chanté mais parlé, avec un effet d'éloignement qui peut être perçu tout autant comme une entrée en soi-même, et c'est bien cela la vertu fondamentale du souvenir : rendre présent le passé, rendre proche le distant. Et ça ne va pas sans une confusion entre les données du possible et celles du fantasme, entre la réminiscence du réel et la symbolique sous-jacente qui en décuple le pouvoir d'évocation.

Aucune exégèse n'est définitive. Un auteur, amené à parler de son travail et de ses réflexions, dépasse et contourne cette épreuve en générant une autre œuvre, sur un autre plan. Et si je me retourne vers tout ce que j'ai dit, je me trouve soudain devant un abîme. Ce que j'ai tant aimé faire, et que voilà en quelques lignes à peine évoqué, tout juste un peu mis à jour, s'efface et se détourne. Orphée, mon compagnon, je comprends désormais la douleur qui fut la tienne. Toute cette aventure, toutes nos victoires, se révèlent enfin devant un leurre aussi éclatant et aussi sombre. Comment continuer à vivre après tout cela. Qui comprendra ?

Survivre dans un monde où Eurydice n'est plus... Les mythes grecs ont fait du destin de l'homme un chef d'œuvre tragique. Quelle imagination ne faut-il pas pour envisager Sisyphe heureux, cultivant son jardin dans le meilleur des mondes. Renverser le mythe, ce n'est pas simplement se jouer de son sens en risquant d'être à son tour le jouet de l'histoire. Le rocher tourne, les paroles aussi. Renverser le mythe, c'est renverser un tyran.

Car le mythe est toujours, pour la civilisation ou pour la personne qui le produit, une représentation du temps, un texte parallèle sensé révéler le sens de l'existence. Chaque morceau de musique que nous avons abordé dans cet essai rencontrait à un moment ou à un autre cet allié consubstantiel. Le texte écrit pour *Antilemme* qui sera l'objet du prochain chapitre en donnera une illustration exemplaire. Certains thèmes, comme cette longue accointance avec le Phénix qui a entouré l'écriture du quatuor à corde *La cinquième tentative*, poursuivent l'œuvre bien au delà de sa petite réalité. Le Phénix... ou la métamorphose transformée en quête de l'éternelle renaissance. C'est le mythe inverse de celui d'Orphée, dans le sens où la victoire s'y accomplit dans l'autre sens, de la mort, de la cendre, de la matière calcinée, vers la vie. On appréhende alors à quel point le micro-temps de la musique est aussi une métaphore de l'idée que nous nous donnons de nous-même et de l'univers. Le schéma qui se construit là est à l'image de ce que nous vivons ou que nous désirons vivre.

Le chant d'Orphée

Le chant, c'est ce qui reste sur les ruines. Depuis l'antique épopée, jusqu'à nos commémorations intérieures. La voix nous le transmet au delà des mots. Elle offre à celui qui l'écoute ce qu'il y a en lui de plus fragile et de plus tendre. C'est-à-dire ce qui fait sa force. Toutes les sérénades sont pourtant données devant des murs. Elles cherchent à atteindre au delà des barrières. Leur charme, leur pouvoir de séduction, est tout entier dans cette contradiction : franchir la brutalité de l'existence pour atteindre à l'être aimé, fût-il pure chimère ; parler, à la fois, sur deux plans différents, à deux interlocuteurs qui se nient l'un l'autre : le gardien et le prisonnier, le bourreau et la victime, le plus que haïssable et le trop aimé. C'est un des sens les plus évidents du mythe d'Orphée. Seul le chant peut faire taire Cerbère et convaincre Hadès et Perséphone. Seul le chant peut permettre de rejoindre Eurydice. Seul le chant peut vaincre la présence de la mort. Orphée ne peut rien contre sa propre malédiction. Sa lucidité l'aveugle. S'il peut pénétrer le mystère de la mort, son regard est trop lumineux pour les ténèbres qu'il aborde. Platon, dans un passage du *banquet*, verra dans la puissance de ce chant un artifice, et dans le destin d'Orphée une conséquence de son manque d'assurance morale. Comme Alceste, il aurait dû avoir le courage de mourir par amour! On reconnaît dans cette conception amorale de la musique l'auteur de *La République*. Il fait bien peu de cas de ce qu'est vraiment le chant d'Orphée. *Le chant d'Orphée atteint ce que sa vision lui retire*, c'est plus que son être même, et il traversera sa propre mort.

> Après avoir été lacéré, déchiqueté par les Ménades (pour prendre la version la plus courante de sa mort), celles-ci s'aperçurent que sa tête décapitée continuait à chanter. Impossible de la faire taire! Elles la jetèrent alors dans le fleuve Hébros (l'actuelle Maritza qui sépare la Grèce de la Turquie à Edime) où elle flotta jusqu'à l'embouchure et de là jusqu'à l'île de Lesbos et ce toujours en chantant! C'est là que la mère d'Orphée, Calliope, l'ensevelit et lui éleva un tombeau. Et seulement alors, Orphée cessa son chant.[200]

La fusion amoureuse ne trouverait donc quoi qu'il en soit son *repos* que dans le silence de la nuit définitive, celle qui a été reconnue par un digne *enterrement*. Le chant serait donc le mouvement irrépressible de la vie vécue comme expérience de l'essence. Quant au silence, il n'a de force d'être que quand il rejoint la matrice de connaissance universelle, la terre mère, ou l'espace cosmique et étoilé. On le voit, le mythe d'Orphée est tragiquement désespéré : il met en scène un malheur plus insupportable que tous les malheur : l'incapacité à mourir. Il y a dans le chant d'Orphée une ritournelle qui s'obstine, *perpetuum mobile*... idée fixe, ostinato, et qui s'oublie en sa propre mémoire.

---

[200] Jacques Lacarrière, *Orphée, Hymnes, discours sacrés*, Imprimerie Nationale Editions, Paris, 1995, p. 19.

Orphée et Don Juan

La connotation orphique du personnage du Christ n'avait pas échappé aux premiers chrétiens. Ce sont là deux figures de « vainqueurs de la mort ». Mais cette victoire n'est-elle pas au prix d'une transcendance de l'amour qui abolit la capacité à le vivre ? En cela, on peut voir en Don Juan (celui de Mozart, de Molière ou de Tirso de Molina...) un anti-Orphée, un anti-Christ. Car Don Juan choisi de vivre tous ses amours, pour la durée qui leur convient (qui lui convient). Voit-il mieux les femmes pour autant ? Rien n'est moins sûr... Ce qui est le plus frappant, c'est sa capacité, contrairement à Orphée, à faire le deuil de l'être aimé. Pour le Commandeur, la mort aura certes le dernier mot... « mais pas plus », rétorque Don Juan, « c'est moi qui choisit comment je veux passer le temps ».

Chaque mythe, nous l'avons dit, propose un schéma de vie qui donne un sens au temps de l'existence individuelle et au delà peut-être à celui de la culture dans laquelle se vit cette existence. Le temps d'Orphée est encore un temps sacré, un temps dont l'infini est possible, celui de Don Juan est un temps profane et matérialiste, un temps qui s'achève avec la personne. Le mythe, donne du temps une image claire : il devient concevable, spatialisé. La racine et la force du mythe est peut-être avant tout dans cette *représentation* du temps.

Je voudrais, pour ce dernier chapitre, citer intégralement le texte qui avait été distribué aux auditeurs de la création d'*Antilemme*. Ce texte, qui retranscrit assez fidèlement le parcours de ma réflexion tout au long de la composition de cette pièce, donne la parole à un autre Don Juan, le personnage des livres de Carlos Castaneda. La parole, ici, est complètement extérieure à la musique, et si les phases décrites par Don Juan correspondent éventuellement à des parties de la pièce, c'est d'une manière qui ne peut guère prétendre être perceptible. Les liens que tisse la musique avec notre pensée atteignent parfois cette distance.

Comment en rendre compte ?... Nous entrons la dans un domaine qui échappe absolument à la connaissance. C'est pourtant dans le fourmillement de ces limbes de l'imaginaire que surgissent les idées les plus essentielles, celles qui nous impliquent bien plus, peut-être que nous ne voudrions l'être.

Don Juan est un sorcier Yaqui, un indien de la province de Sonora — lointain descendant des Incas. Nous connaissons de son enseignement ce que nous a transmis un anthropologue américain, Carlos Castaneda, de l'université de Californie, devenu son disciple. Les livres de ce dernier sont de difficiles chemins de piste entre une réalité hallucinée et une sagesse millénaire. Au cours d'une de ses leçons, Don Juan envisage le parcours de l'homme cherchant à acquérir la connaissance comme une lutte initiatique contre quatre ennemis qu'il nomme la peur, la clarté, le pouvoir et la vieillesse.

Un lemme est en mathématique une proposition intermédiaire qui constitue une étape, un préalable, dans le cours d'une démonstration plus vaste. Antilemme est un néologisme — une « nouvelle figure du discours ». Ce mot implique une réticence pour l'ordonnance logique de la pensée démonstrative, pour la hiérarchie qu'elle impose parmi les thèses, et plus encore parmi les objets soumis à la pensée.

Dimanche 15 avril 1962 :

« Lorsqu'un homme commence à apprendre, ses objectifs ne sont jamais clairs. Son dessein est vague, ses intentions sont imparfaites. Il espère tirer un bénéfice qui ne se matérialisera jamais, dans son ignorance des difficultés de l'étude.

« Il commence ensuite lentement à apprendre — par petits fragments d'abord, puis par vastes pans. Bientôt ses pensées se heurtent, ce qu'il apprend n'est pas ce qu'il avait imaginé, cela n'a pas l'aspect qu'il attendait, il prend peur. »[201]

---

201 Ce passage, et les suivants, sont extraits du livre de Carlos Castaneda : *L'herbe du diable et la petite fumée*, U.G.E. (10/18), Paris, 1985, pp. 86-90.

Chaque nouvelle partition remet en question la possibilité même de savoir composer. Les réminiscences du déjà fait, la tentation de transposer, de se transporter par quelque mécanisme assuré en terrain de connaissance, viennent très vite se mettre à l'épreuve du fait musical nouveau qui lentement, ou brutalement, s'élabore. On n'aborde pas un inconnu sans crainte, sans cet éclat du rire protecteur, masque d'une angoisse immensément insaisissable.

« Et que peut-on faire pour surmonter cette peur ?

« - La réponse est simple ; ne pas se sauver. Défier sa peur, et malgré elle, avancer dans le savoir, pas à pas. On peut être profondément effrayé, sans pour autant s'arrêter. Voilà la règle. Puis le moment viendra quand le premier ennemi reculera. L'homme commencera à se sentir sûr de lui. Son dessein sera plus délibéré. L'étude ne sera plus pour lui une tâche insurmontable. A ce moment, on peut prétendre à juste titre avoir vaincu le premier ennemi naturel. (...) Lorsqu'un homme a vaincu la peur, il en est quitte pour le restant de ses jours, car la clarté a remplacé la peur — une clarté de l'esprit qui efface la peur. Mais alors un homme connaît ses désirs, il sait comment les satisfaire. Il peut s'imaginer les nouvelles étapes du savoir, tout se trouve baigné d'une clarté violente. Il sent que plus rien n'est caché. Il vient de rencontrer son deuxième ennemi : la clarté. »

Je ne sais plus qui m'a parlé de cette démonstration selon laquelle aucune théorie ne pouvait assurer par ses propres moyens son auto-cohérence. Autrement dit, aucun système ne détient la preuve de sa non-contradiction. L'idée même de cette aporie, mise à nue dans le creuset des symboles mathématiques, m'avait suggéré une passionnante démonstration de l'existence de Dieu. Je n'ignorais certes pas l'artifice, mais je la glissais malicieusement dans la longue liste de celles qui prétendaient s'interposer entre la raison et l'argument ontologique.

« Cette clarté d'esprit, si difficile à atteindre, si elle dissipe la peur, aveugle également. Elle pousse l'homme à ne jamais douter de lui-même. Elle lui donne l'assurance de pouvoir faire tout ce qu'il veut, car il semble voir clairement au fond des choses. Il est courageux parce qu'il est clair, rien ne l'arrête pour la même raison. Or tout cela n'est qu'une erreur. C'est comme une chose incomplète. Si l'on cède à cette puissance apparente, on est devenu le jouet du deuxième ennemi, et l'apprentissage s'en trouvera tout faussé. La précipitation remplacera la patience, ou le contraire. Et la conséquence de ces erreurs, il lui deviendra impossible de rien apprendre. (...) Il n'en aurait d'ailleurs aucune envie. »

J'ai toujours dit que je composais la musique que j'aurais aimé entendre. Il y va, on l'aura compris, d'un certain rapport à l'inouï. J'ai toujours dit également que pour moi la musique contemporaine restait encore à écrire. Je ne parle pourtant pas que d'une insatisfaction chronique et présomptueuse, d'un étrange état de « manque ». Peut-être un peu de cette éternelle renaissance de l'homme à lui-même. Aucun art plus que la musique n'est plongé à ce point dans le transitoire, l'éphémère, le fugitif. Tout, dans la musique, échappe quelque part à notre connaissance. Or dans notre civilisation, la musique s'écrit, elle s'écrit jusqu'à une complexité impraticable, jusqu'au pari d'une simplicité inhabitable. Dans l'écriture, toutes les projections sont possibles, toutes les dimensions du sonore prennent l'évidence du symbole.

« Le moment viendra où l'on comprendra que cette clarté n'était qu'un point devant le regard. C'est ainsi que le deuxième ennemi aura été surmonté, et que l'on parviendra à l'endroit où plus rien de mal ne peut arriver. Il ne s'agira plus d'une erreur, ni d'un simple point devant les yeux. ce sera la vraie puissance. L'homme saura alors que la puissance qu'il poursuit depuis si longtemps lui appartient enfin. Il en fera ce qu'il voudra. Il a son allié à ses ordres. Ses désirs font loi. Il voit tout ce qui l'entoure. C'est ici qu'il rencontre son troisième ennemi : le pouvoir. C'est le plus puissant de tous ses ennemis. Le plus facile, naturellement, c'est d'y céder. après tout, l'homme est vraiment invincible. Il commande. Il commence par prendre des risques calculés, il finit par dicter les règles, puisqu'il est le maître. A ce stade, on remarque à peine le troisième ennemi qui s'approche. Et soudain, sans qu'on s'en aperçoive, la bataille est perdue. L'ennemi a fait de lui un homme capricieux et cruel. »

Antilemme. Ce terme impossible ressemble à un miroir qui renvoie à l'esprit la violence de sa science. Pourtant, à l'écouter, ce sont d'autres consonances qui viennent. Bien sûr, ces ruptures et ces métaphores, ce grand projet d'une carrière pour la pensée comme pour le corps, cette révolte mythique vouée à un échec retentissant. On ne se révolte pas impunément contre la logique du monde. Les choses parlent — les instruments s'imposent... L'implacable certitude poursuit son mouvement. L'harmonie universelle a lancé ses sphères pour une trajectoire incontournable. Et au milieu de ce désert, de ce désastre parfait, l'homme naît d'un chant funèbre, innocent et dérisoire comme une cantilène.

« Il doit se dominer à chaque instant, manier avec précaution et fidélité tout ce qu'il a appris. S'il voit que la clarté et la puissance, sans la raison, sont encore pires que l'erreur, alors il atteindra le point où tout est sous son contrôle. Il saura alors qu'il a vaincu son troisième ennemi. L'homme sera alors au terme de ce voyage à travers le savoir, quand presque sans prévenir surgira le dernier de ses ennemis, la vieillesse. C'est le plus cruel de tous, le seul qu'il ne pourra pas vaincre complètement, mais seulement tenir en respect. On n'éprouve plus alors de peur, la clarté de l'esprit ne provoque plus d'impatience — la puissance est maîtrisée, mais on est pris du désir opiniâtre de se reposer. »

Il est toujours difficile de se remémorer comment naît une pièce, surtout quand le temps qui servit à l'écrire est morcelé par les aléas de l'existence. A chaque retour à la table de travail, il faut renouer les linéaments interrompus, retrouver les volontés oubliées... Qu'est ce qui subsiste de l'essentiel au travers de cette trame implacable de la subsistance ? Les temps se superposent — l'auditeur y ajoute le sien — les moments entrechoquent leur conscience. Il n'y a pourtant qu'une direction, inéluctable.

« On n'éprouve plus alors de peur, la clarté de l'esprit ne provoque plus d'impatience — la puissance est maîtrisée, mais on est pris du désir opiniâtre de se reposer. Si l'on s'y abandonne totalement, si l'on se couche et qu'on oublie, la fatigue venant comme un apaisement, la dernière bataille sera perdue, son ennemi l'abattra comme une créature âgée et sans défense. Son désir de retraite obscurcira clarté, puissance et savoir.

« Si l'homme cependant surmonte sa fatigue et accomplit son destin, on pourra vraiment l'appeler homme de savoir, même s'il n'a pu qu'un bref moment repousser son dernier ennemi invincible. Ce moment de clarté, de puissance et de savoir aura suffi. »

Quelle merveille qu'un instant universel s'édifie au moyen d'un homme, et que la vie d'une personne exhale ce peu d'éternel!

N'est-ce point dans un état si détaché que les hommes ont inventé les mots les plus mystérieux et les plus téméraires de leur langage ?

O moment, diamant du temps... Je ne suis que détails et soins misérables hors de toi.

Sur le plus haut de l'être, je respire une puissance indéfinissable comme la puissance qui est dans l'air avant l'orage. Je ressens l'imminence... Je ne sais ce qui se prépare ; mais je sais bien ce qui se fait : Rendre purement possible ce qui existe, réduire ce qui se voit au purement visible, telle est l'œuvre profonde.

Paul Valéry[202]

Conclusion

Il y a, dans toute trajectoire humaine, dans la manière dont on la comprend, une part initiatique. L'orphisme a toujours été, jusque dans ses traditions les plus récentes, un rite d'accession à la beauté à travers l'épreuve, plus ou moins symbolique, de la mort. Les quatre ennemis de Don Juan, les étapes de la vie d'Orphée, sont pour nous des témoignages du sens que l'homme cherche à donner à son destin. Un témoignage parmi des milliers d'autres, et je voudrais montrer ici, à travers un parallélisme qui n'est pas moins forcé que ceux qui ont tenté le structuralisme, que le mythe est loin d'être un modèle unanime, qu'il peut même, à l'occasion, s'inverser. Mettons en regard les ennemis de Don Juan et la légende grecque : à la Peur, correspond la toute-puissance d'Orphée, quand la lyre qu'il joue est celle d'Apollon et que sa voix commande aux éléments ; à la Clarté, l'ombre de son amour

---

[202] op. cit. pp. 351, 795-796.

disparu — les ténèbres de l'enfer où Eurydice est prisonnière ; au Pouvoir, la faiblesse de sa nature et de sa volonté — quand il se retourne pour voir sa bien-aimée, quand il est déchiqueté par les Bacchantes ; à la Vieillesse, enfin, l'immortalité de son chant, qui se perpétue après sa mort, par sa propre bouche, par son luth échoué, et par ces étoiles qui scellent dans le firmament son destin final.

Qui pourrait dire qu'il y a plus de vérité dans l'une ou l'autre vision ? Et au fond, quelle importance ? Nous aussi, n'avons-nous pas traversé, dans le cours de cet essai des péripéties à double visage ? Effrayé, nous l'étions, devant la démesure des sujets que nous nous étions proposé, devant la diversité des champs qui seraient ainsi convoqués, inconscient probablement devant l'ampleur des abîmes qu'il faudrait sonder. Nous avons cru trouver quelque clarté dans une représentation de l'acte même de connaître, dans la science de l'harmonie, mais au prix de quel enfer d'équations et de signes à traverser ? Nous avons suivi enfin toutes les voix qui nous accompagnaient, chemins d'encre pour les yeux, pour la parole et pour la pensée, accepté leur puissance, comme si elle était un peu la nôtre, et accepté la dérive à laquelle elles nous menaient. La vieillesse, c'est de se retrouver, à la fin du livre, après avoir passé l'épreuve de faire, devant l'éternité des questions que l'on n'a fait qu'effleurer.

Au fond, l'homme aime se raconter des histoires : c'est ce qui lui permet sans doute de supporter la sienne, ou de l'envisager. La musique n'est qu'une expression plus subtile de cette faculté. Pourtant, tout l'art du vingtième siècle a cherché à se débarrasser de l'élément narratif, jusqu'à vouloir faire de ce déni la preuve de la modernité. Combien de fois ne m'a-t-on pas fait comprendre à propos du titre même de ce livre que la référence à Orphée avait un arrière-goût « néo-classique » assez peu indiqué pour le contenu « contemporain » auquel il prétendait ? Seulement voilà, le titre a résisté, et ce qui a résisté, au-delà du titre, c'est l'intuition qu'il y avait entre l'universalité d'Orphée, c'est-à-dire celle de la musique, et les singularités des métamorphoses dont nous nous faisions l'écho, une connivence dont nous ne pouvions pas nous départir à si bon compte.

Car au fond toute histoire est l'histoire d'une approche de l'altérité. C'est Eurydice, ce sont les quatre ennemis, c'est le désir ou la crainte, c'est ce qui précède, qui nous époustouffle et qui nous étouffe, c'est ce qui suit, que nous attendons ou que nous redoutons, c'est ce qui nous accompagne, consonance ou dissonance, ce qui révèle la complexité des rapports qui peuvent s'établir entre les choses et entre les êtres. Cette mise en relation est déterminante à tant d'égards... Pour notre intelligence, pour notre sensibilité... Il y a entre Orphée et les métamorphoses plus que le jeu d'assonance d'une pure orfèvrerie sonore. Il y a une aura complexe et évidente. Ces deux termes s'incluent et s'excluent à la fois. L'intangibilité de l'un est pris dans les remous de l'autre. Ce que nous fixons ne vaut que comme repère pour un bouleversement, l'axe de notre vision est l'œil d'un cyclone, et ce que nous pouvons voir, ce que nous osons faire, n'est que le signe de l'invisible, le signe de ce qui reste à faire. *Les métamorphoses d'Orphée*, c'est aussi peut-être le renversement du mythe qui veut que l'objet du désir ne soit qu'un leurre, la beauté une simple illusion.

Annexe 1

En haut, et en niveaux de gris, représentation de la concordance de quatre sons « complexes » harmoniques (n=20, p=-15dB/oct, σ=0,002oct.) par coupes d'une octave d'ambitus, pour deux fondamentales fixes, do et une note comprise entre do et son octave prise par pas d'un quart de ton.

En bas, représentation de la concordance de trois sons « complexes » harmoniques (n=20, p=-15dB/oct, σ=0,002oct.) sur trois octaves, pour deux fondamentales fixes, do et une note comprise entre do et son octave prise par pas d'un quart de ton.

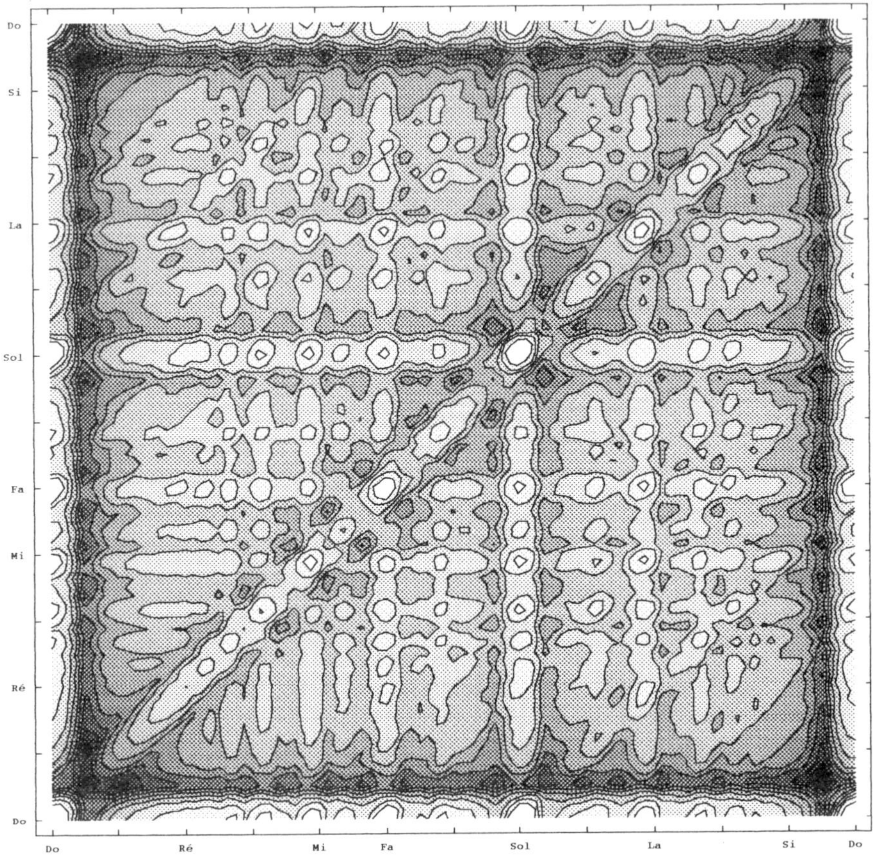

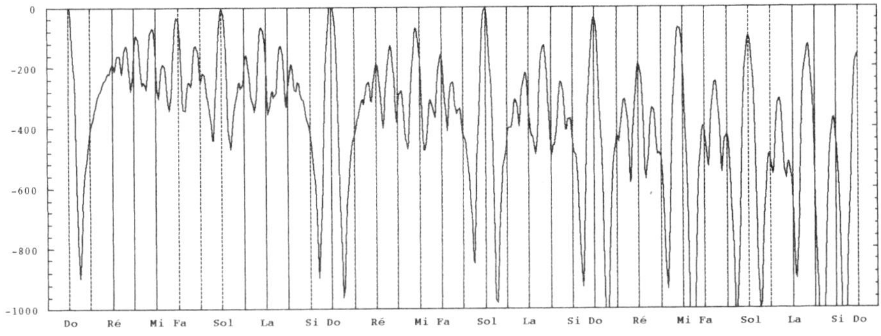

concordance (Do, Do, x, y)
concordance (Do, Do, x)

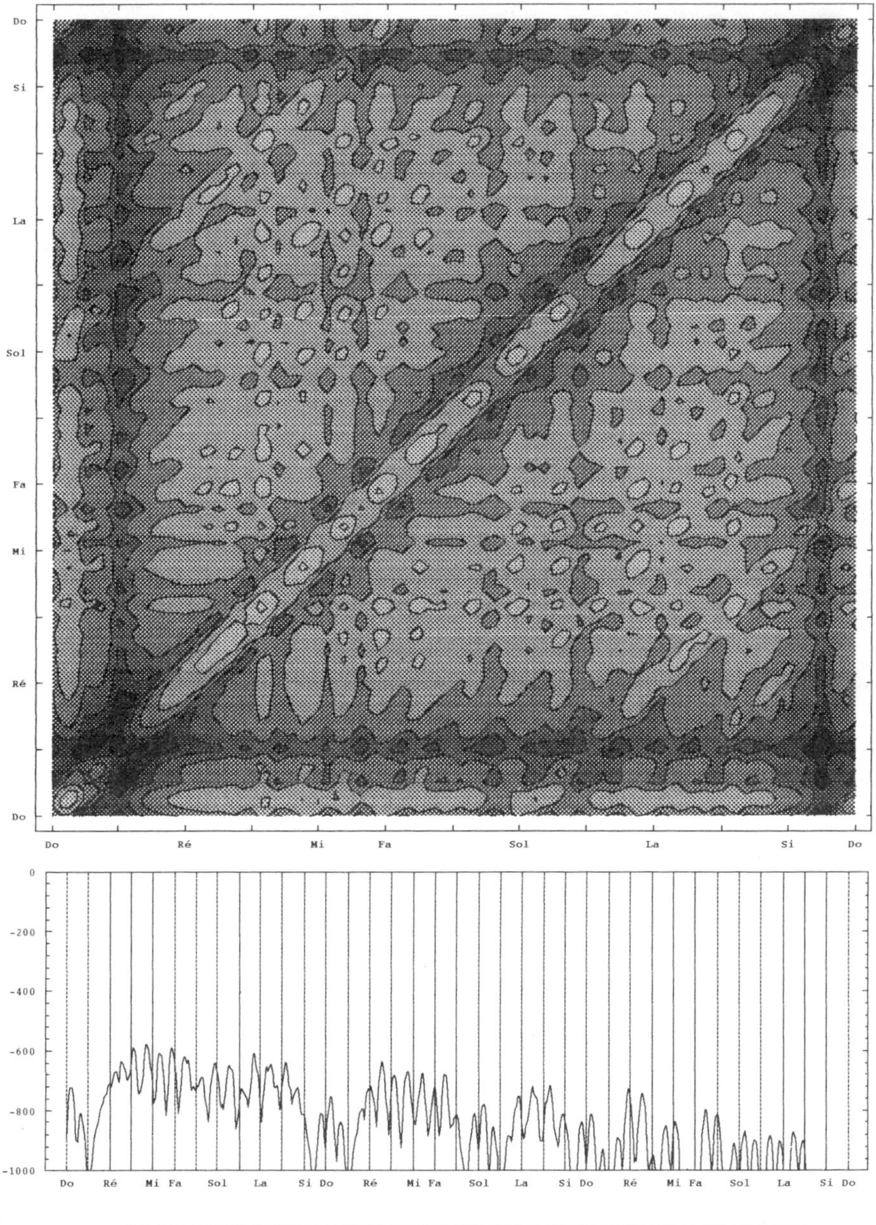

concordance (Do, Do+, x, y)
concordance (Do, Do+, x)

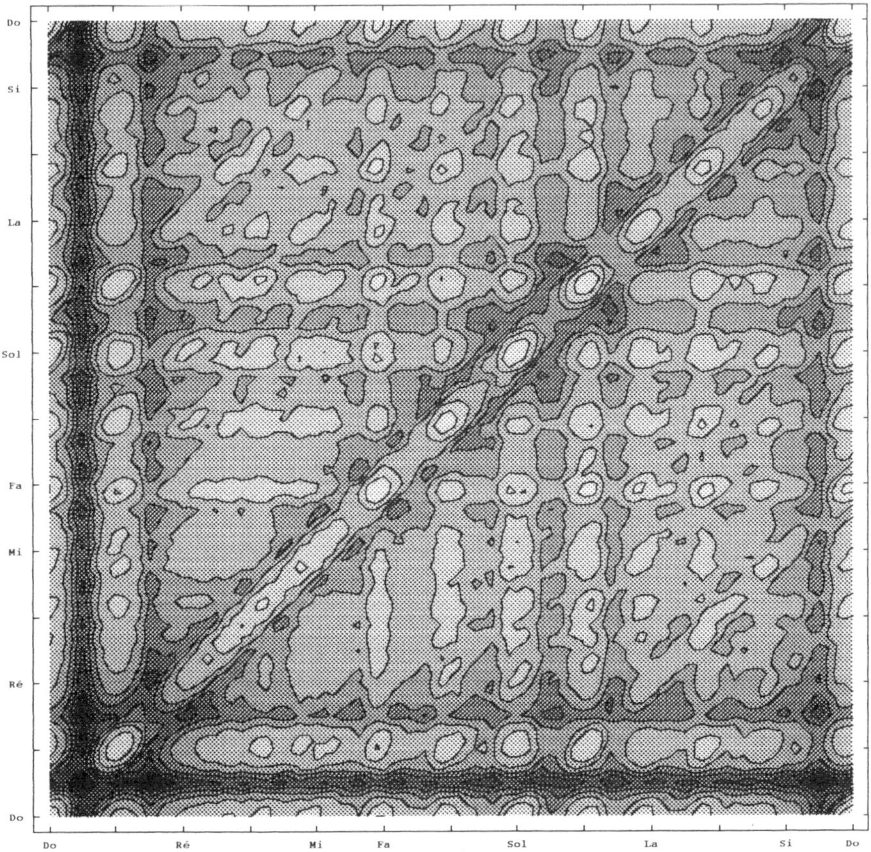

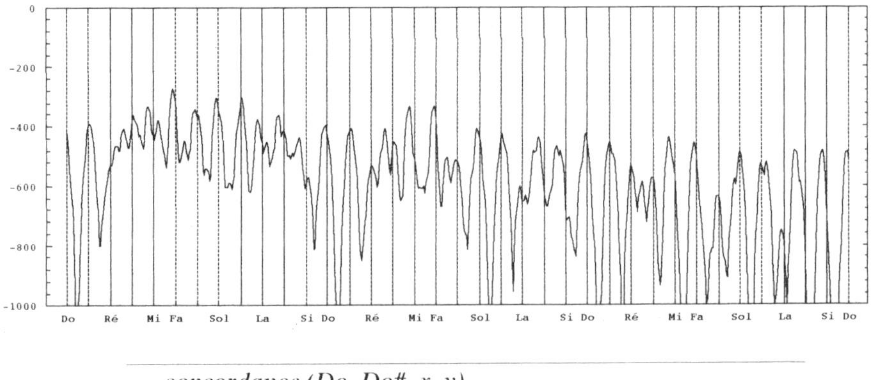

concordance (Do, Do#, x, y)
concordance (Do, Do#, x)

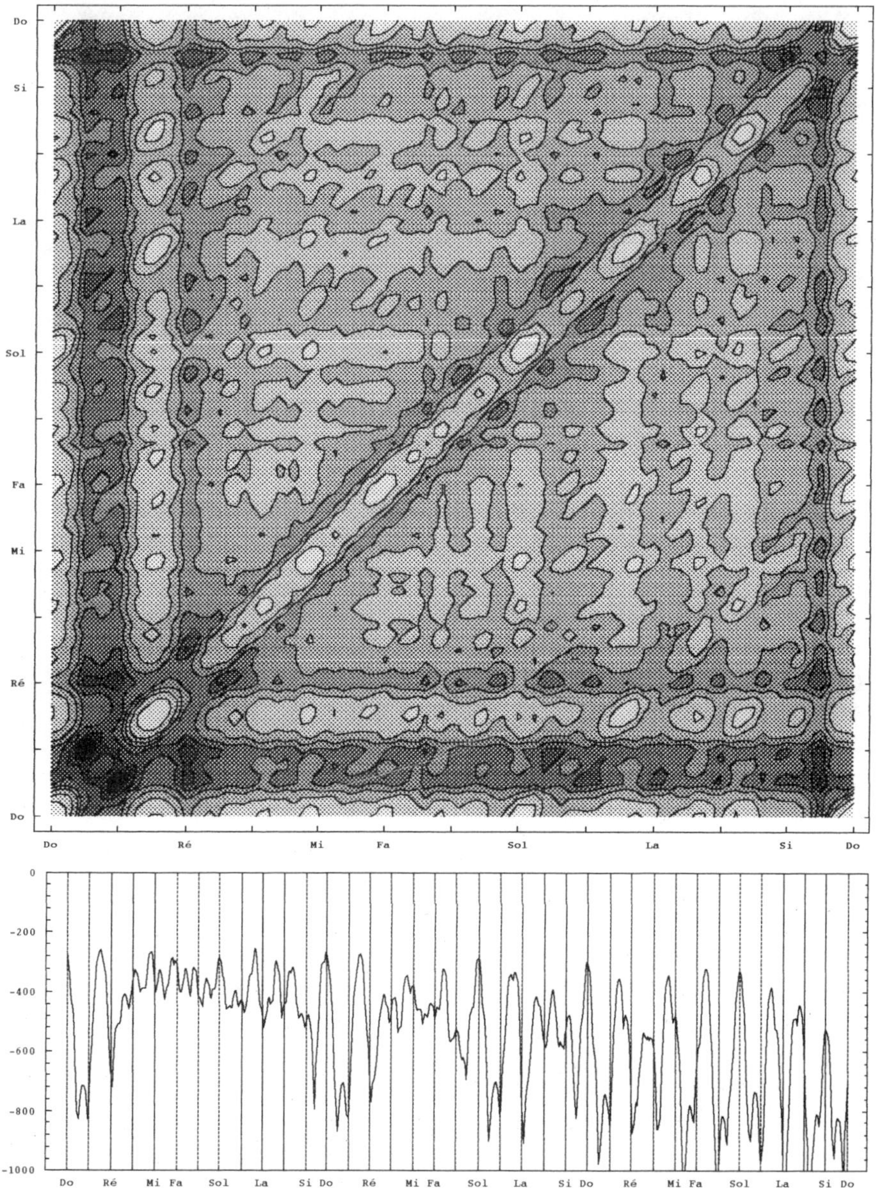

concordance (Do, Do#+, x, y)
concordance (Do, Do#+, x)

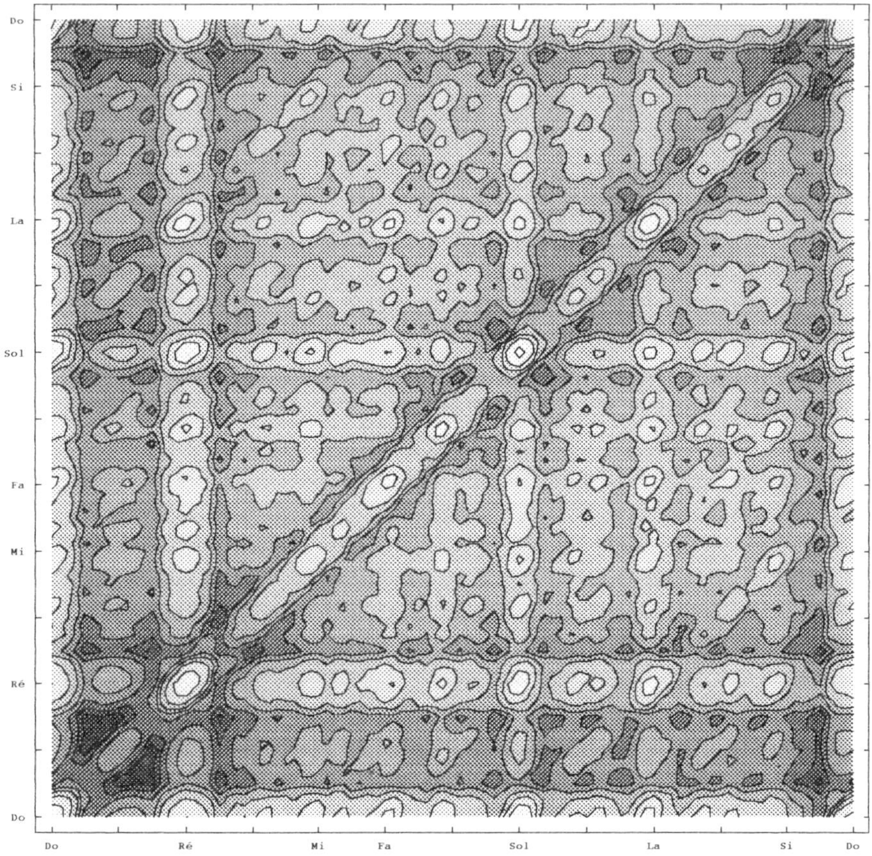

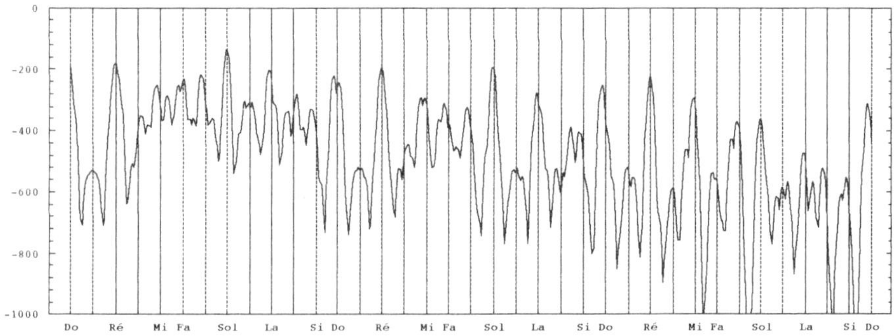

concordance (Do, Ré, x, y)
concordance (Do, Ré, x)

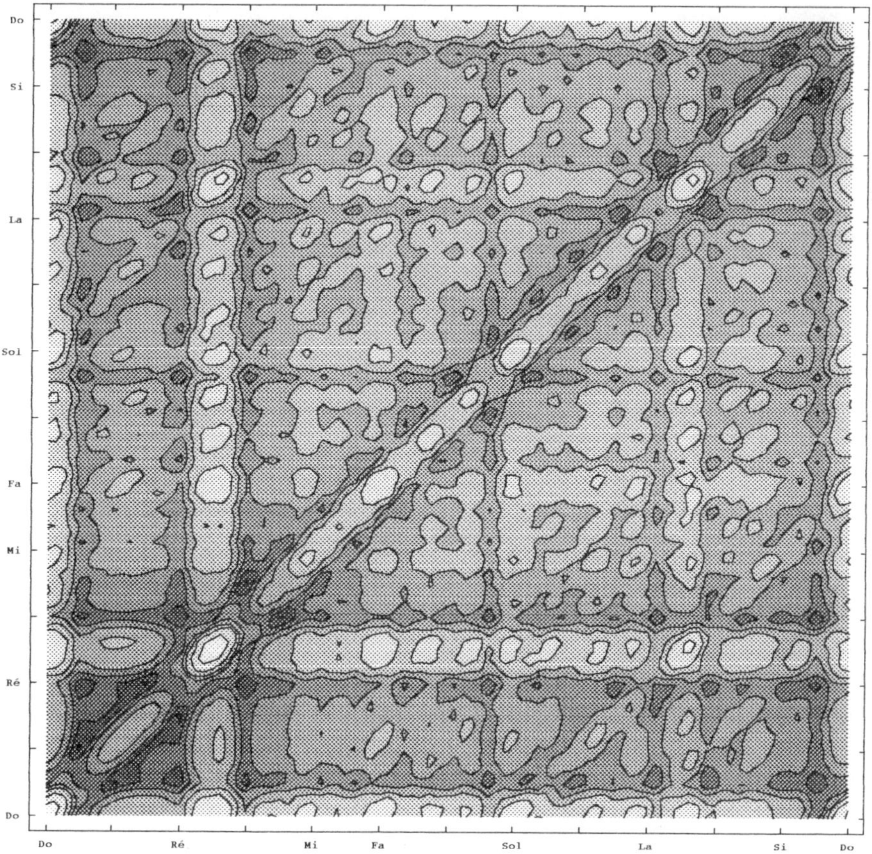

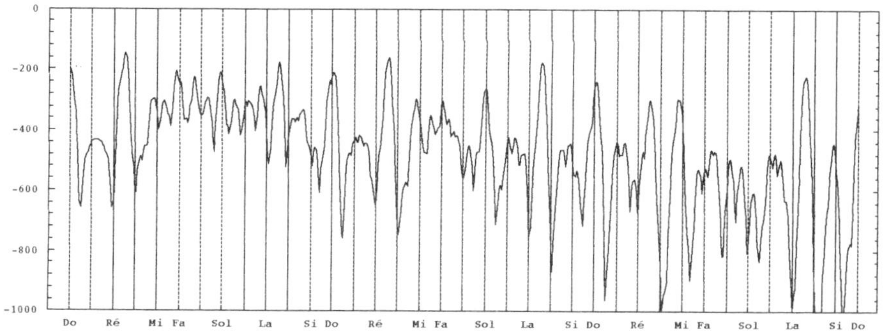

concordance (Do, Ré+, x, y)
concordance (Do, Ré+, x)

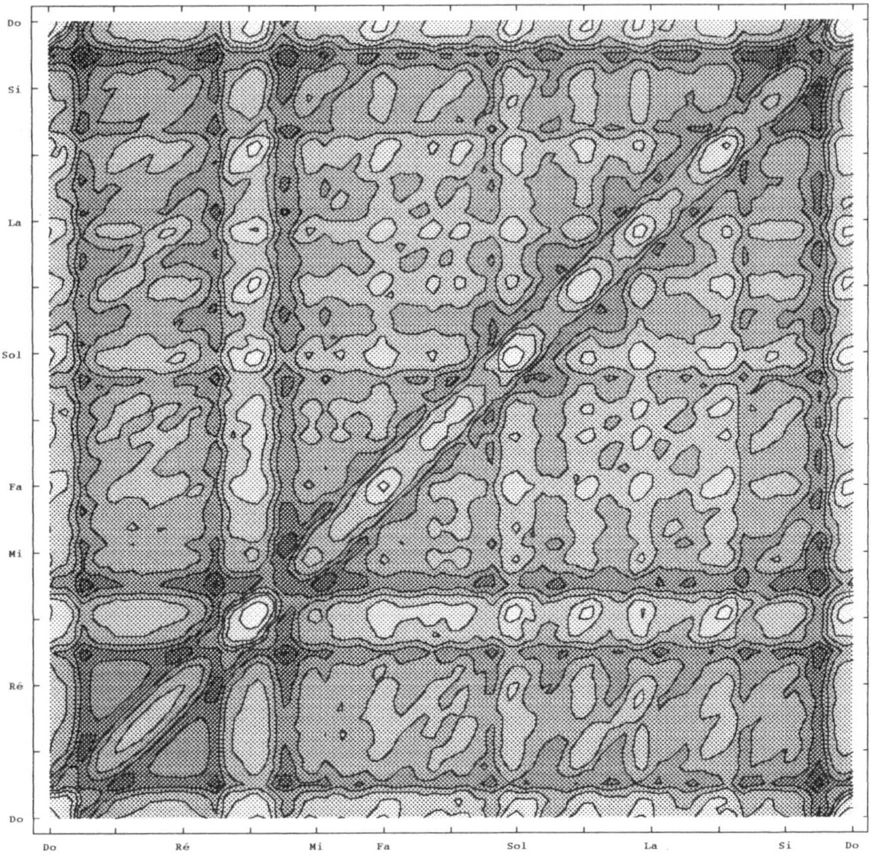

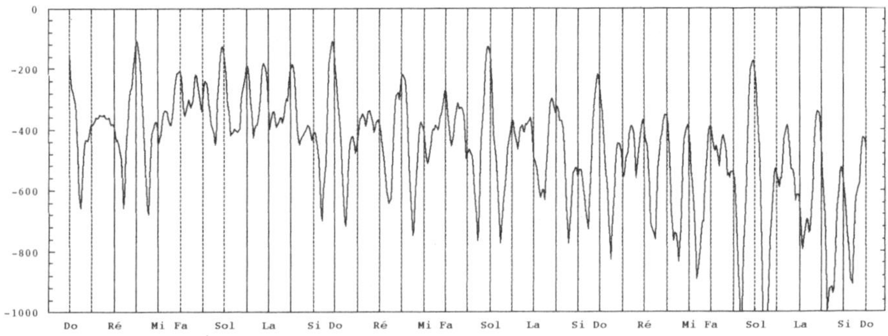

concordance (Do, Ré#, x, y)
concordance (Do, Ré#, x)

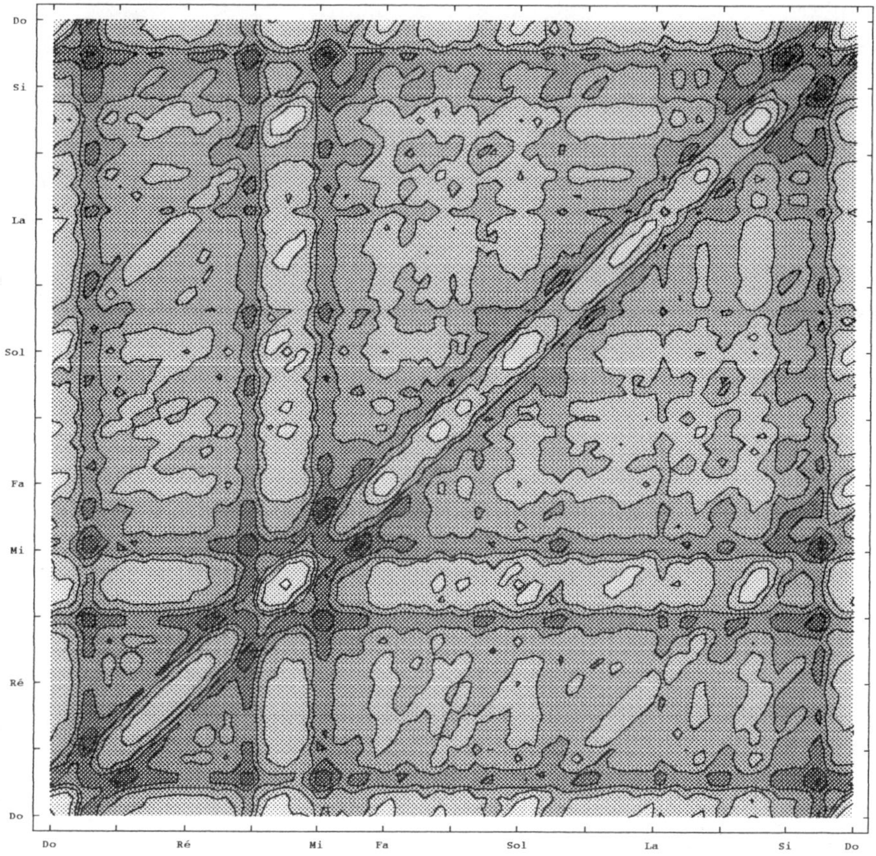

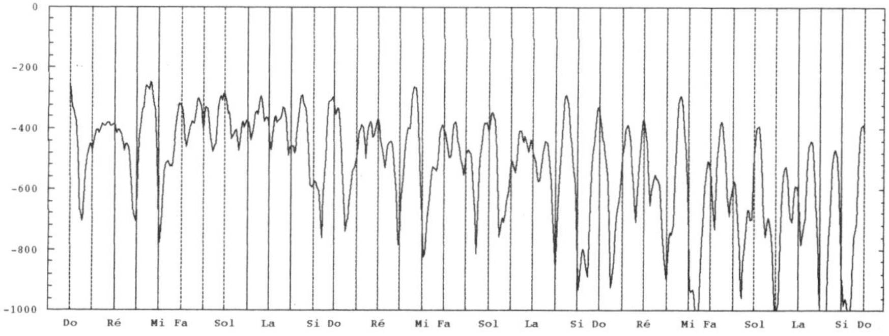

concordance (Do, Ré#+, x, y)
concordance (Do, Ré#+, x)

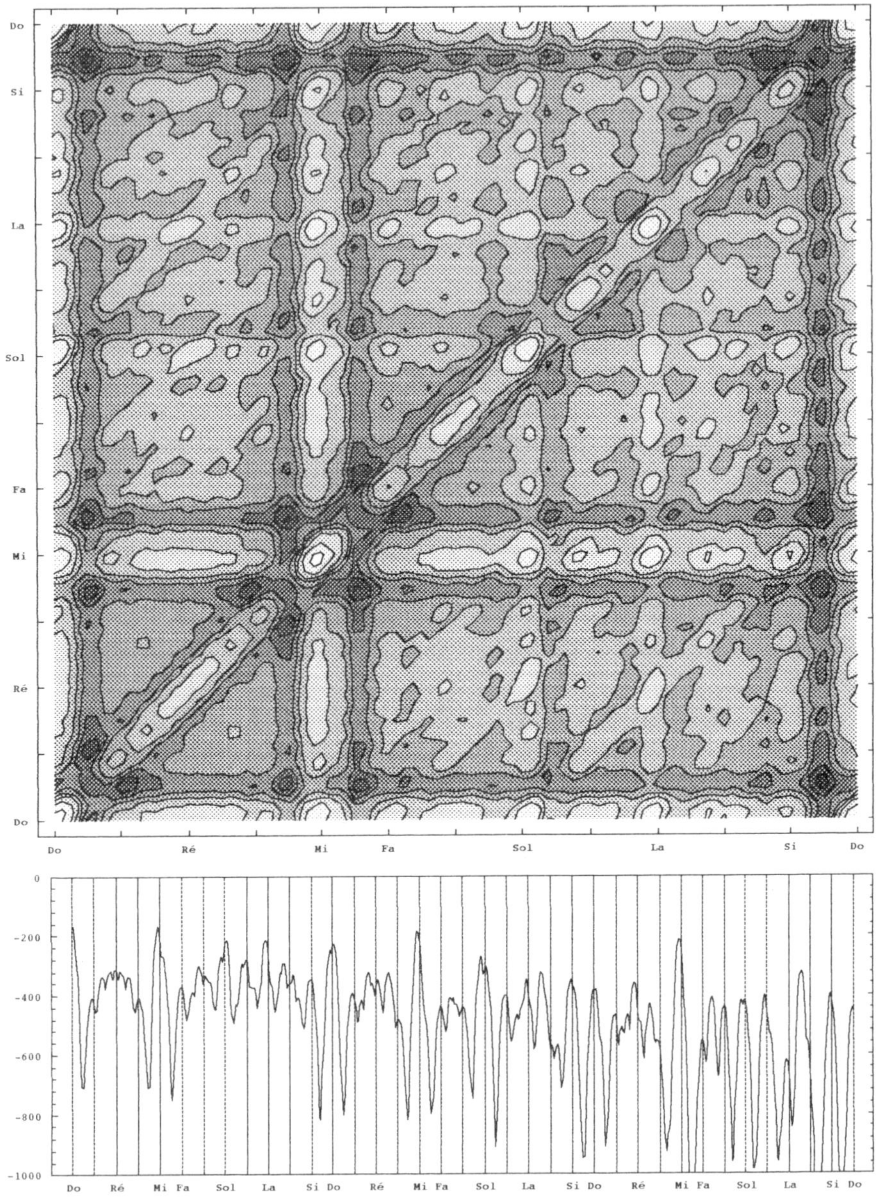

concordance (Do, Mi, x, y)
concordance (Do, Mi, x)

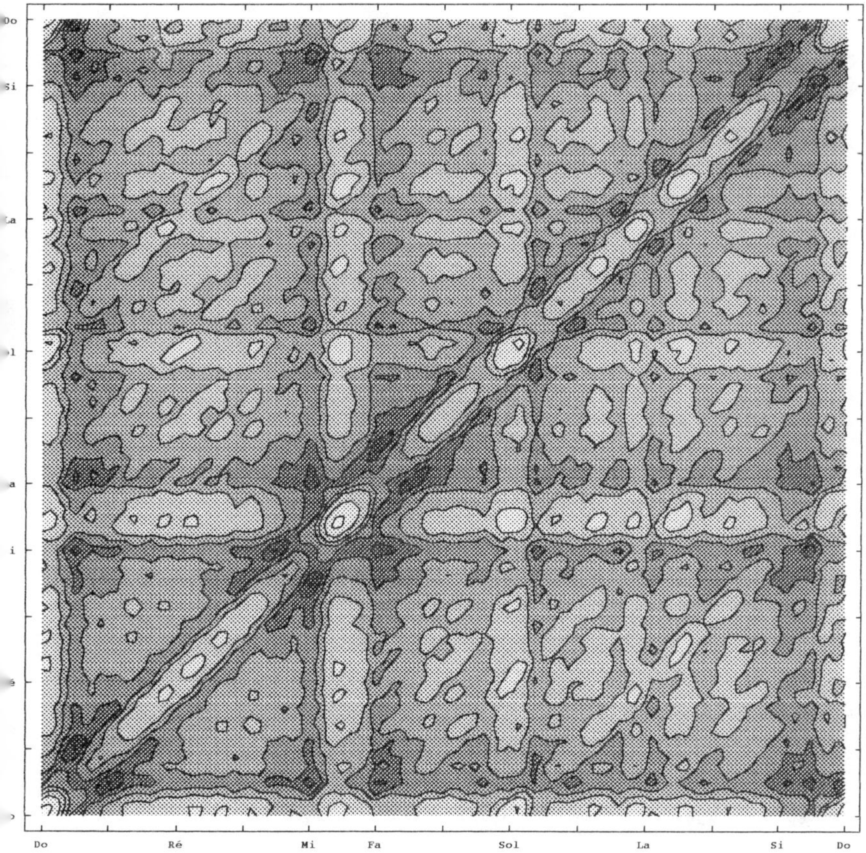

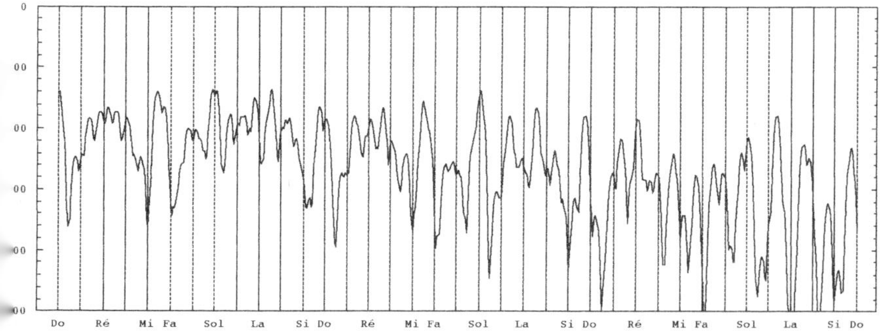

concordance (Do, Mi+, x, y)
concordance (Do, Mi+, x)

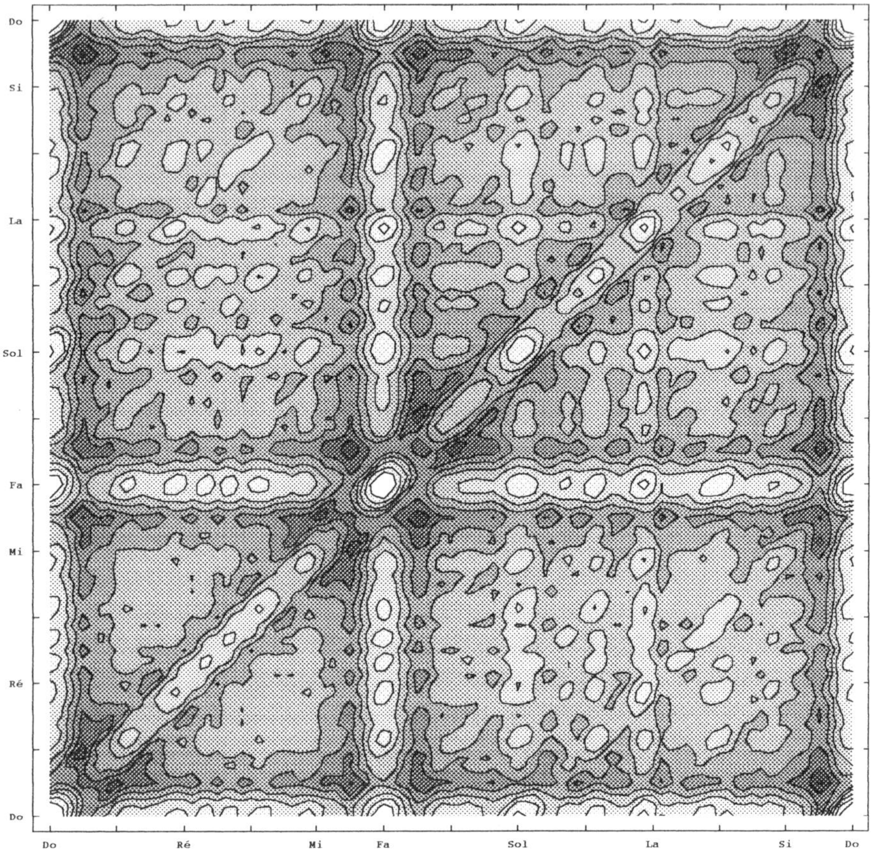

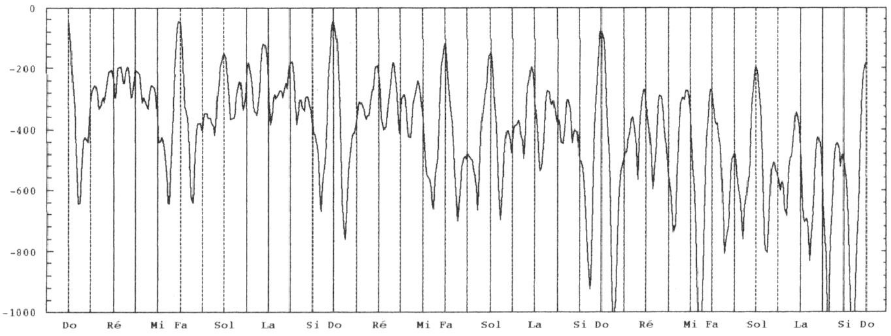

concordance (Do, Fa, x, y)
concordance (Do, Fa, x)

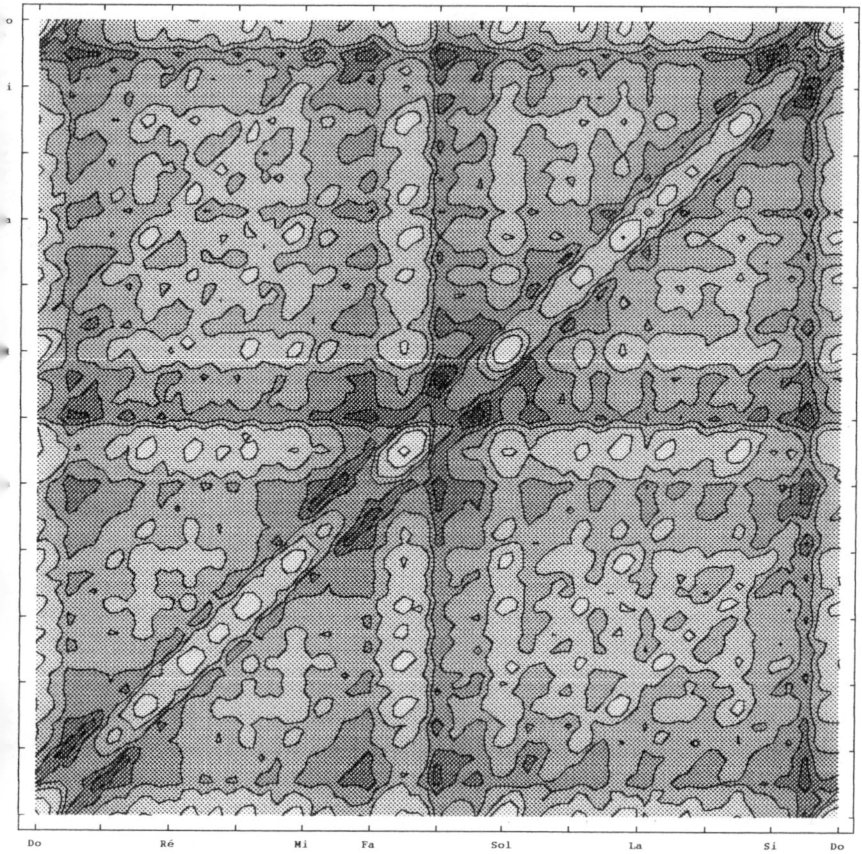

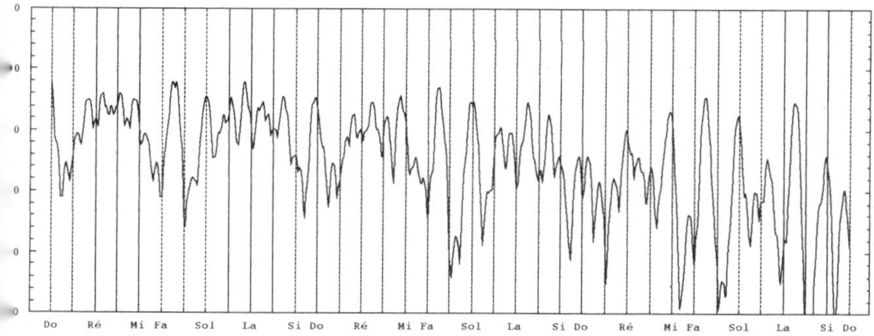

concordance (Do, Fa+, x, y)
concordance (Do, Fa+, x)

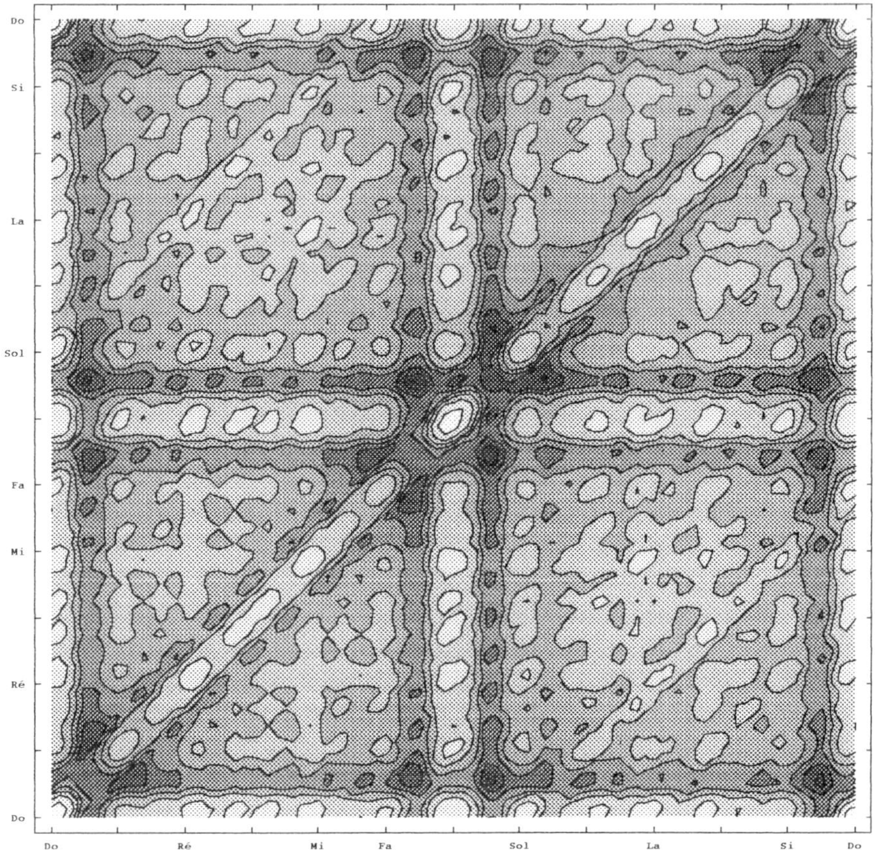

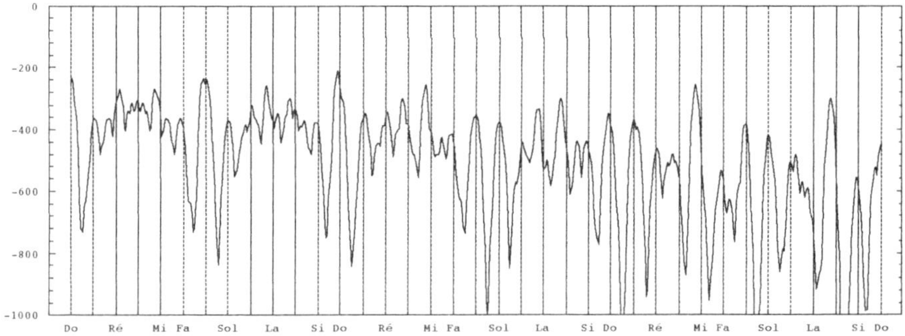

concordance (Do, Fa#, x, y)
concordance (Do, Fa#, x)

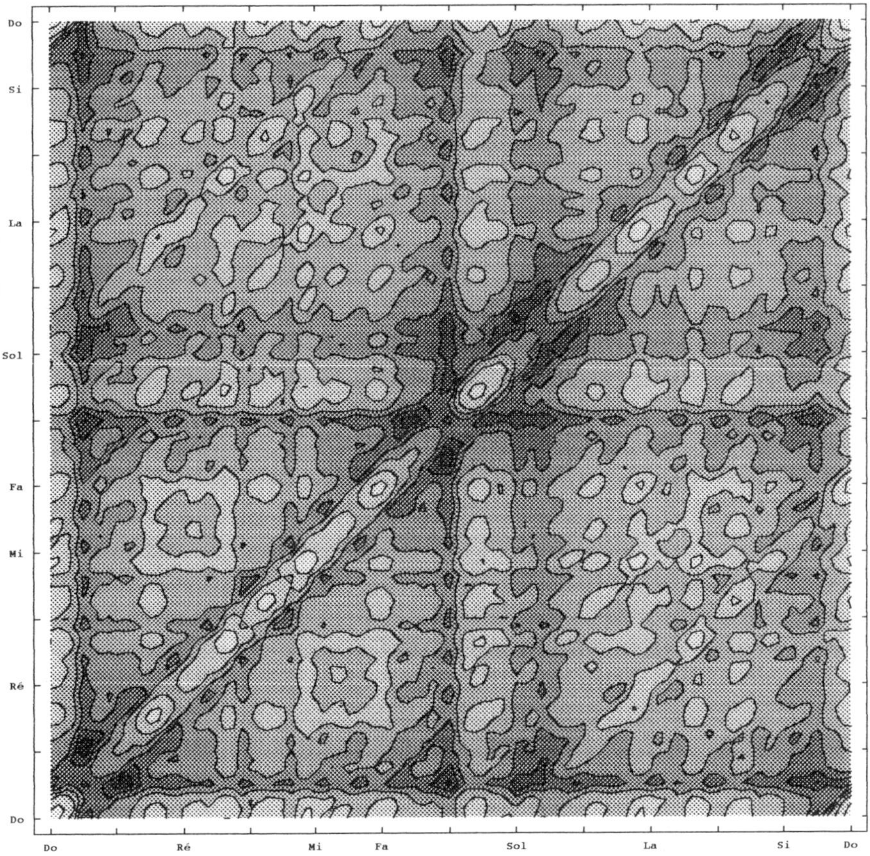

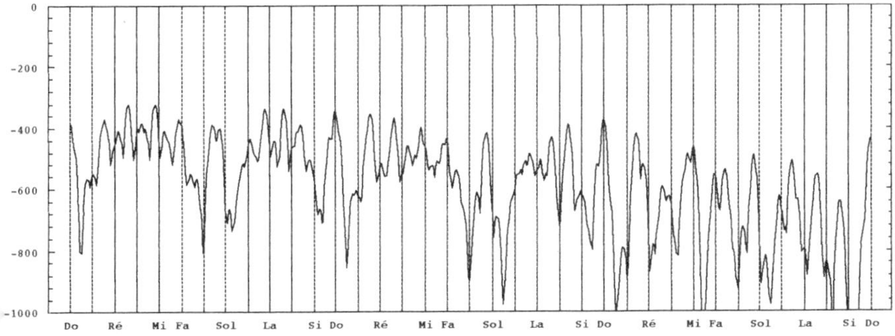

concordance (Do, Fa#+, x, y)
concordance (Do. Fa#+. x)

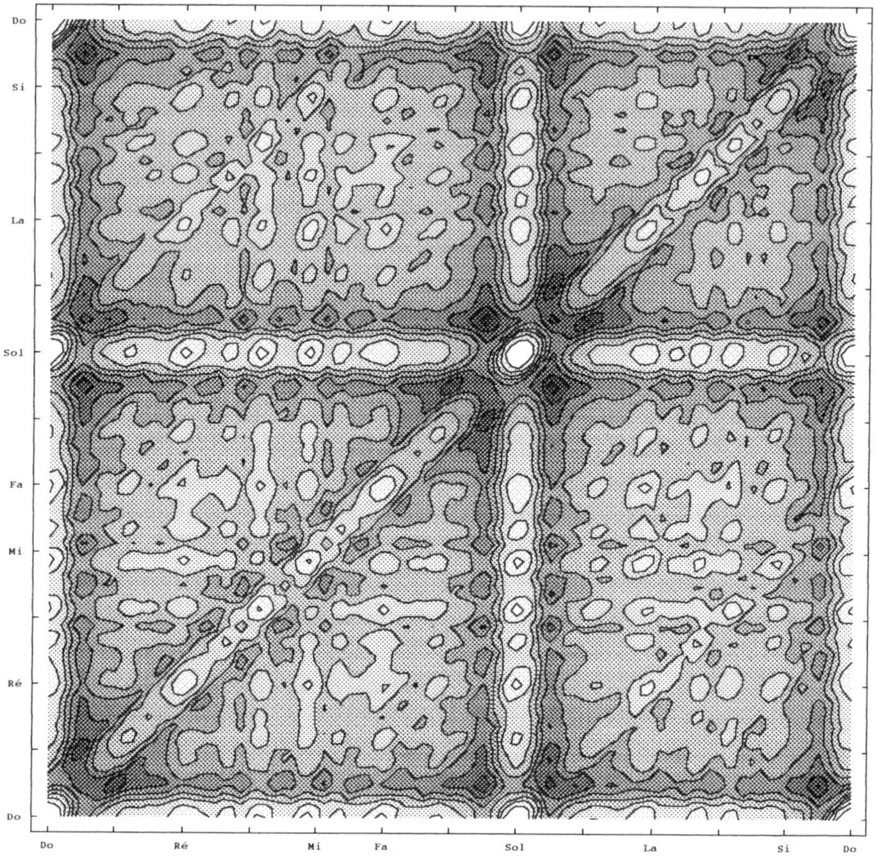

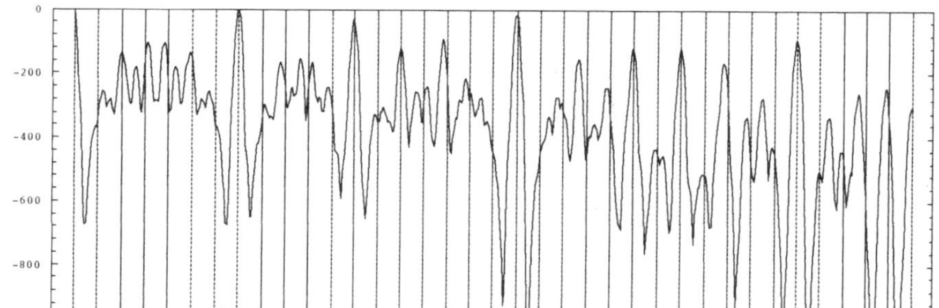

concordance (Do, Sol, x, y)
concordance (Do, Sol, x)

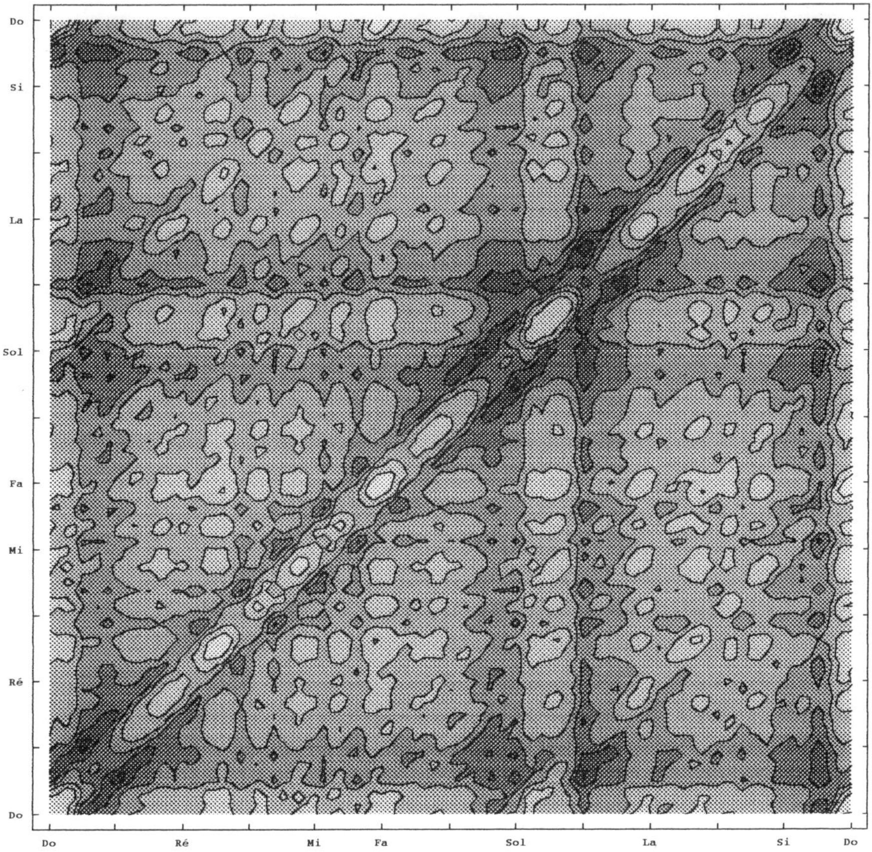

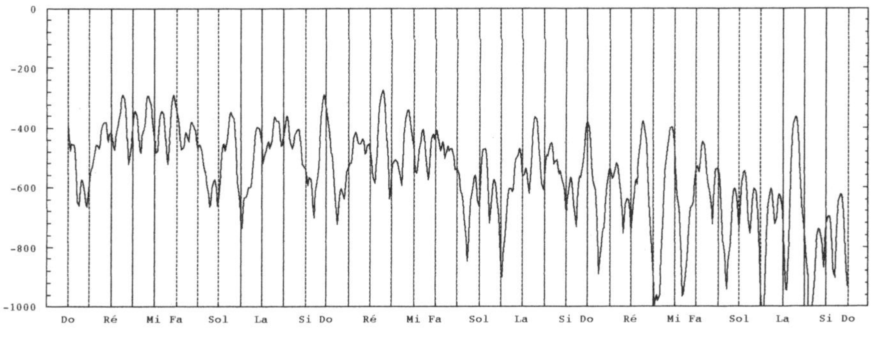

concordance (Do, Sol+, x, y)
concordance (Do, Sol+, x)

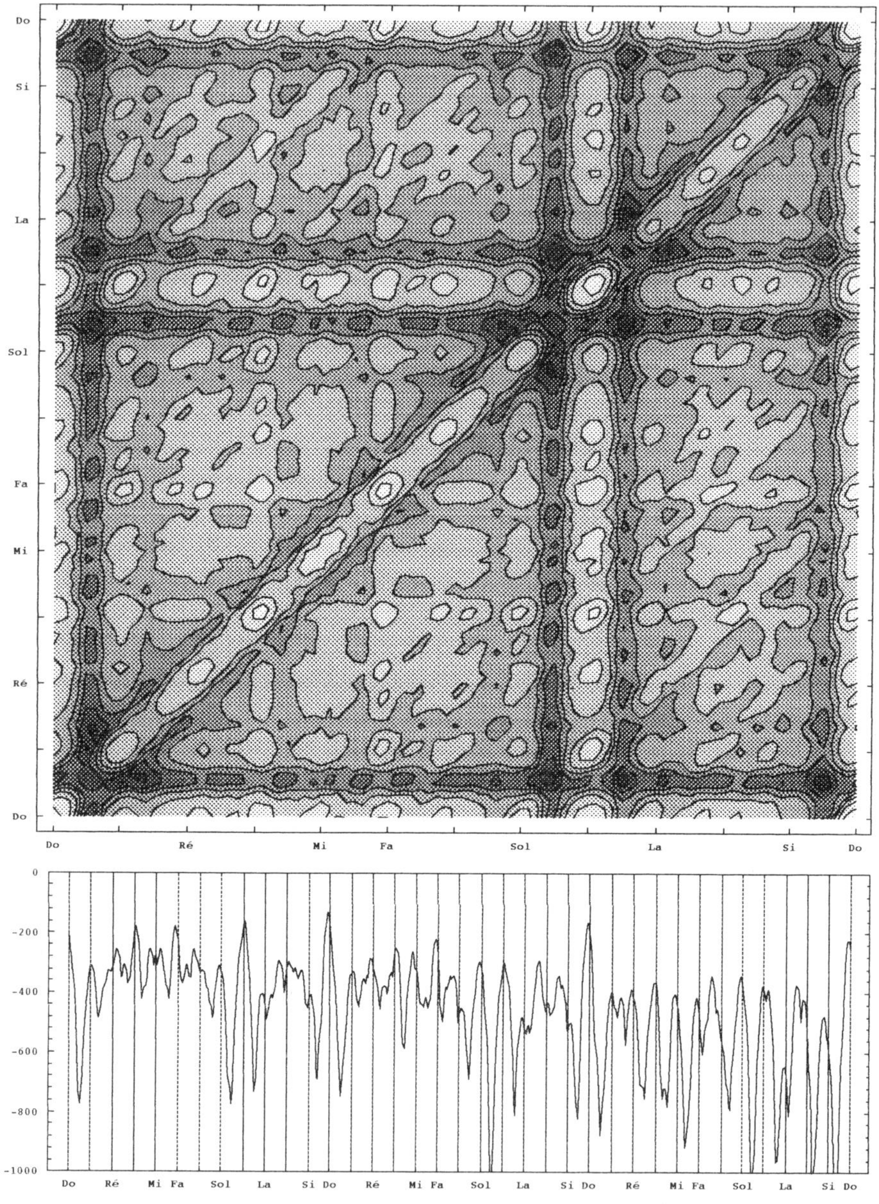

concordance (Do, Sol#, x, y)
concordance (Do, Sol#, x)

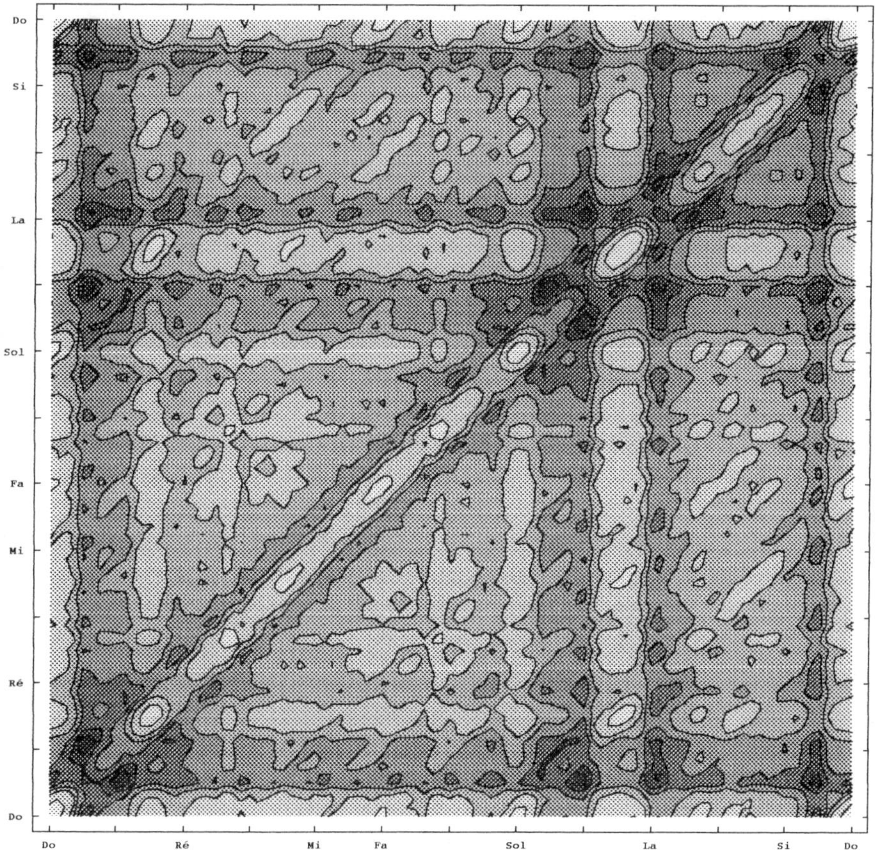

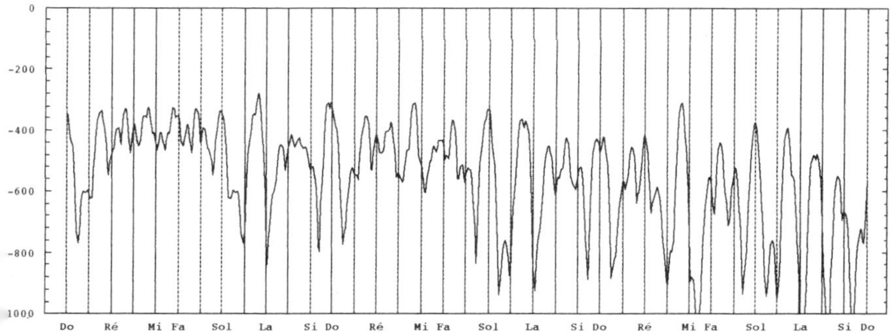

concordance (Do, Sol#+, x, y)
concordance (Do, Sol#+, x)

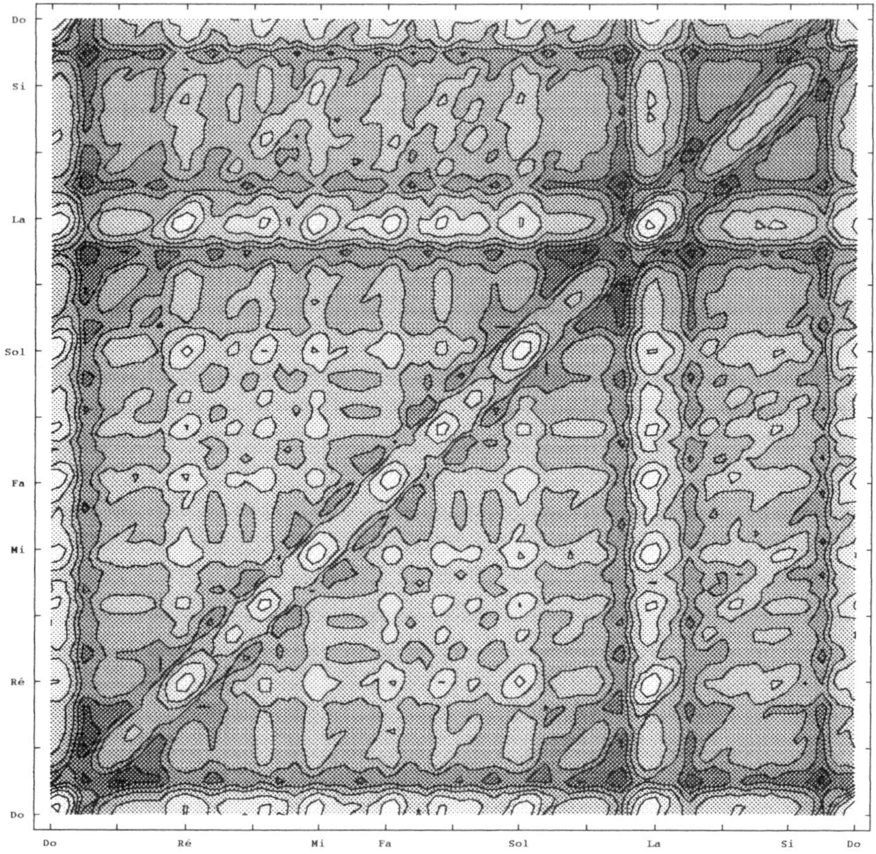

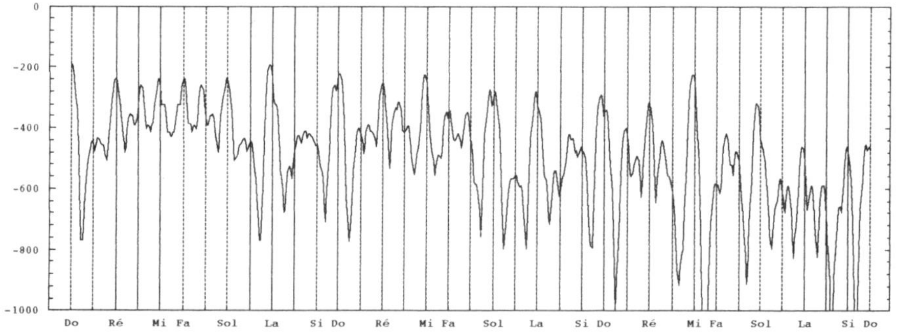

concordance (Do, La, x, y)
concordance (Do, La, x)

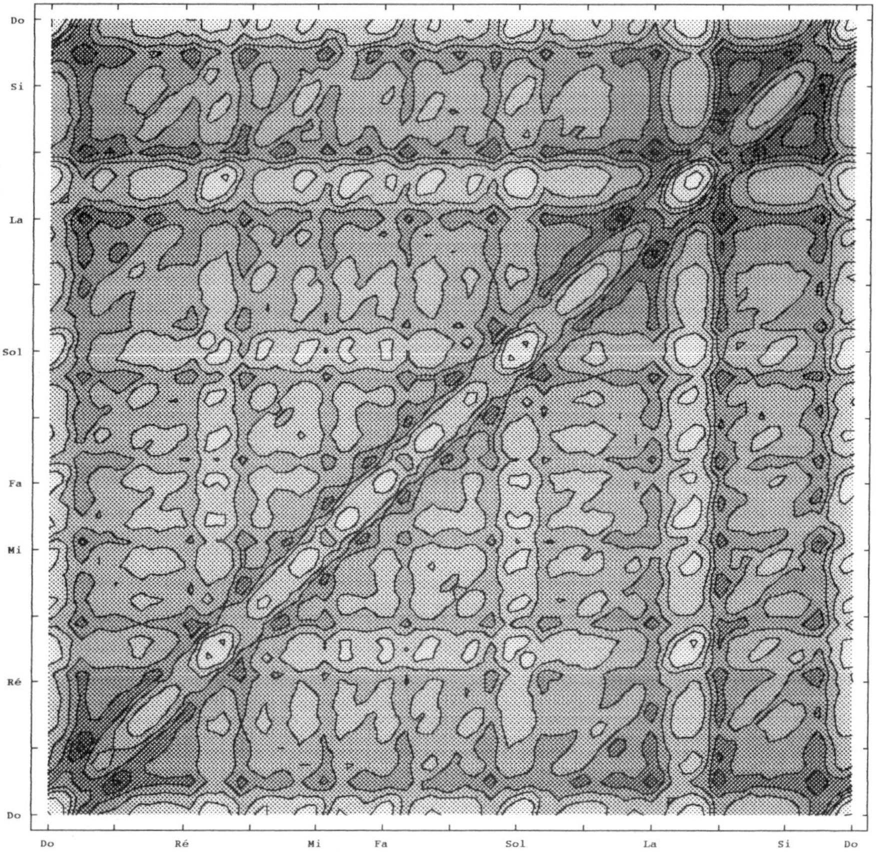

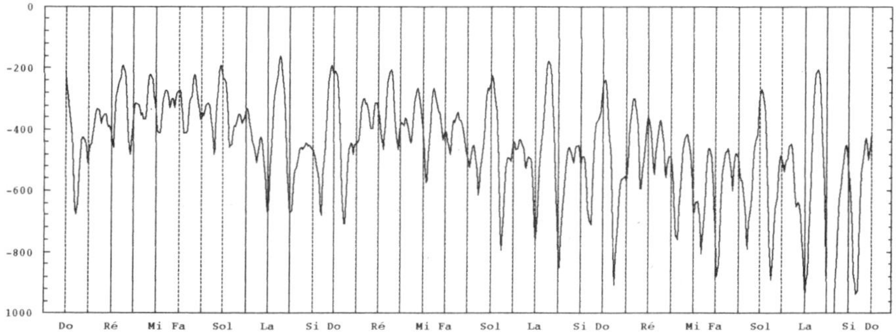

concordance (Do, La+, x, y)
concordance (Do, La+, x)

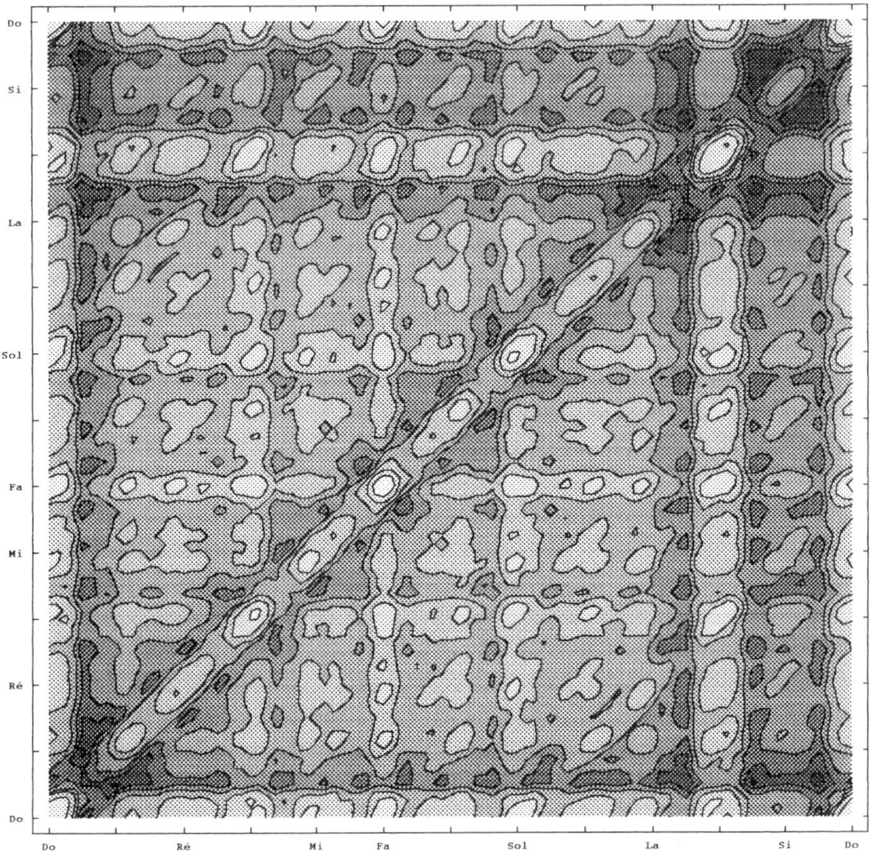

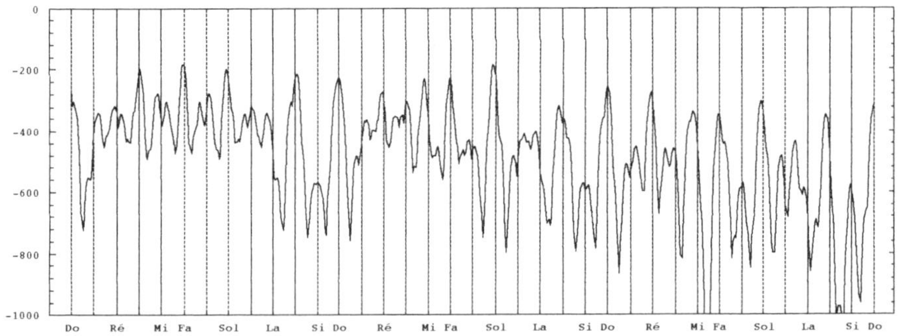

concordance (Do, La#, x, y)
concordance (Do, La#, x)

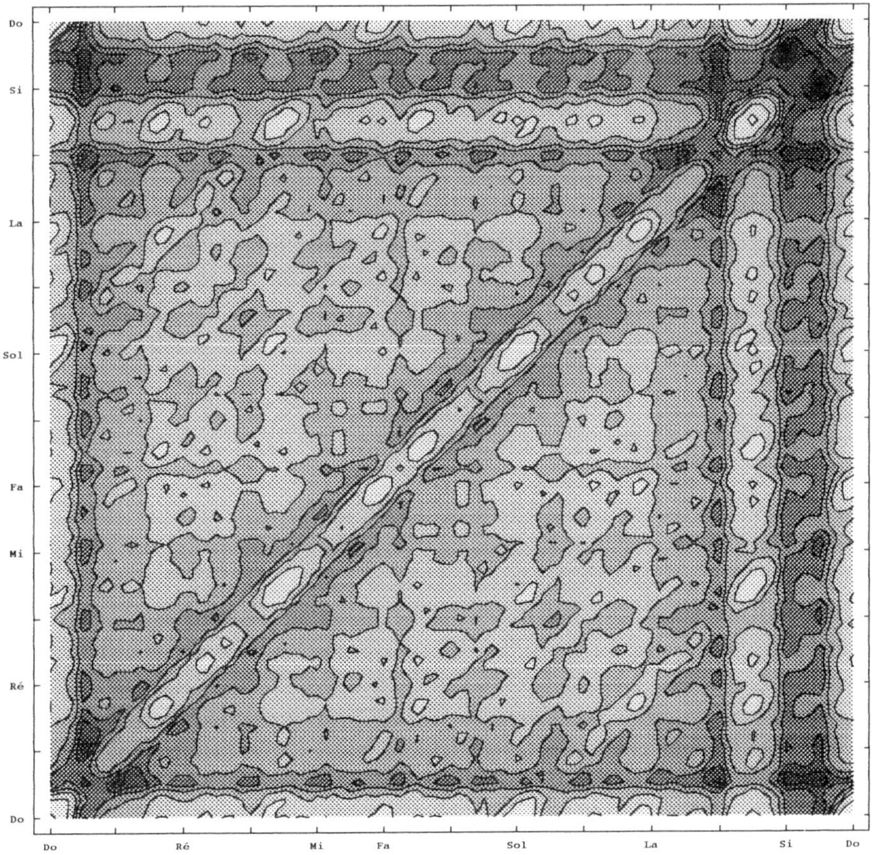

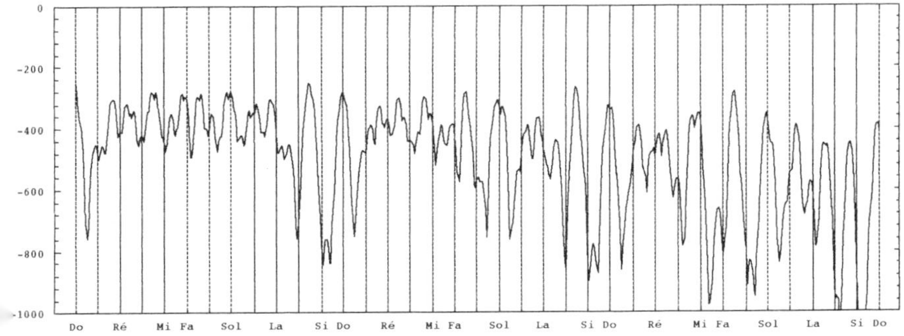

concordance (Do, La#+, x, y)
concordance (Do, La#+, x)

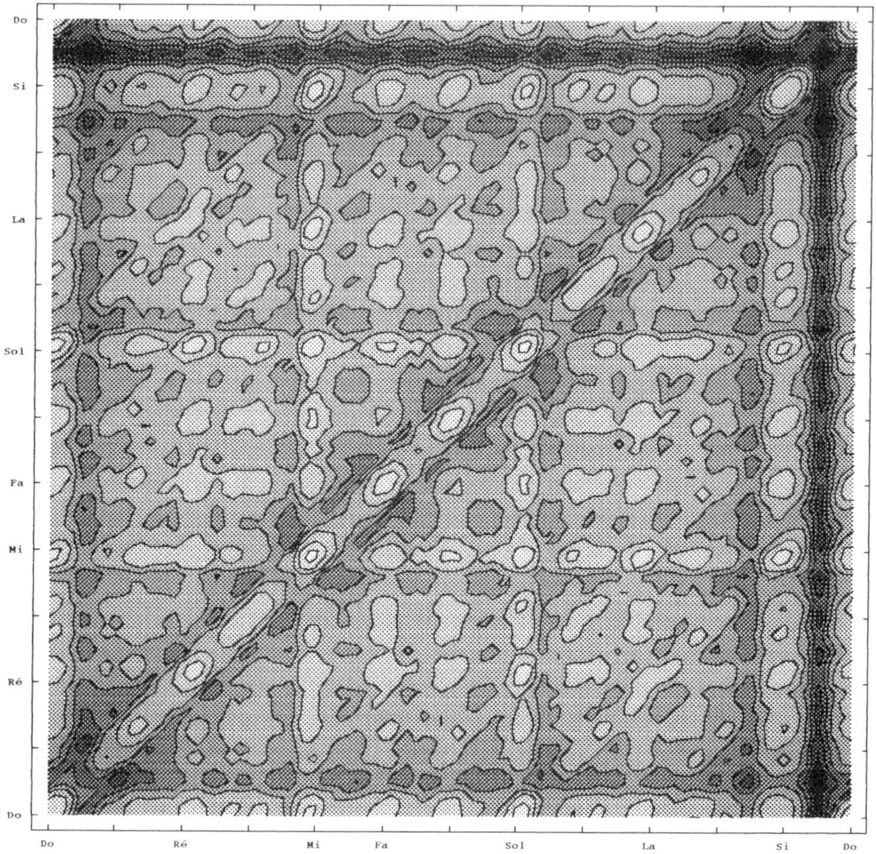

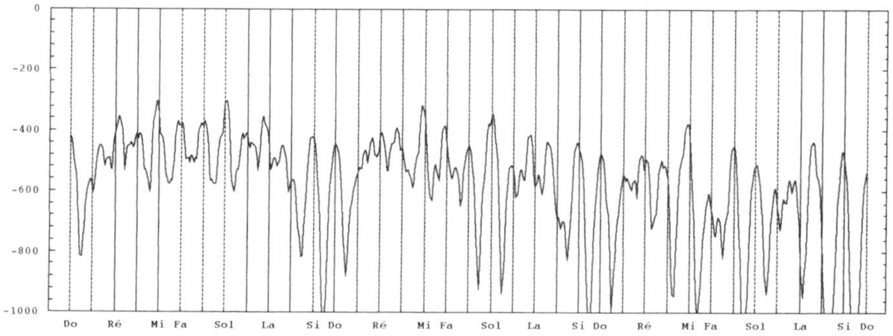

concordance (Do, Si, x, y)
concordance (Do, Si, x)

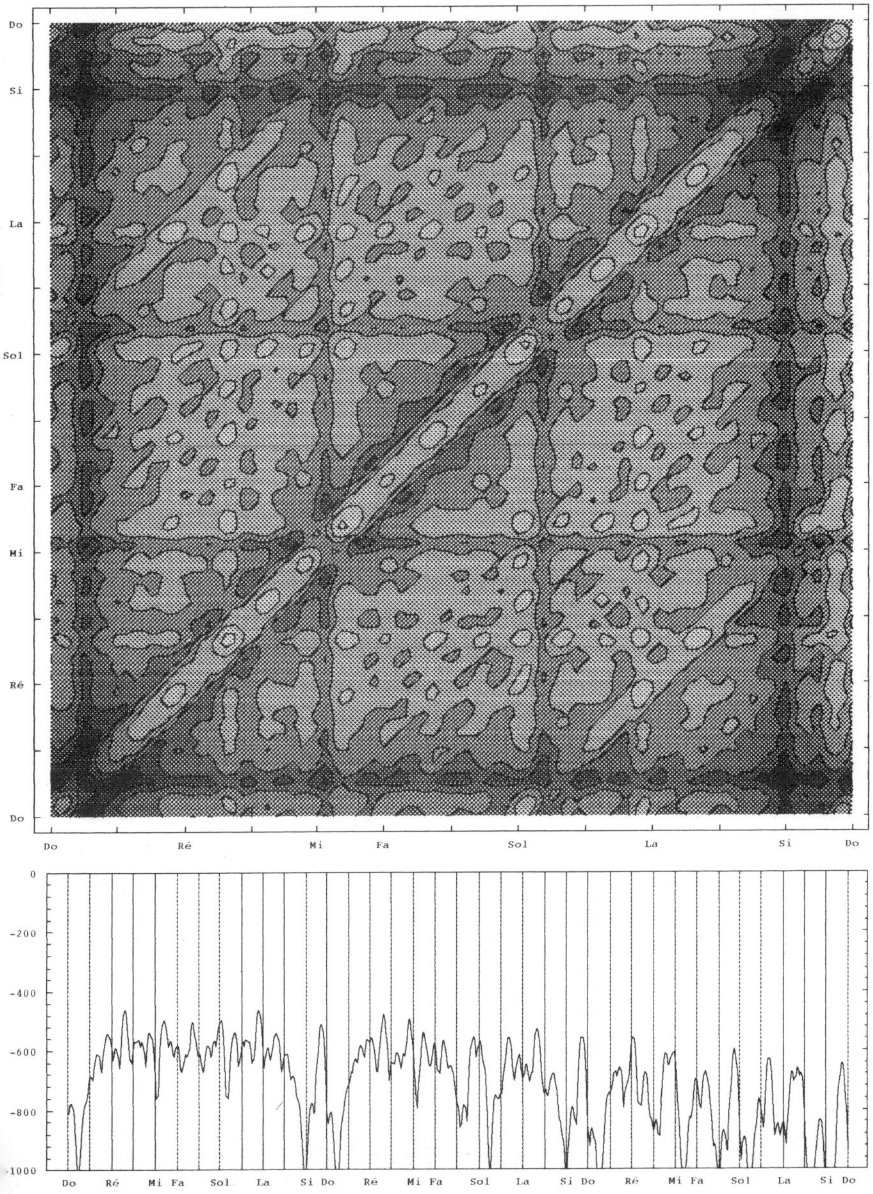

concordance (Do, Si+, x, y)
concordance (Do, Si+, x)

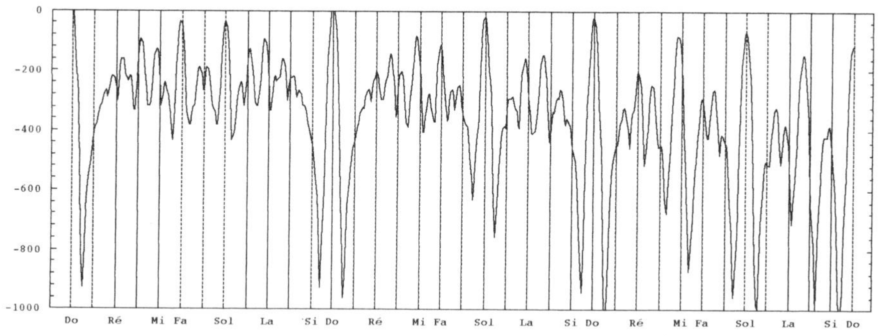

concordance (Do, Do (8va.), x, y)
concordance (Do, Do (8va.), x)

Annexe 2 : Catalogue des œuvres.

Vivance, suite de miniatures pour piano sur des poèmes de l'auteur, création par Jean-Pierre Collot dans le cadre du Festival *Musique et Danse pour Demain* (mai 1994).

Prélude et éclaircie pour clavecin, créé en 1991 à Paris par Yves Ruggeri.

Florilège de la patience et de l'exaspération, cycle pour quatre voix et ensemble instrumental, création à Paris (avril 1992 et mars 1994).

La cinquième tentative, pour quatuor à cordes, créé à Madrid par le quatuor Arpeggione (mars 1992).

Dialogue avec l'écho, pour bande, réalisé au studio de musique électroacoustique du C.D.M.C. à Madrid (mars 1992).

Théorème occident, pour trio de flûtes à bec (création à Lyon par l'ensemble de flûtes à bec de Lyon en décembre 1996).

Antilemme, pour flûte, clarinette,violon, violoncelle et piano, créé à Confluences par l'ensemble de l'Instant Donné (décembre 1992).

Christ lag in todesbanden et *Christ ist erstanden*, pour orgue (1991-1993) créé en novembre 1995 à Paris sur l'orgue de l'église des Billettes par Jean-Marc Leblanc.

Misère de la création, pour trio vocal (1993).

Erèbe Hêmerê, pour flûte, contrebasse, harpe et marimba, création à Paris dans le cadre du Festival Musique et Danse pour Demain (avril 1994).

Anachron M, pour petit ensemble (quintette à vent et quatuor à cordes) (1993-1994).

Intime / ultime, pour quatuor flûte, clarinette, violon, violoncelle, création à Paris par l'*Instant Donné* (décembre 1994).

Trois esquisses pour violoncelle et basson, créées par Pierre Morlet et Pascal Galois aux concerts de l'*Orme* à la bibliothèque historique de la ville de Paris (novembre 1994). (version pour Clarinette Basse et Violoncelle).

Dilemmes pour soprano et ensemble (fl, hb, cl, vl, vla, vc, pn) (1995), créé par l'ensemble Aïsthésis dirigé par Michel Pozmanter (Annecy, septembre 1996).

La vie privée opus 3 musique de scène électroacoustique et instrumentale pour un spectacle de Michèle Desbazeille (Lille, le 27 avril 1996).

...Et nous aurions le temps d'égrener l'infini... pour harpe, créée par Marie D. à Paris le 14 juin 1996.

Intermittences pour piano et percussions (1996-97)

Et lux perpetua pour chœur mixte ou ensemble vocal à huit voix (1997) [partition dédiée à la mémoire de Francisco Guerrero]

Bibliographie (Liste des ouvrages cités)

ADORNO (Theodor W.), *Philosophie de la nouvelle musique*, TEL, Gallimard, Paris, 1962.

ADORNO (Theodor W.), *Théorie esthétique*, Klincksieck, Paris, 1995.

ARISTOTE, *La Métaphysique,* Pocket, Paris, 1991.

SAINT AUGUSTIN, *Les confessions,* Garnier, Paris, 1964.

BACHELARD (Gaston), *La dialectique de la durée*, PUF, Paris, 1950.

BACHELARD (Gaston), *La philosophie du non*, PUF, Paris, 1940.

BERGSON (Henri), *Essai sur les données immédiates de la conscience*, PUF, Paris, 1927, (édition 1988).

BERGSON (Henri), *La pensée et le mouvant* , Skira, Genève, 1946.

BOULEZ (Pierre) / CAGE (John), *Correspondance*, Christian Bourgois, Paris, 1991.

BRETON (André), *L'amour fou*, Gallimard, Paris, 1937.

BUBNER (Rüdiger), « De quelques conditions devant être remplies par une esthétique contemporaine, » in *Théories esthétiques après Adorno*, Rainer Rochlitz ed., Actes Sud, 1990.

BUSER (Pierre), IMBERT (Michel) : *Audition, neuropsychologie fonctionnelle III*, Hermann, Paris, 1987.

CASTANEDA (Carlos), *L'herbe du diable et la petite fumée*, U.G.E. (10/18), Paris, 1985.

CHARLES (Daniel), *Le temps de la voix*, Jean-Pierre Delarge, Paris, 1978.

CHOUVEL (Jean-Marc), *Sur la théorie de la forme et ses implications dans la création musicale contemporaine*. Thèse de doctorat 90/PA 08/0499, ANRT 1054-10508 Université de Lille III, 1990.

CHOUVEL (Jean-Marc), *Musical Form*, revue Interface, Amsterdam, Vol. 22, 1993, pp. 99-117.

CHOUVEL (Jean-Marc), *Essai de psychologie des formes du temps*, Musique et Sciences Humaines, documents de Recherches n°4, Université Paris X, Nanterre, 1993.

CHOUVEL (Jean-Marc), « Analyse musicale et temporalité, » in *Analyse musicale et perception*, Danièle Pistone et Jean-Pierre Mialaret éd., O.M.F., Presses de la Sorbonne, Paris, 1994.

COSTÈRE (Edmond), *Mort ou transfigurations de l'harmonie*, PUF, Paris, 1962.

CRAFT (Robert), *Stravinsky, Chronicle of Friendship*, 1948-1971, Knopf, New-York, 1972.

DAMASIO (Antonio R.), *L'erreur de Descartes, la raison des émotions*, éditions Odile Jacob, Paris, 1995.

DELIÈGE (Irène), *L'organisation psychologique de l'écoute de la musique*. Thèse de doctorat, Université de Liège, Liège, 1990.

DERRIDA (Jacques), *De la grammatologie*, Ed. de Minuit, Paris, 1967.

DIRAC (P. A. M.), *Quantum Mechanics*, Clarendon, Oxford, 1958.

DOSSE (François), *Histoire du structuralisme*, La Découverte, Paris, 1992.

ELIADE (Mircea), *Le mythe de l'éternel retour*, Galimard, Paris, 1969.

FRAISSE (Paul), *Pour la psychologie scientifique*, Pierre Mardaga, Liège, 1988.

FRAISSE (Paul), *Psychologie du temps*, P.U.F., Paris, 1957.

FRANCÈS (Robert), *La perception de la musique*, Vrin, Paris, 1958.

FRANCÈS (Robert), *Psychologie de l'Esthétique*, P.U.F., Paris, 1968.

FUBINI (Enrico), *Les philosophes et la musique*, Champion, Paris, 1983.

VAN DE GEER (J. P.), LEVELT (W.), PLOMP (R.), *The connotation of musical consonance* ; Acta Psychol., 20, 1962, pp. 308-319.

HALL (Edward T.), *La danse de la vie, Temps culturel, temps vécu*. Seuil, Paris, 1984.

HANSLICK (Edouard), *Du beau dans la musique*, Brandus, Paris, 1877.

HEIDEGGER (Martin) , *Etre et Temps*, Gallimard, Paris, 1986.

VON HELMOLTZ (H.L.E.), *Théorie physiologique de la musique*. Trad. Franç. Guéroult, 2 vol., Masson, Paris, 1868/74.

HENRY (Michel), *Voir l'invisible*, François Bourin, Paris, 1988.

HERVÉ (Jean-Luc) : « de la forme aux images sonores » in *Musique contemporaine : positions actuelles en Espagne et en France*, Doce Notas Preliminares, Madrid, 1997.

HUSSERL (Edmund), *La phénoménologie,* article pour l'Encyclopaedia Britannica (première version) publié dans : *Notes sur Heidegger*, Les éditions de minuit, Paris, 1993.

HUSSERL (Edmund), *Leçons pour une phénoménologie de la conscience intime du temps*, PUF, Paris, 1964.

IMBERTY (Michel), *Les écritures du temps. Sémantique psychologique de la musique,* Dunod, Paris, 1981.

IMBERTY (Michel), *Réflexions sur la psychologie cognitive dans les études musicales*, Musurgia, ESKA, Paris, Vol II - n°4, 1995.

KAESTNER (G.), *Untersuchungen über den Gefühlseindruck unanalysierter Zweiklänge,* Psychol. Studien 4, 473-504 (1909).

KANDINSKY (Wassily) : *Point et ligne sur plan*, Gallimard, Paris, 1991.

KANDINSKY (Wassily) : *Du spirituel dans l'art et dans la peinture en particulier*, Denoël, Paris, 1989.

KANDINSKY (Wassily) : *Regards sur le passé*, Hermann, Paris, 1974.

KANDINSKY (Wassily) : *Cours du Bauhaus*, Denoël, Paris, 1975.

KELKEL (Manfred), *Musique des Mondes*, Vrin, Paris, 1988.

KODRATOFF (Yves), « Techniques d'apprentissage symbolique et numérique. » in *Les sciences cognitives en débat*, Gérard Vergnaud ed. Editions du C.N.R.S., Paris, 1991.

LACARRIÈRE (Jacques), *Orphée, Hymnes, discours sacrés*, Imprimerie Nationale Editions, Paris, 1995.

LAI (D. C.), *Signal space concepts and Dirac's notation*, John Hopkins Univ. Rept. N° AFCRC-TN-60-167, 1960.

LEIPP (Emile), *La machine à écouter*, Masson, Paris, 1977.

LELEU (Jean-Louis), *Le quoi et le comment*, Entretemps n°2, nov. 1986.

LERDHAL (F.) & JACKENDORFF (R.), *A generative theory of tonal music*, MIT Press, Cambridge, 1983.

LÉVI-STRAUSS (Claude), *Le cru et le cuit,* Plon, Paris, 1924.

LÉVY (P.), *Wittgenstein et la cybernétique*, cahier du CREA, n°7, 1985.

LUKÁCS (Georg), *Philosophie de l'art (1912-1914)*, Klincksiek, Paris, 1981.

MACAR (Françoise), *Le temps, perspectives psychophysiologiques*, Pierre Mardaga, Liège, 1980.

MALAPERT (Paulin), *Morale, Logique, Métaphysique*, Hatier, Paris, 1936.

MALMBERG (C.F.), *The perception of consonance and dissonance*, Psychological Monographs, 1918, 25,93-133.

MEEÙS (Nicolas), « Cinq dichotomies pour décrire l'analyse musicale, » in *Analyse musicale et perception*, D. Pistone et J.-P. Mialaret éd. , Université de Paris-Sorbonne, Paris, 1994.

MEEÙS (Nicolas), *De la forme musicale et de sa segmentation*, Musurgia, vol I, n°1, Eska, Paris, 1994.

MEYER (Léonard B.), *Emotion and meaning in music,* University of Chicago Press, Chicago, 1956.

MIEREANU (Costin), *Fuite et conquête du champ musical,* Méridiens Klincksieck, Paris, 1995.

MOLINO (Jean), *Expérience et savoir*, in Musurgia, Vol. II - n°4, Eska, Paris, 1995.

MOORE (B. C. J.), *Relation between the critical bandwidth and the frequency-difference limen*, J. Acoust. Soc. Am., Vol. 55, No. 2, February 1974, p. 359.

NATTIEZ (Jean-Jacques), *Fondements d'une sémiologie de la musique*, UGE, Paris, 1975.

NATTIEZ (Jean-Jacques), *Le combat de Chronos et d'Orphée*, Christian Bourgois, Paris, 1993.

PARNCUTT (Richard), *Revision of Terhardt's Psychological Model of the Root(s) of a Musical Chord*, Music Perception, 1988, Vol. 6, No. 1, 65-94.

PATOCKA (Jan), *L'art et le temps,* Presses Pocket, Paris, 1990.

PÉLISSIER (Aline) & TÊTE (Alain) (éd.), *Sciences cognitives,* textes fondateurs, P.U.F., Paris, 1995.

PLOMP (R.) & LEVELT (W. J. M.), *Tonal consonance and Critical Bandwidth*, Journal of the Acoustic Society of America, 1965,38,548-560.

PRIGOGINE (Ilya) & STENGERS (Isabelle), *Entre le temps et l'éternité*, Flammarion, Paris, 1992.

PROUST (Marcel), *La recherche du temps perdu*, Gallimard, Paris, ed. La Pléiade .

RAMEAU (Jean-Philippe), *Traité de l'Harmonie , réduite à ses principes naturels*, Jean-Christophe Ballard, Paris, M.DCC.XXII.

REY (Alain), *Théories du signe et du sens,* Klincksieck, Paris, 1976.

RIOTTE (André), *Formalismes, modèles : un nouvel atout pour la composition et l'analyse*, in *Musurgia*, vol. III, n°3, Eska, Paris, 1996.

ROUSSEAU (Jean-Jacques), *Essai sur l'origine des langues*, Gallimard, Paris, 1990 (Genève 1781).

DE SAUSSURE (Ferdinand), *Cours de linguistique générale*, Payot, Paris, (1906)/1972.

SCHAEFFER (Pierre), *Traité des objets musicaux*, Paris, Seuil, 1977.

DE SCHLOEZER (Boris), *Introduction à Jean-Sébastien Bach*, Gallimard, Paris, 1947.

SCHŒNBERG (Arnold), *Fondements de la composition musicale*, Jean-Claude Lattès, Paris, 1987.

SCHŒNBERG (Arnold), *Correspondance*, J.-C. Lattès, Paris, 1983.

SCHŒNBERG (Arnold), *Le style et l'idée*, Buchet/Chastel, Paris, 1977.

SEASHORE (C. E.), *The psychology of music*, Mac Graw-Hill, New-York, 1938.

SEASHORE (C. E.), *The psychology of musical talent*, Bundett & Co, Silver, 1919.

SRUBAR (Ilja) , *La place de l'art dans la philosophie de Patocka*, in Jan Patocka, L'art et le temps, Presses Pocket, Paris, 1990.

STEVENS (S. S.) & DAVIS (H.), *Hearing, its Psychology and Physiology*, John Willey, New-York, 1938.

STOCKHAUSEN (Karlheinz), *Momentform Nouvelles corrélations entre durée d'exécution durée de l'œuvre et moment*, in Karleinz Stockhausen, Contrechamps n°9, L'âge d'homme, Paris, 1988 (article original de 1963).

TENNEY (James), *John Cage et la théorie de l'harmonie*, John Cage, revue d'Esthétique, Paris, 1982.

TERHARDT (E.), *Pitch, Consonance and harmony*, Journal of the Acoustical Society of America, 1974, 55, 1061-1069 ;

TERHARDT (E.), « The two-component theory of musical consonance, » in E. F. Evans & J. P. Wilson (Eds.), *Psychophysics and physiology of hearing*, Academic Press, London, 1977.

VALÉRY (Paul), *Fragment d'un Descartes*, in Œuvres, N.R.F., Gallimard, Paris, 1957.

VIVIER (Odile), *Varèse*, Seuil, 1973.

WITTGENSTEIN (Ludwig), *Tractatus logico-philosophicus*. Trad. Pierre Klossowski, Gallimard, Paris, 1961.

ZENATTI (Arlette) (ed.), *Psychologie de la musique*, P.U.F., Paris, 1994.

Index des noms propres

Table des matières

Collection ***Logiques sociales***
fondée par Dominique Desjeux
et dirigée par Bruno Péquignot

DUPREZ D., HEDLI M., *Le mal des banlieues? Sentiment d'insécurité et crise identitaire*, 1992.
FERRAND-BECHMAN D., *Entraide, participation et solidarités dans l'habitat,* 1992.
FILMER R. (Sir), *Patriarcha ou le pouvoir naturel des rois et observations sur Hobbes* (sous la direction de P. THIERRY), 1991.
GENARD J.L., *Sociologie de l'éthique* (préface de C. Javeau), 1992.
GRAS A., JOERGES B., SCARDIGLI V., *Sociologie des techniques de la vie quotidienne*, 1992.
BARRAU A., *Socio-économie de la mort. De la prévoyance aux fleurs du cimetière,* 1992.
BLANC M., *Pour une sociologie de la transaction sociale,* 1992.
CASTEL R. et LAE J.F. (sous la direction de), *Le revenu minimum d'insertion. Une dette sociale,* 1992.
CHAUVENET A., *Protection de l'enfance. Une pratique ambiguë,* 1992.
GOSSELIN G., *Ethique des sciences sociales,* 1992.
GREEN A., *Un festival de théâtre et ses compagnies*, 1992.
HEINEN J., MATUCHNIAK-KRASUSKA A., *L'Avortement en Pologne*, 1992.
GUYOT J., *L'Ecran publicitaire,* 1992.
.LABBÉ D., CROISAT M., *La fin des syndicats,* 1992.
LEGROS P., *Esprit es-tu las?,* 1992.
MARTIN D., *L'épuisement professionnel. T.1: L'emprise institutionnelle*, 1992.
MIQUEL C., *L'Exil et le Social. Critique de la modernité,* 1992.
MOREAU DE BELLAING L., *L'empirisme en sociologie*, 1992.
MOURIAUX R., PERCHERON A., Prost A., TARTAKOWSKY D., *1968 exploration du mal français.* T.1*: Terrains*, T.2: *Acteurs*,1992.
MOZÈRE L., *Le printemps des crêches*, 1992.
PHARO P., *Politique et savoir-vivre. Enquête sur les fondements du lien civil*, 1992.
PHARO P., *Phénoménologie du lien civil*, 1992.
STRAUSS A., *La trame de la négociation*, 1992.
TARRIUS A., *Les fourmis d'Europe. Migrants riches, migrants pauvres et nouvelles villes internationales*, 1992.
PRADES J., *La technoscience. Les fractures des discours,* 1992.

Collection ***Logiques Sociales***
fondée par Dominique Desjeux
et dirigée par Bruno Péquignot

BIZEUL D., *Nomades en France*, 1993.
GIRAUD C., *L'action commune. Essai sur les dynamiques organisationnelles,* 1993.
GOSSELIN G., (sous la direction de), *Les nouveaux enjeux de l'anthropologie. Autour de Georges Balandier*, 1993.
FARRUGIA F., *La crise du lien social,* 1993.
BLANC M., LEBARS S., *Les minorités dans la cité*, 1993.
BARRAU A., *Humaniser la mort,* 1993.
ECKERT H., *L'orientation professionnelle en Allemagne et en France*, 1993.
IAZYKOFF W., *Organisations et mobilités. Pour une sociologie de l'entreprise en mouvements,* 1993.
BAROUCH G., CHAVAS H., *Où va la modernisation ? Dix années de modernisation de l'administration d'Etat en France*, 1993.
ÉQUIPE DE RECHERCHE CMVV, *Valeurs et changements sociaux,* 1993.
MARTIGNONI HUTIN J.-P., *Faites vos jeux*, 1993.
AGACHE Ch., *Les identités professionnelles et leur transformation. Le cas de la sidérurgie,* 1993.
ROBERT Ph., VAN OUTRIVE L., *Crime et justice en Europe*, 1993.
RUBY Ch., *L'esprit de la loi,* 1993.
PEQUIGNOT B., *Pour une sociologie esthétique*, 1993.
PHARO P., *Le sens de l'action et la compréhension d'autrui*, 1993.
MARCHAND A. (ed.), *Le travail social à l'épreuve de l'Europe*, 1993.
RUBY C., *L'esprit de la loi,* 1993.
BAGLA-GÖKALP L., *Entre terre et machine*, 1993.
ROBERT Ph., VAN OUTRIVE L., *Crime et justice en Europe*, 1993.
VALETTE F., *Partage du travail. Une approche nouvelle pour sortir de la crise*, 1993.
TRICOIRE B., *Le travail social à l'épreuve des violences modernes*, 1993.
VIDAL-NAQUET P-A, *Les ruisseaux, le canal et la mer,* 1993.
MARTIN D., *L'épuisement professionnel*, Tome 2, 1993.
JOUBERT M., *Quartier, démocratie et santé*, 1993.

Collection ***Logiques Sociales***
fondée par Dominique Desjeux
et dirigée par Bruno Péquignot

CHRISTEN-GUEISSAZ E., *Miroir social, estime de soi au temps de la retraite*, 1994.
GAGNON C., *La recomposition des territoires. Développement local viable*, 1994.
DESJEUX D. (avec la participation de TAPONIER S.), *Le sens de l'autre*, 1994.
MAYOUKOU C., *Le système des tontines au Togo*, 1994.
ROUX M.-A., *Un micro-ordinateur à la maison*, 1994.
ERBES-SEGUIN S., *L'emploi : dissonances et défis. Sociologues et économistes en débat*, 1994.
COSTES L., *L'étranger sous terre*, 1994.
MACQUET C., *Toxicomanies. Aliénation ou styles de vie*, 1994.
REUMAUX F., *Toute la ville en parle. Esquisse d'une théorie des rumeurs*, 1994.
GOSSELIN G., Ossebi H., *Les sociétés pluriculturelles*, 1994.
DUYVENDAK J. W., *Le poids du politique. Nouveaux mouvements sociaux en France*, 1994.
BLANC M. (ed.), *Vie quotidienne et démocratie. Pour une sociologie de la transaction sociale (suite), 1994.*
BOURGOIN N., *Le suicide en prison*, 1994.
COENEN-HUTTER J., *La mémoire familiale : un travail de reconstruction du passé*, 1994.
DACHEUX E., *Les stratégies de communication persuasive dans l'Union européenne*, 1994.
LALLEMENT M. (ed.), *Travail et emploi. Le temps des métamorphoses*, 1994.
BAUDELOT C., Mauger G., *Jeunesses populaires. Les générations de la crise*, 1994.
ESQUENAZI J.-P., *Film, perception et mémoire*, 1994.
GIROUD C., *Introduction raisonnée aux concepts d'une sociologie de l'action*, 1994.
PLASMAN R., *Les femmes d'Europe sur le marché du travail*, 1994.
ROBERT Ph., *Les comptes du crime*, 1994.

Collection ***Logiques Sociales***
fondée par Dominique Desjeux
et dirigée par Bruno Péquignot

MARTIN P. (ed.), *Pratiques institutionnelles et théorie des psychoses. Actualité de la psychothérapie institutionelle*, 1995.
D'HOUTARD A., TALEGHANI M. (eds.), *Sciences sociales et alcool*, 1995.
LAJARTE (de) I., *Anciens villages, nouveaux peintres. De Barbizon à Pont-Aven,* 1995
SARFATI G.-E., *Dire, agir, définir. Dictionnaires et langage ordinaire*, 1995.
BALDNER J-M., GILLARD L. (eds), *Simmel et les normes sociales*, 1995
GUILLAUME J.-F., LEGRAND M, VRANCKEN D, *La sociologie et ses métiers,* 1995.
DENIOT J., DUTHEIL C., *Métamorphoses ouvrières*, Tomes I et II, 1995.
DENIOT J., *Ethnologie du décor en milieu ouvrier. Le Bel Ordinaire*, 1995.
AWAD G., *Du sensationnel. Place de l'événementiel dans le journalisme de masse*, 1995.
WALTER J., *Directeur de communication. Les avatars d'un modèle professionnel*, 1995.
BORREDON A., *Une jeunesse dans la crise. Les nouveaux acteurs lycéens,* 1995.
RAMÉ L. et S., *La formation professionnelle par apprentissage. Etat des lieux et enjeux sociaux*, 1995.
GUILLE-ESCURET G., *L'anthropologie à quoi bon ?*, 1996.
GUERLAIN P., *Miroirs transatlantiques, la France et les Etats-Unis entre passions et indifférences*, 1996.
Patrick PHARO, *L'Injustice et le Mal*, 1996.
MARTIN C. et LE GALL D., *Familles et politiques sociales. Dix questions sur le lien familial contemporain*, 1996.
NEYRAND G., M'SILI M., *Les couples mixtes et le divorce*, 1996.
Dominique DESJEUX, *Anthropologie de l'électricité*, 1996.
Yves BOISVERT, *Le monde postmoderne*, 1996.
Marcel BOLLE DE BAL (ed), *Voyage au coeur des sciences humaines De la reliance*, 1996 (Tome 1 et 2).
J. FELDMAN, J-C FILLOUX, B-P LÉCUYER, M. SELZ, M.VICENTE, *Epistémologie et Sciences de l'homme*, 1996.
P. ALONZO, *Femmes employées*, 1996.

Collection ***Logiques Sociales***
fondée par Dominique Desjeux
et dirigée par Bruno Péquignot

Monique BORREL, *Conflits du travail, changement social et politique en France depuis 1950*, 1996.
Dominique LOISEAU, *Femmes et militantismes*, 1996.
Hervé MAUROY, *Mutualité en mutation*, 1996.
Nadine HALITIM, *La vie des objets. Décor domestique et vie quotidienne dans des familles populaires d'un quartier de Lyon, La Duchère,1986-1993*, 1996.
A CORZANI, M. LAZZARATO, A. NEGRI, *Le bassin de travail immatériel (BTI) dans la métropole parisienne*, 1996.
Pierre COUSIN, Christine FOURAGE, Kristoff TALIN, *La mutation des croyances et des valeurs dans la modernité. Une enquête comparative entre Angers et Grenoble*, 1996.
Chantal HORELLOU-LAFARGE (dir.), *Consommateur, usager, citoyen : quel modèle de socialisation ?*, 1996.
Roland GUILLON, *Les syndicats dans les mutations et la crise de l'emploi*, 1997.
Dominique JACQUES-JOUVENOT, *Choix du successeur et transmission patrimoniale*, 1997.
Philippe LYET, *L'organisation du bénévolat caritatif*, 1997.
Annie DUSSUET, *Logiques domestiques. Essai sur les représentations du travail domestique chez les femmes actives de milieu populaire*, 1997.Guido de RIDDER (coordonné par), *Les nouvelles frontières de l'intervention sociale*, 1997.
Jean-Bernard WOJCIECHOWSKI, *Hygiène mentale, hygiène sociale : contribution à l'histoire de l'hygiénisme.* Deux tomes, 1997.
René de VOS, *Qui gouverne ? L'État, le pouvoir et les patrons dans la société industrielle*, 1997.
E. MATTEUDI, *Structures familiales et développement local*, 1997.
Françoise DUBOST, *Les jardins ordinaires*, 1997.
M. SEGRÉ, *Mythes, rites, symboles de la société contemporaine*, 1997.
Roger BASTIDE, *Art et société*, 1997.
Joëlle AFFICHARD, *Décentralisation des organisations et problèmes de coordination : les principaux cadres d'analyse*, 1997.
Jocelyne ROBERT, *Jeunes chômeurs et formation professionnelle. La rationalité mise en échec*, 1997.

Collection ***Logiques Sociales***
fondée par Dominique Desjeux
et dirigée par Bruno Péquignot

Déjà parus

Catherine SELLENET, *La résistance ouvrière démantelée*, 1997.
Laurence FOND-HARMANT, *Des adultes à l'Université. Cadre institutionnel et dimensions biographiques*, 1997.
Jacques COMMAILLE, François de SINGLY, *La question familiale en Europe*, 1997
Antoine DELESTRE, *Les religions des étudiants*, 1997.
R. CIPRIANI (sous la direction de), *Aux sources des sociologies de langue française et italienne*, 1997.
Sylvette DENEFLE, *Sociologie de la sécularisation*, 1997.
Pierre-Noël DENIEUIL, *Lieu social et développement économique*, 1997.
M. KARA, *Les tentations du repli communautaire. Le cas des Franco-Maghrébins en général et des enfants de Harkis en particulier*, 1997.
Michel BURNIER, Sylvie CÉLÉRIER, Jan SPURK, *Des sociologues face à Pierre Naville ou l'archipel des savoirs*, 1997.
Guy BAJOIT et Emmanuel BELIN (dir.), *Contribution à une sociologie du sujet,* 1997.
Françoise RICHOU, *La Jeunesse Ouvrière Chrétienne (J.O.C.), genèse d'une jeunesse militante*, 1997.
Claude TEISSIER, *La poste: logique commerciale/logique de service public. La greffe culturelle*, 1997.
Jacques LE BOHEC, *Les rapports presse-politique. Mise au point d'une typologie "idéale"*, 1997.
Marie-Caroline VANBREMEERSCH, *Sociologie d'une représentation romanesque. Les paysans dans cinq romans balzaciens*, 1997.
François CARDI, *Métamorphose de la formation. Alternance, partenariat, développement local,* 1997.
Marco GIUGNI, Florence PASSY, *Histoires de mobilisation politique en Suisse. De la contestation à l'intégration*, 1997.
Philippe TROUVÉ, *Les agents de maîtrise à l'épreuve de la modernisation industrielle. Essai de sociologie d'un groupe professionnel*, 1997.
Gilbert VINCENT (rassemblés par), *La place des oeuvres et des acteurs religieux dans les dispositifs de protection sociale. De la charité à la solidarité*, 1997.
P. BOUFFARTIGUE, H. HECKERT (dir.), *Le travail à l'épreuve du salariat*, 1997.

MISE EN PAGES FOURNIE

Achevé d'imprimer par Corlet, Imprimeur, S.A. - 14110 Condé-sur-Noireau (France)
N° d'Imprimeur : 31932 - Dépôt légal : juin 1998 - *Imprimé en U.E.*